westermann

EinFach Deutsch
Unterrichtsmodell

Sprachvarietäten

und die Sapir-Whorf-Hypothese in der Diskussion

Von
Alexandra Wölke

Herausgegeben von
Johannes Diekhans

Baustein 4: Sprachverwendung und soziale Wirklichkeit – Soziolekte (S. 77 – 94 im Modell)			
4.1	Die Bernstein-Hypothese und die Frage nach dem Zusammenhang von sprachlichen Kompetenzen und Denkfähigkeiten	Stefanowitsch: Elaborierter und restringierter Code	Textarbeit Tafelbild Arbeitsblatt 21
4.2	Abscheulich oder erfreulich? Streit um das „Kiezdeutsch“ bzw. „Kurzdeutsch“	ausgew. Abb.; Texte zum Thema „Kiezdeutsch“ von Leszczynski, Wiese, Glück, Heine; „Hänsel und Gretel“ auf Kiezdeutsch	Textarbeit Tafelbild Arbeitsblätter 22 – 25

Baustein 5: Die Aktualität der Sapir-Whorf-Hypothese (S. 95 – 124 im Modell)			
5.1	Das „linguistische Relativitätsprinzip“	B. L. Whorf: Das „linguistische Relativitätsprinzip“	Textarbeit Tafelbild Arbeitsblatt 26
5.2	Der Zusammenhang von Sprache, Denken und Wirklichkeit – Fragen und Antworten aus der gegenwärtigen empirischen Sprachforschung	ausgew. Forschungsergebnisse	Textarbeit Arbeitsblätter 27 – 28
5.3	Der Streit der Linguisten: Universalismus gegen Relativismus	Schramm/Wüstenhagen: Der Streit der Linguisten	Textarbeit Tafelbild Arbeitsblatt 29
5.4	Die Stimme einer „Neo-Whorfianerin“ – Lera Boroditsky über wegweisende linguistische Erkenntnisse	Abb. von J. Neuffer; Boroditsky: Wie die Sprache das Denken formt	Textarbeit Arbeitsblatt 30
5.5	Sprache – Eine instinktive Kunst? Eine universalistische Position	Pinker: Eine instinktive Kunst	Textarbeit Tafelbild Arbeitsblatt 31
5.6	Die sogenannte „gebrauchsbasierte Linguistik“ als ein Alternativmodell zu universalistischen Positionen	Ibbotson/Tomasello: Ein neues Bild der Sprache	Textarbeit Tafelbild Arbeitsblatt 32

Sprachvarietäten und die Sapir-Whorf-Hypothese in der Diskussion

Baustein 1: Die Frage des Einstiegs (S. 14 – 29 im Modell)

1.1	Zitate untersuchen – Eine Annäherung an Varietäten des Deutschen	ausgew. Zitate zu unterschiedlichen Varietäten; Kategorisierung von Varietäten nach Löffler	Textarbeit Schreibauftrag Arbeitsblätter 1 – 2
1.2	Der „Zweite Bericht zur Lage der deutschen Sprache“ – Eine erste Orientierung im Forschungsgebiet	Smiljanic: Dialekte, Jugendsprache, Hochdeutsch	Textarbeit Arbeitsblatt 3
1.3	Ferdinand de Saussure: Sprache als Zeichensystem und die Unterscheidung zwischen „langue“ und „parole“	Ferdinand de Saussure: Merkmale der Sprache	Textarbeit Tafelbild Arbeitsblatt 4

Baustein 2: Dialekte (S. 30 – 59 im Modell)

2.1	Die Dialekte des Deutschen – Eine Annäherung an die Thematik	ausgew. Zitate und Abb. zu Dialekten; BAP: Du kanns zaubre; Kurt Tucholsky: Danach; Reich-Ranicki: „Danach“ von Kurt Tucholsky	Textarbeit Tafelbild Schreibauftrag Arbeitsblätter 5 – 8
2.2	Was ist ein Dialekt? Begriffliche Klärung	Göttert: Was ist ein Dialekt?; Grafik: Standard oder Dialekt?; Wiesinger: Sprachliche Varietäten – Gestern und heute	Textarbeit Tafelbild Arbeitsblätter 9 – 11
2.3	Zur Geschichte der Dialekte	Kaufmann: Dialekte	Textarbeit Projekt Arbeitsblatt 12 Zusatzmaterialien 1 – 2
2.4	Materialgestütztes Schreiben mit fachspezifischem Bezug – Das Beispiel Dialekte und sprachliche Diskriminierung	ausgew. Text- und Bildmaterialien zum Thema Dialekte und sprachliche Diskriminierung	Textarbeit Schreibauftrag Arbeitsblätter 13 – 15 Zusatzmaterialien 3 – 4

Baustein 3: Fachsprache (S. 60 – 76 im Modell)

3.1	Zum Nutzen von Fachbegriffen – Eine Hinführung	ausgew. Fachbegriffe	Tafelbild Arbeitsblatt 16
3.2	Fachsprache – Linguistisch betrachtet	Wölke: Was sind Fachsprachen?	Textarbeit Tafelbild Arbeitsblatt 17
3.3	Wissenschaftsdeutsch: Verklausulierungswahnsinn oder Beitrag zur Klärung von Sachverhalten? – Ein Streitgespräch	Karikatur; Zimmer: Wiedersehen mit Whorf; argum. Texte von Mounk, Jessen, Strecker und Scheloske	Textarbeit Tafelbild Arbeitsblätter 18 – 20

Bildnachweis:
|akg-images GmbH, Berlin: 44.1. |Alamy Stock Photo (RMB), Abingdon/Oxfordshire: Horizons WWP / TRVL 9.3; The Picture Art Collection 94.1. |Art Explosion, Calabasas, CA: 29.1. |Axel Springer Syndication GmbH, Berlin: BILD vom 15.09.2012 40.3. |Bibliographisches Institut GmbH (Duden), Berlin: © 2009 Bibliographisches Institut GmbH (Duden) 132.1. |Carl Hanser Verlag GmbH & Co. KG, München: Diana Marossek, Kommst du Bahnhof oder hast du Auto? Warum wir reden, wie wir neuerdings reden © 2016 Hanser Berlin in der Carl Hanser Verlag GmbH & Co. KG, München 88.3. |DIE ZEIT, Hamburg: Deutschlandkarte: Wie das kleine Küchenmesser genannt wird © Jörg Block für ZEITmagazin Nr. 31/2015 30. Juli 2015, Zeitverlag Gerd Bucerius GmbH & Co. KG 125.1. |Domke, Franz-Josef, Hannover: 41.1, 48.1, 51.1. |Gruner + Jahr GmbH & Co. KG, Hamburg: GALA 88.4. |Institut für Demoskopie Allensbach, Allensbach: Mundart aktiv: Allensbacher Archiv, IfD-Umfrage 10016, Februar 2008 INSTITUT FÜR DEMOSKOPIE ALLENSBACH: Allensbacher Kurzbericht „AUCH AUSSERHALB VON BAYERN WIRD BAYERISCH GERN GEHÖRT" Nr. 4/2008 54.1; Weniger Dialekt im Alltag: Allensbacher Archiv, IfD-Umfragen, zuletzt 10016, Februar 2008 INSTITUT FÜR DEMOSKOPIE ALLENSBACH: Allensbacher Kurzbericht „AUCH AUSSERHALB VON BAYERN WIRD BAYERISCH GERN GEHÖRT" Nr. 4/2008 54.2. |Institut für Deutsche Sprache, Mannheim: Eichinger, Ludwig M. et.al. (2011): Aktuelle Spracheinstellungen in Deutschland. Erste Ergebnisse einer bundesweiten Repräsentativumfrage. 2. Aufl. Mannheim: Projektgruppe Spracheinstellungen / Institut für Deutsche Sprache / Universität Mannheim, S. 13. 41.2. |Krischker, Gerhard C., Bamberg: 133.1. |mauritius images GmbH, Mittenwald: mauritius images / imagebroker 42.1. |mr-kartographie, Gotha: Karte: Bezeichnung von „sprechen" in den deutschen Mundarten aus Reader´s Digest Atlas Deutschland S. 29, Verlag Das Beste GmbH - Stuttgart, Zürich, Wien, 1999 © mr-kartographie, Gotha 126.1. |Neuffer, Jan, Berlin: 9.2, 119.1. |Picture-Alliance GmbH, Frankfurt/M.: akg-images 28.1; dpa/ Kleinschmidt, Tobias 9.1; dpa/Gabbert, Klaus-Dietmar 88.1; dpa/Kneffel, Peter 40.1; ZB / Pleul, Patrick 88.2. |Scientific American, New York: Paul Ibbotson and Michael Tomasello: Language in a new key. Reproduced with permission. Copyright © 2016 Scientific American, a division of Nature America, Inc. All rights reserved. / Spektrum der Wissenschaft Verlagsgesellschaft mbH 122.1, 123.1. |Staatsministerium Baden-Württemberg, Stuttgart: 40.4. |toonpool.com, Berlin, Castrop-Rauxel: Gottfried, Marcus 40.2; Prüstel, Andreas 133.2. |Tresckow, Peter von, Görlitz: 70.1. |© dtv Verlagsgesellschaft mbH & Co. KG, München: Werner König/Stephan Elspaß/Robert Möller: dtv-Atlas Deutsche Sprache. Mit Grafiken von Hans-Joachim Paul. © 1978, 1994, 2007 dtv Verlagsgesellschaft, München. 52.1.

Wir arbeiten sehr sorgfältig daran, für alle verwendeten Abbildungen die Rechteinhaberinnen und Rechteinhaber zu ermitteln. Sollte uns dies im Einzelfall nicht vollständig gelungen sein, werden berechtigte Ansprüche selbstverständlich im Rahmen der üblichen Vereinbarungen abgegolten.

westermann *GRUPPE*

Druck A³ / Jahr 2020
Alle Drucke der Serie A sind im Unterricht parallel verwendbar.

Druck und Bindung: Westermann Druck GmbH, Braunschweig

ISBN 978-3-14-**022727**-8

Vorwort

Der vorliegende Band ist Teil einer Reihe, die Lehrerinnen und Lehrern erprobte und an den Bedürfnissen der Schulpraxis orientierte Unterrichtsmodelle zu ausgewählten Ganzschriften und weiteren relevanten Themen des Faches Deutsch bietet.
Im Mittelpunkt der Modelle stehen Bausteine, die jeweils thematische Schwerpunkte mit entsprechenden Untergliederungen beinhalten.
In übersichtlich gestalteter Form erhält der Benutzer/die Benutzerin zunächst einen Überblick zu den im Modell ausführlich behandelten Bausteinen.

Es folgen:

- Vorüberlegungen zum Einsatz des Themas im Unterricht
- Hinweise zur Konzeption des Modells
- Ausführliche Darstellung der einzelnen Bausteine
- Zusatzmaterialien

Ein besonderes Merkmal der Unterrichtsmodelle ist die Praxisorientierung. Enthalten sind kopierfähige Arbeitsblätter, Vorschläge für Klassen- und Kursarbeiten, Tafelbilder, konkrete Arbeitsaufträge, Projektvorschläge. Handlungsorientierte Methoden sind in gleicher Weise berücksichtigt wie eher traditionelle Verfahren der Texterschließung und -bearbeitung.
Das Bausteinprinzip ermöglicht es dabei den Benutzern, Unterrichtsreihen in unterschiedlicher Weise und mit unterschiedlichen thematischen Akzentuierungen zu konzipieren. Auf diese Weise erleichtern die Modelle die Unterrichtsvorbereitung und tragen zu einer Entlastung der Benutzer bei.

Arbeitsfrage

Einzelarbeit

Partnerarbeit

Gruppenarbeit

Unterrichtsgespräch

Schreibauftrag

szenisches Spiel, Rollenspiel

Mal- und Zeichenauftrag

Bastelauftrag

Projekt, offene Aufgabe

Inhaltsverzeichnis

Sprachvarietäten und die Sapir-Whorf-Hypothese in der Diskussion

„Der Hauch unseres Mundes wird das Gemälde der Welt … Von einem bewegten Lüftchen hängt alles ab, was Menschen je auf der Erde dachten, wollten, taten und tun werden."

Herder, Ideen zur Philosophie der Geschichte der Menschheit, 1785

„Wir gliedern die Natur an Linien auf, die uns durch unsere Muttersprache vorgegeben sind."

Benjamin L. Whorf: Sprache – Denken – Wirklichkeit, Beiträge zur Metalinguistik und Sprachphilosophie. Rowohlt: Reinbek 1984, Übersetzung: Peter Krausser

„Und Worte sind es doch, die einst
So schwer in deine Schale fallen:
Ist keins ein nichtiges von allen,
Um jedes hoffst du oder weinst."

Annette von Droste-Hülshoff, Letzte Gaben, Das Wort http://gutenberg.spiegel.de/buch/letzte-gaben-2842/1 (24.07.2018)

„[W]arum Dialekte in Zeiten der Globalisierung unsere emotionale Heimat sind."

Klappentext zum Buch „Alles außer Hochdeutsch" von Karl-Heinz Göttert, Ullstein Verlag

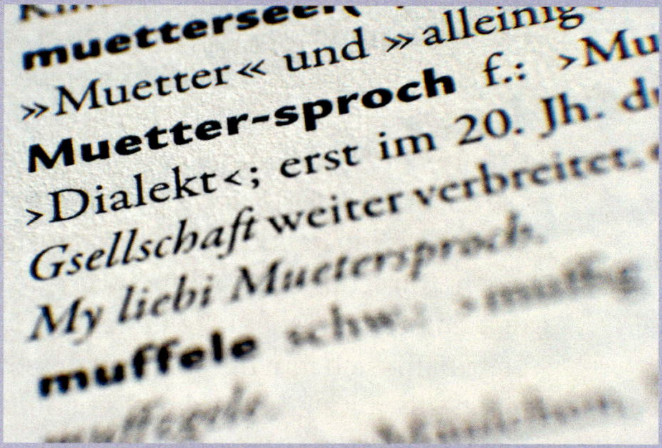

Vorüberlegungen für den Einsatz des Modells im Unterricht

Innerhalb der deutschen Sprache gibt es eine große Bandbreite von sprachlichen Varietäten, die in ihren Ausprägungen so stark variieren, dass sie teils mühelos und teils auch nicht mehr allgemein verstanden, geschweige denn gesprochen werden. Das Thema „Sprachvarietäten und ihre gesellschaftliche Bedeutung – Dialekte und Soziolekte" steht damit im Zusammenhang mit der sogenannten „inneren Mehrsprachigkeit" des Deutschen, dessen „Landkarte" sich derzeit stark verändert. Unsere Zeit, die von Globalisierungsprozessen geprägt ist, scheint auch den Sprachwandel in einer noch nie da gewesenen Form zu beschleunigen. Sprachliche Varietäten wie etwa Dialekte drohen, verloren zu gehen, während andere neu entstehen. Dabei stellt sich die Frage, ob Sprecherinnen und Sprecher diesen Wandel begrüßen, sich ihm eher hilflos ausgesetzt fühlen oder ihn aktiv mitgestalten wollen. Diejenigen, die mit dem Ziel des Sprachenschutzes oder der Mundartpflege aktiv werden, betonen die hohe Bedeutung der jeweiligen Varietät für ihre Identität und den authentischen Ausdruck von Gedanken und Gefühlen. Gehirnforscher belegen, dass sich eine frühe Mehrsprachigkeit, die sich nicht nur auf die Beherrschung von Fremdsprachen, sondern auch von Varietäten beziehen kann, positiv auf das Gehirn und auf das Potenzial zum Erlernen weiterer Sprachen auswirken kann. Dem gegenüber steht ein oft geringes Sozialprestige der von den Normen der Standardsprache abweichenden Varietäten, das die Bereitschaft, sie gänzlich aufzugeben und zu ersetzen, steigert. Derlei Tendenzen waren in der Vergangenheit ein wesentlicher Faktor für den Rückgang der Dialekte und spielen auch heute noch in bestimmten Kontexten sowie bei der Bewertung von Soziolekten eine Rolle. Dahinter steht zuweilen die Sorge um eine mögliche Reduktion von Sprachkompetenzen bei Sprecherinnen und Sprechern, die ausschließlich eine Varietät, nicht aber das Standarddeutsch beherrschen.
Die sehr kontrovers beantwortete Frage danach, ob diese Sprecher und Sprecherinnen auch in ihren kognitiven Möglichkeiten eingeschränkt sind, steht dabei im Kontext der Frage nach dem Zusammenhang von Sprache, Denken und Wirklichkeit und berührt damit Grundprobleme der Linguistik. Eine Denkrichtung, wonach die grammatischen Strukturen sowie die Lexik der Muttersprache die Wahrnehmung und Konstruktion der Wirklichkeit beeinflussen und somit auch Einfluss auf unser Weltbild haben, stellt der „sprachliche Relativismus" dar. Diese Bezeichnung ist eng mit dem amerikanischen Linguisten Benjamin Lee Whorf und dessen „linguistischem Relativitätsprinzip" verbunden, jedoch wurden ähnliche Gedanken auch schon vor ihm in der europäischen Sprachwissenschaft geäußert. Somit geht es bei der Frage nach der „Aktualität der Sapir-Whorf-Hypothese" nicht nur um die Rezeption dieser konkreten Hypothese, sondern um eine weitreichende Denkrichtung innerhalb der Linguistik. Der diesbezügliche Diskurs wird gegenwärtig durch eine ganze Reihe neuerer wissenschaftlicher Erkenntnisse befeuert. Jüngere Forschungen lassen sprachphilosophische Annahmen, wie sie seit Jahrhunderten geäußert und einander gegenübergestellt werden, in einem neuen Licht erscheinen und liefern empirische Belege für deren Gültigkeit oder auch Zweifelhaftigkeit. So gibt es eine ganze Reihe einzelner faszinierender Studien aus verschiedenen Ländern und wissenschaftlichen Disziplinen, die Indizien für einen Zusammenhang von der Struktur einer Einzelsprache und kognitiven Prozessen der Person, die diese spricht, liefern. An diesen Überlegungen wird deutlich, dass eine Beschäftigung mit sprachlichen Varietäten oder mit der Frage nach der Bedeutung einer Sprache im Hinblick auf das Denken sowie das Selbst- und Weltbild der Sprecher und Sprecherinnen immer auch ein Nachdenken über Sprache im Allgemeinen verlangt. Deshalb werden die Bausteine, die der Erarbeitung einzelner Aspekte der Thematik dienen, aufgrund der vielfachen Bezüge zwischen den einzelnen Varietäten einer Sprache (Dialekte, Fachsprachen, Soziolekte) und der allgemeinen Reflexi-

on über Sprache (hier konkret zur „Aktualität der Sapir-Whorf-Hypothese") immer wieder durch verschiedene Hinweise miteinander vernetzt. Die Nutzerin bzw. der Nutzer kann entsprechend im Lehr- bzw. Lernprozess entscheiden, wann ein Querverweis bzw. ein Exkurs sinnvoll ist und welcher Baustein auf einen anderen folgen kann. Dabei empfiehlt es sich grundsätzlich, nach einer allgemeinen gedanklichen Hinführung bzw. einem Einstieg mit dem Thema „Dialekte“ zu beginnen.
Im Hinblick auf die Lernvoraussetzungen ist davon auszugehen, dass viele der Schülerinnen und Schüler grundsätzlich mit verschiedenen Begriffen wie z. B. „Dialekt“ und „Varietät“ bereits in Berührung gekommen sind und auch Sprachprodukte verschiedener Varietäten entweder produziert oder rezipiert haben. Dies ist allerdings tendenziell weniger bewusst geschehen oder theoretisch reflektiert worden, sondern aus bestimmten Situationen oder kreativen Interessen heraus geschehen. Daraus ergibt sich für eine didaktische Aufbereitung, dass es einerseits an dem Vorwissen der Lernenden anzuknüpfen und andererseits einen theoretischen und begrifflichen Rahmen zu erarbeiten gilt, welchen die Lernenden für eine systematische, fachbezogene Betrachtung und Einordnung der einzelnen Varietäten benötigen.
Für die Erarbeitung der sogenannten „Sapir-Whorf-Hypothese“ und deren Rezeption dagegen ist eher anzunehmen, dass Schülerinnen und Schüler nur vereinzelt auf Vorwissen zurückgreifen können und somit eine gründliche Erarbeitung der widerstreitenden Positionen der sogenannten Relativisten und Universalisten notwendig ist.
Klausurvorschläge finden sich im **Zusatzmaterial Z 4** und **5**, S. 130 – 144.

Konzeption des Unterrichtsmodells

Um die Orientierung für die Schülerinnen und Schüler in den jeweiligen Diskursen über Sprache und ihre Bedeutung zu erleichtern, sind in diesem Modell verschiedenen inhaltlichen Schwerpunkten einzelne Bausteine gewidmet. In jedem von ihnen wird darauf Wert gelegt, dass wesentliche Erkenntnisse bzw. Grundannahmen, die für die Varietätenlinguistik explizit oder implizit eine wichtige Rolle spielen, der Arbeit an exemplarischen Varietäten in ihren Ausprägungen und Bewertungen vorangestellt werden. Dadurch soll erreicht werden, dass die Schülerinnen und Schüler, indem sie sich mit einzelnen sprachlichen Phänomenen befassen, immer auch über die Sprache an sich etwas lernen und ihr diesbezügliches Wissen prüfen, schärfen oder erweitern. Berührt werden im Einzelnen Annahmen von Ferdinand de Saussure, Heinrich Löffler und Basil Bernstein, verbunden mit den Fragestellungen nach der Natur sprachlicher Zeichen und dem Zusammenhang von Sprache, Denken und Wirklichkeit. Diesem Thema wird sodann – mit Blick auf die Unterschiede zwischen Grund- und Leistungskursen mit den jeweiligen Vorgaben – ein eigener Baustein gewidmet.
Inhaltlich geht es neben einer allgemeinen Orientierung im Hinblick auf Begrifflichkeiten und Klassifikationsmöglichkeiten in den Bausteinen explizit um die Dialekte, die Fachsprachen und die Soziolekte. Die Frage nach der Aktualität der Sapir-Whorf-Hypothese lässt sich inhaltlich an die Auseinandersetzung mit Soziolekten anschließen. Methodisch zielt die Erarbeitung der Inhalte darauf, dass die Schülerinnen und Schüler die Gelegenheit haben, neben der Analyse von informierenden und argumentierenden Sachtexten auch das „materialgestützte Verfassen eines Textes mit fachspezifischem Bezug“ einzuüben.

Im **Baustein 1** soll eine Annäherung an die Varietäten (bzw. „Lekte“) des Deutschen durch die Auseinandersetzung mit Sprachbeispielen und durch deren Einordnung erreicht werden. Hierfür ist das Varietätenmodell Heinrich Löfflers in einer aktualisierten und etwas vereinfachten Version zugrunde gelegt worden. Daneben wiederholen oder erlernen die Schülerinnen und Schüler die für die Varietätenlinguistik relevante Unterscheidung zwischen „langue“ und „parole“, die auf Ferdinand de Saussure zurückgeht, und erarbeiten wesentliche Erkenntnisse im Hinblick auf aktuelle Tendenzen der deutschen Gegenwartssprache mithilfe einer Zusammenfassung der Ergebnisse des „Zweiten Berichts über die Lage der deutschen Sprache“[1].

Im **Baustein 2** stehen die Dialekte des Deutschen im Mittelpunkt. Dabei gilt es neben der Frage nach der Unterscheidung zwischen Standard- bzw. Hochsprache auch die Fragen nach der historischen Genese der Dialekte, ihrer Bedeutung für die Sprecherinnen und Sprecher und ihrer Perspektive für die Zukunft zu beantworten. Anhand eines Beispiels aus einer Pilotierung des für die Abiturprüfung neu implementierten Aufgabentyps „materialgestütztes Verfassen eines Textes mit fachspezifischem Bezug“ üben die Schülerinnen und Schüler die Vorgehensweise ein und können sie, wenn gewünscht, dann in Form einer Klausur, in der es um die Bewertung von Dialekten in der Gesellschaft geht, anwenden.

Baustein 3 ist der Thematik „Fachsprachen“ gewidmet. Hier leiten die Schülerinnen und Schüler am Beispiel von Fachbegriffen aus dem eigenen Erfahrungsbereich zunächst Aussagen über die Funktionen von Fachsprache ab, bevor sie dann Merkmale und Spezifika von Fachsprachen im Allgemeinen anhand eines Sachtextes erarbeiten. Ein zweiter Akzent innerhalb des Bausteins ist der „Wissenschaftssprache“ gewidmet, um deren jeweilige sprach-

---

[1] Bei dem Bericht handelt es sich um das Ergebnis der Forschungen verschiedener Sprachwissenschaftler zur Erfassung der gegenwärtigen Lage der deutschen Sprache. Sie werden in unregelmäßigen Abständen von der Akademieunion und der Deutschen Akademie für Sprache und Dichtung herausgegeben.

liche Ausgestaltung es kontroverse Diskussionen gibt. Am Beispiel zweier aufeinander bezogener argumentativer Sachtexte üben sich die Lernenden in der Analyse dieser Textform und schulen dabei ihre eigene Urteilsfähigkeit.

Im **Baustein 4** geht es um die Soziolekte. Da deren Untersuchung und Beschreibung sehr stark von der „Code"-Theorie Basil Bernsteins geprägt ist, werden dessen Thesen sowie deren Rezeption in Form einer prägnanten Zusammenfassung vorgestellt und in einen Zusammenhang mit der Frage nach der Notwendigkeit einer in der Schule zu erlernenden Bildungssprache gebracht. Hier ergeben sich zahlreiche Verknüpfungsmöglichkeiten mit zentralen Theorien und widersprüchlichen Aussagen zum Zusammenhang von Sprache, Denken und Wirklichkeit.
Am Beispiel von „Kiezdeutsch" (bei Marossek: „Kurzdeutsch") werden zunächst Forschungsergebnisse hierzu erarbeitet. Sodann wird anhand zweier verschiedener argumentativer Sachtexte dessen Einordnung als Soziolekt problematisiert und die verschieden gelagerte Kritik erarbeitet.

Mithilfe des **Bausteins 5** gehen die Schülerinnen und Schüler der Frage nach der Aktualität der „Sapir-Whorf-Hypothese" nach. Diese wird zunächst mithilfe einer Analyse eines originalen Textauszugs erarbeitet und auf die enthaltenden Implikationen hin befragt.
Im Anschluss daran schärfen die Lernenden ihr Verständnis über den Zusammenhang von Sprache, Denken und Wirklichkeit in Form eigener Einschätzungen zu ausgewählten Untersuchungsfragen aus der jüngeren Forschung und deren Auflösung in der Auseinandersetzung mit den entsprechenden Ergebnissen. Sodann verschaffen sie sich mithilfe einer Zusammenfassung einen Überblick über den Diskurs der Vergangenheit und lernen die einander widerstreitenden Grundpositionen der Universalisten und Relativisten kennen. In einem weiteren Schritt erarbeiten sie exemplarisch Texte von gegenwärtigen Vertretern beider Denkschulen. Um den Paradigmenwechsel in der Linguistik in der gesamten Tragweite nachvollziehen und einordnen zu können, wird der Baustein sodann mit den Grundüberzeugungen der „gebrauchsbasierten Linguistik" als einer Alternative zu Chomskys Theorie über den Spracherwerb abgerundet.

Die thematischen Bausteine des Unterrichtsmodells

Baustein 1

Die Frage des Einstiegs

Im ersten Baustein steht die Annäherung an die Thematik im Vordergrund: Die Schülerinnen und Schüler lernen anhand von Aussprüchen und eines Klassifizierungsmodells die Bandbreite von Varietäten des Deutschen kennen. Des Weiteren dient die Erarbeitung eines Sachtextes über den „Zweiten Bericht zur Lage der deutschen Sprache“ der Vergewisserung über empirisch belegbare Fakten zum gegenwärtigen Deutsch, während die Auseinandersetzung mit Ferdinand de Saussures Unterscheidung zwischen „langue“ und „parole“ eine mögliche linguistische Erklärung für das Vorhandensein unterschiedlicher „Sprachen in der Sprache“ bietet.

1.1 Zitate untersuchen – Eine Annäherung an Varietäten des Deutschen

Um eine motivierende und praxisnahe Hinführung zum Thema „Varietäten der deutschen Sprache“ zu gestalten, ist es sinnvoll, die Schülerinnen und Schüler die Bandbreite der Varietäten selbst entdecken zu lassen. Indem sie mit sprachlichen Äußerungen in Form von Sprichwörtern, Sätzen oder Gedichten in verschiedenen Dialekten und Soziolekten konfrontiert werden, können sie zunächst einmal einen kleinen Einblick in die klanglichen Merkmale der jeweiligen Varietät erhalten, die zu diesem Zweck zusammengestellt und in Form von Sprechblasen aufbereitet wurden.
In diesem Zusammenhang ist es neben dem Vorlesen und Erkunden der Texte reizvoll, sich in der „Übersetzung“ zu erproben und dabei zu erfahren, wie weit das sprachliche Verstehen der Varietäten reicht und wo möglicherweise auch Grenzen sind. Dabei ist zu erwarten, dass es den Schülerinnen und Schülern in den meisten Fällen gelingen wird, einen Zugang zu finden, sie jedoch wahrscheinlich auch etwa an der Übersetzung der Fachsprache oder der Jägersprache im Bereich der Lexik scheitern werden. Möglich ist, dass manche Dialekte ohne weitere Mühe in ihrer Bedeutung erfasst werden können, während andere aufgrund lexikalischer oder phonetischer Besonderheiten fast wie eine Fremdsprache wirken.
Beide Erfahrungen lassen Rückschlüsse auf die Varietäten im Allgemeinen zu und werfen überdies Fragen auf, die später im Unterrichtsverlauf dann erarbeitet und vertieft werden können. So kann es beispielsweise im Bereich der Dialekte um die Frage gehen, wie diese sich entwickelt haben und in welchem Verhältnis sie zum Standarddeutschen bzw. Hoch-

deutschen[1] stehen. Während es bei den Dialekten also verstärkt um historische Zusammenhänge geht, muss man bei den Soziolekten und auch bei der Fachsprache verstärkt nach den Sprecherinnen und Sprechern sowie nach der Funktion der jeweiligen Varietäten fragen.
Die Schülerinnen und Schüler erhalten das **Arbeitsblatt 1**, S. 23 und arbeiten mithilfe folgender Fragestellungen:

- *Lesen Sie sich die Sprechblasen gegenseitig laut vor. Sprechen Sie darüber, wie diese Texte jeweils auf sie wirken.*
- *Stellen Sie Vermutungen darüber an, um was für eine Sprachverwendungsweise es sich handelt. Klären Sie dazu möglichst viele der W-Fragen (Wer? Wo? Warum bzw. zu welchem Zweck?) zu jeder der Sprechblasen.*
- *Versuchen Sie sich an einer „Übersetzung" der Sprechblasen in ein allgemein verständliches Deutsch. Wie kommt es, dass Ihnen das bei manchen der Sprechblasen gelingt, bei anderen vielleicht eher nicht?*
- *Stellen Sie Überlegungen dahingehend an, ob es sich hier um eigene „Sprachen" handelt.*

Im Anschluss an die Erarbeitung ist ein Vortrag im Plenum wünschenswert, bei dem jede der Sprechblasen Berücksichtigung findet. Darüber hinaus sollten die Schülerinnen und Schüler erkannt haben, dass es sich um verschiedene Varianten des Deutschen handelt, die deshalb nicht als eigene „Sprachen" bezeichnet werden können. Im Fall des Nachrichtensprechers, welcher die Grußformel „Guten Abend, meine Damen und Herren" verwendet, handelt es sich um Standard- bzw. Hochdeutsch, das keiner „Übersetzung" bedarf. Die Schülerinnen und Schüler können an dieser Sprechblase ableiten, in welchem Bereich besonderer Wert auf dessen Verwendung gelegt wird, und können im weiteren Unterrichtsverlauf dann auch die Informationen über die Verbreitung und Bewertung einordnen. In den anderen Fällen ist zu erwarten, dass sie die lokal gebundenen Varietäten als Dialekte erkennen und darüber hinaus auch die Fach-, Szene- und die Netz- bzw. Chatsprache voneinander unterscheiden, jedoch nicht in jedem Fall vollständig verstehen und „übersetzen" können.
Im Einzelnen können im Bereich der Übersetzung folgende Ergebnisse erzielt werden:

- „Der etwa zehn- bis zwölfjährige Hirsch, der noch das rote Sommerfell trug und ein Geweih mit zehn Zacken hatte – das Geweih hatte noch die Besonderheit, nach den jeweils untersten Zacken zwei verkümmerte Zacken zu haben –, ging langsam, immer wieder kräftige Brunftlaute von sich gebend, auf dem Steig, den das Rotwild seit eh und je benutzt, in jenen Waldteil, den der Hirsch jetzt in der Brunftzeit als bevorzugten Tagesaufenthaltsort ausgesucht hat."
  (Waidmannssprache/Jägersprache [als Fachjargon bzw. Sondersprache]; Quelle: www.jagd.it/jaegersprache/index.htm, 24.07.2018)

- Wer Tag für Tag seine Arbeit tut
  und immer auf seinem Posten steht,
  und tut das gut und tut das gern,
  der darf sich auch mal amüsieren.
  (Plattdeutsche Weisheit, Dialekt)

[1] Der Begriff „Hochdeutsch" steht einerseits als Synonym für „Standarddeutsch", andererseits aber auch für die hochdeutschen Dialekte (die Mundarten im Mittel- und oberdeutschen Raum, siehe Grafik S. 51). Hier wird der Begriff in der ersten Bedeutung verwendet. Zuweilen kommt es zu begrifflichen Unschärfen oder Missverständnissen, da das Hochdeutsche synonym mit der „Hochsprache" gesetzt wird.

- Hallo, lass uns ins Kino gehen!
  (Kiezdeutsch, Soziolekt [für die Linguistin H. Wiese auch ein neuer Dialekt])

- Wenn man etwas Unangenehmes vor sich hat, einfach umdrehen! Dann hat man es hinter sich!
  (Hessischer Dialekt)

- Gemäß den Verlautbarungen des Bundesinnenministeriums wird im Hinblick auf die erfolgte Zahlung darauf hingewiesen, dass man sich bei eventuellen Rückforderungen nicht darauf berufen kann, das erhaltene Geld schon ausgegeben zu haben.
  (Fachsprache der Behörden, die juristisch korrekte Formulierungen verwenden müssen, Fachsprache der Justiz)

- Gutes Gelingen bei allem, was du anpackst!
  (Berlinerisch, Dialekt)

- Entspannen ja, rumhängen nein.
  („Denglisch“ bzw. gehäufter Gebrauch von Anglizismen, Soziolekt)

- Hallo allerseits./Ich glaube es ja nicht! Darüber bin ich sehr erstaunt./Wir treffen uns um neun Uhr bei Dennis. Viele Grüße T.
  (Chatsprache, Mediolekt)

- Ein gescheiter Prinz kommt in Lederhosen./Ein bayerisches Kind buddelt nicht. Es gräbt!
  (Bairischer[1] Dialekt)

- **Johann Wolfgang von Goethe: Der Zauberlehrling**
  Hat der alte Hexenmeister
  Sich doch einmal wegbegeben!
  Und nun sollen seine Geister
  Auch nach meinem Willen leben.
  Seine Wort und Werke
  Merkt ich und den Brauch,
  Und mit Geistesstärke
  Tu ich Wunder auch. [...]
  Und nun komm, du alter Besen!
  Nimm die schlechten Lumpenhüllen;
  Bist schon lange Knecht gewesen;
  Nun erfülle meinen Willen!
  (Sächsischer Dialekt)

- Der Herr ist König und herrlich gekleidet. Der Herr ist gekleidet und gegürtet mit Kraft. Fest steht der Erdkreis, dass er nicht wankt.
  (Kölscher Dialekt, Psalm 93)

- Grußformel am Beginn der Verlesung der Nachrichten im Ersten Deutschen Fernsehen

---

1 Das Wort „Bairisch“ ist ein dialektologischer Begriff, der sich aus der Bezeichnung der ersten „deutschsprachigen“ Besiedler und ihrer Stammesdialekte in althochdeutscher Zeit ableitet. Es ist zu trennen von dem Wort „bayerisch“, einem geografisch-politischen Begriff, der sich auf den Freistaat Bayern bezieht, wo auch nicht bairische Dialekte verbreitet sind.

- Du bist mein, ich bin dein.
  Dessen sollst du gewiss sein.
  Du bist eingeschlossen
  in meinem Herzen,
  verloren ist das Schlüsselchen:
  Du musst auch für immer darin bleiben.
  (Übersetzung aus dem Mittelhochdeutschen nach Thomas Bein[1], Chrono- bzw. Historiolekt)

Die Schülerinnen und Schüler werden vermutlich äußern, dass es sich nicht um eigene „Sprachen“ handelt. In diesem Zusammenhang können die evtl. vorhandenen Vorkenntnisse über die Begriffe „Varietät“, „Dialekt“ bzw. „Regiolekt“ und „Soziolekt“ abgerufen und es kann nach den vorhandenen Kenntnissen über die sogenannte „innere Mehrsprachigkeit“ einer Sprache gefragt werden. Folgende Impulse können ein Unterrichtsgespräch leiten:

- *Sie haben festgestellt, dass es sich um unterschiedliche Ausprägungen des Deutschen handelt. Kennen Sie entsprechende Fachbegriffe?*
- *Erklären Sie in diesem Zusammenhang den Begriff der „inneren Mehrsprachigkeit“, der in der Wissenschaft verwendet wird.*

Um diese Erkenntnisse linguistisch einordnen und bewerten zu können, benötigen die Schülerinnen und Schüler weitergehende Begrifflichkeiten und Modelle aus der Linguistik, die im Folgenden erarbeitet und eingeordnet werden sollen.
Dazu erhalten die Lernenden zunächst die Gelegenheit, ein bekanntes Gliederungsmodell der Soziolinguistik von Heinrich Löffler[2], das zu didaktischen Zwecken und unter Berücksichtigung neuerer Erkenntnisse hier dem aktuellen Stand angepasst, teilweise erweitert und in der Darstellung vereinfacht wurde, kennenzulernen. Im Mittelpunkt des Gliederungsmodells steht dabei die Sprache in ihren verschiedenen Ebenen Phonologie, Semantik, Lexik sowie Syntax. Dies soll den Lernenden die Einsicht ermöglichen, dass Sprachvarietäten sich auf allen diesen Ebenen von der Standardsprache abheben können und die Unterschiede somit nicht nur auf die Lexik beschränkt sein müssen.
Die Kategorisierung erfolgt vor dem Hintergrund der Parameter, die die Sprachverwendung prägen und somit die einzelnen Varietäten (von Löffler auch „Lekte“ genannt) hervorbringen. Dabei folgt die Darstellung der Einteilung Löfflers (nach Zeit/Ort, Situation, Medien, Alter, Funktion, Situation sowie sozialer Zugehörigkeit), ohne jedoch dessen Zuordnung der Varietäten zu der „schriftlichen“ oder „mündlichen“ Sphäre zu übernehmen, die auch verschiedentlich als weniger überzeugend kritisiert wird. Mit der Kenntnis der Gliederungsmöglichkeiten, die die Lernenden in diesem Schritt erarbeiten, können sie nun auch versuchen, die sprachlichen Äußerungen aus dem vorangegangenen Arbeitsschritt einzuordnen.
Dass eine solche Einteilung der Varietäten (bzw. „Lekte“) als diskrete Einheiten notwendigerweise konstruiert ist und es Überschneidungen zwischen verschiedenen Ebenen gibt, wird anhand der Einteilung der „Jugendsprache“ in zwei verschiedene Bereiche verdeutlicht. Hier könnte man begründet den Parameter „Jugend“ zugrunde legen und die Varietät somit als altersabhängig klassifizieren. Ebenso überzeugend ist aber auch die Einordnung als eine gruppenabhängige Varietät (also als einen „Soziolekt“), sofern man die Erkenntnis zugrunde legt, dass es nicht eine einzige „Jugendsprache“ gibt, sondern diese wiederum nach gruppenspezifischen Parametern aufzugliedern ist.

---

1 Bein, Thomas: Deutschsprachige Lyrik des Mittelalters. Von den Anfängen bis zum 14. Jahrhundert. Eine Einführung (= Grundlagen der Germanistik. Band 62). Erich Schmidt Verlag, Berlin 2017, S. 84 ff.
2 Löffler, Heinrich: Germanistische Soziolinguistik. 4., neu bearb. Aufl. (= Grundlagen Germanistik 28). Berlin 2010

Dazu erhalten die Schülerinnen und Schüler das **Arbeitsblatt 2**, S. 24 mit der folgenden Aufgabenstellung:

- *Beschreiben Sie die Grafik und stellen Sie eine These auf, was hier dargestellt werden soll.*
- *Erklären Sie die einzelnen Bestandteile der Grafik Ihrem Nachbarn bzw. Ihrer Nachbarin und klären Sie dabei ggf. noch unklare Begriffe.*
- *Der „Lekt" bzw. die „Varietät" Jugendsprache taucht im Modell zweifach auf. Finden Sie eine Erklärung dafür, warum beides möglich ist? Was sagt die Tatsache, dass eine zweifache Zuordnung möglich ist, über das Verhältnis der Varietäten zueinander aus?*
- *Versuchen Sie, die Sprechblasen auf Arbeitsblatt 1 mithilfe des Modells zu klassifizieren.*

Die Lernenden können als These formulieren, dass die Grafik zeigen soll, welche Varietäten der deutschen Sprache existieren, wie man sie klassifizieren kann und wodurch sie zustande kommen. Evtl. kann sich als Hausaufgabe anschließen, nach weiteren Textbeispielen für die einzelnen Varietäten zu suchen und diese dann mitzubringen, um das Gelernte zu konkretisieren und den sehr unterschiedlichen Klang der Varietäten zu vergegenwärtigen.
Folgende Fragestellung kann diese Phase einleiten:

- *Gibt es eine Varietät, die Sie selbst in besonderer Weise beherrschen? Präsentieren Sie Ihren Mitschülerinnen und Mitschülern Ihre Fähigkeiten.*

1.2 Der „Zweite Bericht zur Lage der deutschen Sprache" – Eine erste Orientierung im Forschungsgebiet

Die Schülerinnen und Schüler benötigen zur weiteren Erarbeitung der Thematik eine grundsätzliche, überblicksartige Orientierung bezüglich wichtiger Begriffe sowie aktueller Entwicklungen in der deutschen Sprache. Beides soll ihnen mithilfe eines journalistischen Textes, in welchem Ergebnisse aus dem Forschungsbericht „zur Lage der deutschen Sprache"[1] zusammengefasst und mithilfe von Expertenmeinungen bewertet werden, angeboten werden. Das Forschungsprojekt hat es sich zur Aufgabe gemacht, eine „wissenschaftsbasierte Aufklärung über den Zustand der deutschen Sprache"[2] für die Öffentlichkeit zu leisten. Der „Zweite Bericht", der im September 2017 erschienen ist, ist dem Thema „Vielfalt und Einheit der deutschen Sprache" gewidmet und daher für den Unterrichtskontext besonders geeignet. Wesentliche Fragen nach der historischen und aktuellen Genese von Varietäten des Deutschen sowie nach dem Zusammenhang zwischen ihnen und der sogenannten „Standardsprache" werden knapp und überblicksartig beleuchtet. Dadurch erlangen die Schülerinnen und Schüler einen Einblick, der im folgenden Verlauf dann beliebig vertieft werden kann.

Sie erhalten das **Arbeitsblatt 3**, S. 25 ff. mit folgender Aufgabenstellung:

---

1 Die „Berichte zur Lage der deutschen Sprache" stellen einen Versuch verschiedener Sprachwissenschaftler dar, entlang festgelegter Forschungsschwerpunkte wesentliche Ergebnisse zusammenzufassen und damit ein differenziertes Bild zur aktuellen Lage der Sprache zu geben.

2 www.akademienunion.de/arbeitsgruppen/bericht-zur-lage-der-deutschen-sprache/(25.07.2018)

- *Nennen Sie Fragen, die sich die Forscher bei der Arbeit am „Zweiten Bericht zur Lage der deutschen Sprache" gestellt haben.*
- *Tauschen Sie die Ergebnisse mit Ihrem Sitznachbarn bzw. Ihrer Sitznachbarin aus und erarbeiten Sie dann gemeinsam, welche Antworten im Text auf die Fragen gegeben werden.*
- *Gehen Sie noch einmal zurück zu der Varietäten-Übersicht und zeigen Sie, auf welche sich die Forscher beziehen. Welche Ergebnisse werden diesbezüglich genannt?*
- *Erarbeiten Sie in Partnerarbeit ein Interview, in welchem Sie die Erkenntnisse vorstellen können. Einer von Ihnen übernimmt den Interviewer, einer übernimmt die Rolle eines am Projekt beteiligten Sprachwissenschaftlers.*
- *Diskutieren Sie im Kurs darüber, welche Erkenntnisse für Sie neu und vielleicht überraschend waren.*

Mögliche Fragen, die die Lernenden stellen könnten, sowie Antworten, die aus dem Text erschließbar sind, lauten:

Fragen	**Antworten**
Was zählt alles zur deutschen Sprache?	neben der „Hoch- bzw. Standardsprache" ein „Bündel von Varietäten"
Welche Varietäten lassen sich unterscheiden?	Dialekte, Regiolekte, Fachsprachen, Jugendsprachen, Internetsprache
Was ist das „Hochdeutsche" bzw. die „Standardsprache"? Welche Kennzeichen hat es bzw. sie?	verbreitete und in den Schulen gelehrte, weitgehend normierte Form der deutschen Sprache
Was sind „Dialekte"?	alte Sprachvarietäten des Deutschen, gesprochen in verschiedenen (manchmal kleinräumigen) Regionen
Wie ist es zur Vereinheitlichung der Sprache und der Etablierung der Standardsprache gekommen?	Bestrebungen der Vereinheitlichung im ausgehenden Mittelalter und der Renaissance, geprägt durch die Schriftsprache, den Buchdruck, Martin Luther und die Rundfunkmedien
Was sind „Regiolekte"?	regionale Umgangssprachen, entwickelt seit Mitte des 18. Jahrhunderts unter dem Einfluss der Schriftsprache und der Regeln alter Dialekte
Was ist „Jugendsprache"?	sich schnell verändernde Sprechweisen Jugendlicher mit großem Variationsspektrum
Was ist typisch für die internetbasierte Kommunikation?	die „interaktionsorientierte Haltung" in Chats und Diskussionsforen mit Abweichungen von korrekter Orthografie und geschliffenen Formulierungen zugunsten von Schnelligkeit und Umgangssprache
Steht alles zum Besten mit der deutschen Sprache?	Derzeit noch, aber im internationalen Vergleich verliert sie an Bedeutung und könnte aussterben.

Die Auswertung der Ergebnisse in Form von Interviews kann im Hinblick auf eine möglichst breite Schülerbeteiligung so organisiert werden, dass bis zu vier Schülerinnen und Schüler von einem Interviewer „befragt" werden. Sie stellen damit ein Team von Wissenschaftlern dar, die zusammen an dem Bericht zur Lage der deutschen Sprache gearbeitet haben und nun die Ergebnisse zusammenfassen. Die beteiligten Schülerinnen und Schüler müssen sich jeweils verständigen, wer zuerst antwortet, und können auch die Antwort des ersten Partners ergänzen, bevor der Interviewer jeweils zur nächsten Frage übergeht.

1.3 Ferdinand de Saussure: Sprache als Zeichensystem und die Unterscheidung zwischen „langue" und „parole"

Ferdinand de Saussures Genfer Vorlesungen, die 1916, drei Jahre nach seinem Tod, von einigen seiner Schüler in den „Grundfragen der allgemeinen Sprachwissenschaft" zusammengefasst wurden, bildeten die Basis für die Entwicklung einer neuen Richtung der Sprachwissenschaft: der strukturalistischen Linguistik. Deren Kernthese lautet, dass es sich bei der Sprache um ein System von Zeichen handelt und dass die sprachwissenschaftliche Forschung also an den – vielfach unbewussten – Strukturen dieses Systems ansetzen sollte.
De Saussures Verständnis der Sprache als System von Zeichen liegt ein bilaterales Zeichenmodell zugrunde. Unter einem sprachlichen Zeichen versteht er die „Verbindung der Vorstellung mit dem Lautbild" (S. 28, Z. 59f.) bzw. die Verknüpfung des Bezeichneten mit dem Bezeichnenden. Den untrennbaren Zusammenhang dieser beiden Seiten, der durch die beigefügten Zeichnungen verdeutlicht wird, veranschaulicht de Saussure an anderer Stelle durch den Vergleich mit einem Blatt Papier: „Das Denken ist die Vorderseite und der Laut ist die Rückseite; man kann die Vorderseite nicht zerschneiden, ohne zugleich die Rückseite zu zerschneiden; ebenso könnte man in der Sprache weder den Laut vom Gedanken noch den Gedanken vom Laut trennen"[1].
De Saussure nimmt weiter an, dass sich sprachliche Zeichen durch Konvention konstituierten und grundsätzlich arbiträr sind. Damit meint er, dass zwischen dem Bezeichnetem und dem Bezeichnendem kein inhärenter Zusammenhang bestehen muss, sondern dass dieser willkürlich durch die kollektive Gewohnheit einer Sprachgemeinschaft entsteht. Hieraus lässt sich der soziale Charakter der Sprache in Gestalt der „langue" ableiten. Die Annahme von der Arbitrarität der Zeichen sowie die Funktion der Sprache, wie de Saussure sie beschreibt, legen nahe, seine Position grundsätzlich in die Auffassung von einer sprachlichen Relativität einzuordnen.[2] De Saussures Äußerungen zum Zusammenhang von Sprache und Denken belegen dies:

> „Um sich darüber klar zu werden, dass die Sprache nur ein System von reinen Werten sein kann, reicht es, die beiden Elemente zu betrachten, die bei seinem Funktionieren ins Spiel kommen: die Ideen und die Laute. Sieht man ab vom Ausdruck des Denkens durch die Wörter, ist unser Denken – psychologisch betrachtet – nichts anderes als eine formlose und ununterschiedene Masse. Philosophen und Sprachwissenschaftler haben immer die Ansicht geteilt, dass wir ohne die Hilfe der Zeichen unfähig wären, zwei Ideen auf eine klare und feste Art zu unterscheiden. Für sich selbst genommen ist das Denken nichts als eine Nebelwolke, in der nichts notwendigerweise begrenzt ist. Vor dem Erscheinen der Sprache gibt es keine im Voraus festgelegten Ideen und nichts ist wirklich unterschieden. [...] Die charakteristische Rolle der Sprache gegenüber dem Denken besteht nicht darin, ein materielles lautliches Ausdrucksmittel für die Ideen zu liefern, sondern als Vermittlerin zwischen Denken und dem Laut zu dienen, und zwar so, dass deren Vereinigung notwendigerweise zur wechselseitigen Abgrenzung von Einheiten führt. Das Denken, seinem Wesen nach ein Chaos, ist gezwungen, sich zu präzisieren, indem es sich in Teile auflöst. Da ist also weder eine Materialisierung des Denkens, noch eine Vergeistigung der Laute ge-

1 Saussure, Ferdinand de: Grundfragen der allgemeinen Sprachwissenschaft. Berlin: Walter de Gruyter, ^{2}1967, S. 134.
2 Vgl. dazu Kapitel 5, S. 95ff.

geben, sondern es handelt sich um eine Tatsache, die etwas rätselhaft ist, dass nämlich der ‚Laut-Gedanke' Teilungen beinhaltet und dass die Sprache ihre Einheiten herausarbeitet, indem sie sich zwischen zwei formlosen Massen selbst konstituiert."[1]

De Saussure schließt hier an die Idee der Artikulation an, die schon in der philosophischen Tradition als entscheidendes Merkmal menschlicher Sprache gesehen wurde.[2] Demnach sieht er die Fähigkeit des Menschen, inhaltliche Größen mit ausdrucksseitigen Größen zu verbinden, als zentral an, da eine solche Assoziation das sprachliche Zeichen bilde und die Sprache nichts als das System dieser Zeichen sei.
Um verschiedene Ebenen von Sprache voneinander zu unterscheiden, bedient er sich französischer Begriffe: Er differenziert zwischen der Sprache als System („langue") und der gesprochenen Sprache („parole"). Dabei ist es die „langue", auf deren Untersuchung es ihm vor allem ankommt und die aus seiner Perspektive den eigentlichen Gegenstand der Sprachwissenschaft bildet. Im Text wird stellenweise auch mit der Übersetzung in Form der Begriffe „Sprache" und „Rede" gearbeitet. Die Sprache („langue") stellt in diesem Modell ein in sich geschlossenes, grammatisches und lautliches System dar, das den Sprechern vorgeben ist und auf das sie beim Sprechen oder beim Schreiben in Form der Rede („parole") unbewusst zurückgreifen. Somit könnte man auch sagen, dass die „parole" die Aktualisierung und Realisierung der „langue" ist, die außerhalb von dieser Realisierung keine Existenz hat. De Saussure spricht in diesem Zusammenhang davon, dass sie nur „virtuell" existiere. Dieses Vorhandensein der „langue" in den Gehirnen der Sprecher sei die Voraussetzung dafür, dass der Mensch sich der Sprache als Kommunikationsmittel bedienen könne. Die „langue" habe des Weiteren zwei Dimensionen: In ihrer sozialen Dimension handele es sich um ein konventionelles System sprachlicher Gewohnheiten einer Sprechergruppe. In der individuellen Dimension sei die „langue" eine subjektiv internalisierte Einzelsprache, auf die der Sprecher wie aus einem Lager zurückgreifen kann, wenn er spreche oder schreibe.
„Langue" und „parole" bedingen sich demnach gegenseitig. Dabei stellt die „parole" neben dem individuellen Sprechakt in ihrer sozialen Dimension auch den Ort dar, an dem sich der Wandel und die Veränderung der „langue" manifestiere.
Innerhalb der Varietätenlinguistik wird das Modell de Saussures und insbesondere seine Unterscheidung zwischen „langue" und „parole" zuweilen zugrunde gelegt, um über das Verhältnis zwischen der deutschen Sprache und ihren Varietäten nachzudenken. So ließe sich hier die deutsche Sprache an sich als „langue" verstehen, die sich in sehr unterschiedlichen Varietäten, auch als „parole" zu verstehen, manifestiere. Auf diese Weise lässt sich auch die Metapher, wonach es sich bei der deutschen Sprache um „ein Bündel von Varietäten" (Mirko Smiljanic, siehe **Arbeitsblatt 3**) handele, nochmals vertiefend verstehen.
Die Lernenden erhalten das **Arbeitsblatt 4**, S. 28 f. und arbeiten mit folgenden Aufgabenstellungen:

- *Lesen Sie den Text und klären Sie Ihr erstes Verständnis, indem Sie bei folgenden fünf Thesen bestimmen, welche davon im Sinne de Saussures richtig und welche falsch sind.*
  - *Sprache ist sowohl eine soziale als auch eine geistige Angelegenheit.*
  - *Das sprachliche Zeichen ist nach de Saussure ein Buchstabe.*
  - *Lautbild und Vorstellung (Bezeichnendes und Bezeichnetes) sind rein willkürlich einander zugeordnet.*
  - *Sprache ist individuell und kann durch einen einzelnen Sprecher jederzeit verändert werden.*

---

1 Saussure, Ferdinand de (1968), Cours de lingustique générale. Édition critique par Rudolf Engler. Tome 1. Wiesbaden: Otto Harrassowitz, zit. in: Werlen, Iwar: Sprachliche Relativität. Tübingen/Basel 2002, S. 260 f.
2 so etwa bei Johann Gottfried Herder in seiner „Abhandlung über den Ursprung der Sprache"

- *Die Sprache als Zeichensystem („langue") ist nur im Geist von Sprechern existent und bildet die Voraussetzung dafür, dass diese etwas Konkretes sagen oder schreiben können („parole").*

- *Fassen Sie die im Text zum Ausdruck kommenden wesentlichen Grundannahmen Ferdinand de Saussures über die Sprache mit eigenen Worten zusammen und erläutern Sie die Grafiken.*

- *Ferdinand de Saussure unterscheidet in seiner Theorie zwischen dem abstrakten Regelsystem und Wortschatz („langue") sowie der konkreten Realisation von Sprache („parole"). Klären Sie diese Unterscheidung mithilfe des 2. Grundsatzes sowie der folgenden, ergänzenden Erläuterungen:*

„Was ist nun die langue? Sie ist ein System von Regeln (système grammatical) und eine Summe von Wortvorstellungen (images verbales), von sprachlichen Zeichen, die jeweils durch Verknüpfung einer Bedeutung mit einer Lautvorstellung konstituiert werden. Dieses System bzw. diese Summe existiert in vollständiger Form nur virtuell in den Gehirnen einer Gruppe von Individuen, einer sozialen Gemeinschaft."
„Nach Maßgabe dieses Systems könne der Einzelne aus dem Zeichenvorrat, über den er verfügt, eine Auswahl treffen und Kombinationen bilden, die, sofern sie mithilfe eines psycho-physischen Mechanismus materiell manifest gemacht worden seien (extériorisé), zum Ausdruck der Gedanken dieses einzelnen dienen konnten. Dieser Teil des gesamten Komplexes der zum Sprechen im Allgemeinen gehörigen Erscheinungen solle parole genannt werden."[1]

- *Klären Sie mithilfe der Begriffe „langue" und „parole" von Ferdinand de Saussure das Verhältnis zwischen dem „Deutschen" und den „Varietäten des Deutschen".*

Der erste Arbeitsauftrag dient einer Annäherung an den sprachlich recht anspruchsvollen Text. Indem die Schülerinnen und Schüler richtige und falsche Thesen als solche identifizieren können, wird eine intensive Lektüre des Textes angebahnt. Die Aussagen 1, 3 und 5 sind richtig. Die beiden anderen stimmen nicht, da das sprachliche Zeichen bei de Saussure ein Wort ist und zudem die Sprache (in der Gestalt der „langue") für ihn überindividuell und vom einzelnen Sprecher unveränderbar ist.

Die Ergebnisse zur Unterscheidung von „langue" und „parole" können mithilfe eines Tafelbildes gesichert werden:

Ferdinand de Saussure: Zwei Dimensionen von Sprache

„langue" (Sprache)	„parole" (Rede)
die Sprache	das Sprechen
System von grammatikalischen Regeln und Wortvorstellungen (Wortschatz)	individuelle Zusammenstellung und Kombination aus dem bestehenden System
Deutsch als Sprachsystem	Varietäten: Dialekte, Soziolekte, Fachsprachen
existiert als Gesamtsystem nur virtuell in den Gehirnen der Sprecher einer Sprachgemeinschaft	konkrete Realisierung der Sprache

[1] Albrecht, Jörn (2000): Europäischer Strukturalismus. 2. völlig überarbeitete und erweiterte Auflage. 1. Auflage 1988. A. Francke Verlag Tübingen, S. 29f.

Sprechakte untersuchen

Jutet Jelingen von allet, watte anpax!

Ey, lassma Kino gehen!

Woann mär ebbes Unangenehmes vor sich hot, oafach umdrehe. Doann hot mär's hinner sisch.

Chillig ist okay, aber no loitering.

Wer Dag för Dag sin Arbeit deit und jümmers op sin Posten steiht, und deit dat got und deit dat gern, der darf sich ok mal amüseern.

Der reife, noch rote Eissprossenzehner zog orgelnd am Wechsel in den Einstand.

Gemäß dem Rundschreiben des Bundesministeriums des Innern erfolgt die Zahlung im Vorgriff auf die Änderungstarifverträge unter dem Vorbehalt der Rückforderung und unter Ausschluss der Berufung auf den Wegfall der Bereicherung.

moinz@alle
ich glaubs ja nicht
andenkopffass
Treffen 9 bei
Dennis. Gruß T

Guten Abend, meine Damen und Herren!

Dr Här es Künnig, prachvoll süht hä us! Met Macht un Herrlichkeit hät hä sich ahnjedohn. De janze Welt hät hä jemaht. Die waggelt nit!

A gscheida Prinz kimmt in da Lederhosn.
A boarisch Kind buddeld net. Des grobt!

Dû bist mîn, ich bin dîn.
des solt dû gewis sîn.
dû bist beslozzen
in mînem herzen,
verlorn ist das sluzzelîn:
dû muost ouch immêr darinne sîn.

Dr Zauwerlährling
Heite bin ich mal alleene
Un dr Meester iwer Land.
Ei härrjehses, das wärd scheene:
Jetzt dud zauwern meene Hand!
Nun gomm här, du alder Bäsen,
Riehr dich flink un socke los!
Ich bin ooch ä heeres Wäsen,
Nich etwa dr Meester bloß. [...]

- *Lesen Sie sich die Sprechblasen gegenseitig laut vor. Sprechen Sie darüber, wie diese Texte jeweils auf sie wirken.*
- *Stellen Sie Vermutungen darüber an, um was für eine Sprachverwendungsweise es sich handelt. Klären Sie dazu möglichst viele der W-Fragen (Wer? Wo? Warum bzw. zu welchem Zweck?) zu jeder der Sprechblasen.*
- *Versuchen Sie sich an einer „Übersetzung" der Sprechblasen in ein allgemein verständliches Deutsch. Wie kommt es, dass Ihnen das bei manchen der Sprechblasen gelingt, bei anderen vielleicht eher nicht?*
- *Stellen Sie Überlegungen dahingehend an, ob es sich hier um eigene „Sprachen" handelt.*

Claßen, Veronika; Reins, Armin: Deutsch für Inländer. Frankfurt a. M.: Fischer Verlag 2007, S. 9 ff.; Der Zauwerlährling: Lene Voigt

Best.-Nr. 022727

Unsere Sprache und ihre Varietäten – Eine Kategorisierung (nach Löffler)

Parameter[1]	Sprachvarietät	Beispiele
Soziale Gruppen	Soziolekt	Schichtensprache, Gruppensprache, Jugendsprachen
Zeit/ Raum	Dialekt, Regiolekt, Chrono- bzw. Historiolekt	Bairisch, Plattdeutsch ... usw., Althochdeutsch, Mittelhochdeutsch
Alter, Geschlecht, ethnische Zugehörigkeit	Genderlekt, Gerontolekt, Ethnolekt	Frauensprache, Männersprache, Kinder- und Jugendsprache ...
Funktion	Funktiolekt (manchmal auch: Professiolekt)	Fachsprachen, Sondersprachen, Literatursprache, Pressesprache
Situation	Situolekt	monologisch, dialogisch, Stil

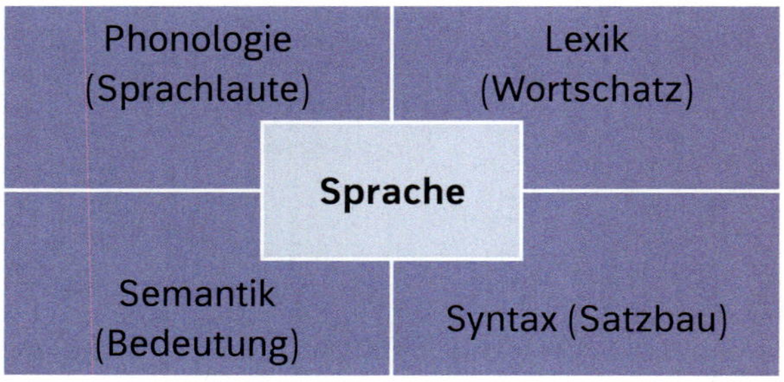

- *Beschreiben Sie die Grafik und stellen Sie eine These auf, was hier dargestellt werden soll.*
- *Erklären Sie die einzelnen Bestandteile der Grafik Ihrem Nachbarn bzw. Ihrer Nachbarin und klären Sie dabei ggf. noch unklare Begriffe.*
- *Der „Lekt" bzw. die „Varietät" Jugendsprache taucht im Modell zweifach auf. Finden Sie eine Erklärung dafür, warum beides möglich ist? Was sagt die Tatsache, dass eine zweifache Zuordnung möglich ist, über das Verhältnis der Varietäten zueinander aus?*
- *Versuchen Sie, die Sprechblasen auf dem Arbeitsblatt 1 mithilfe des Modells zu klassifizieren.*

[1] **Parameter** = hier: „Bezugsgröße"

Mirko Smiljanic: Dialekte, Jugendsprache, Hochdeutsch

Internetsprache, Jugendsprache, Regiolekte und Dialekte – und welche Rolle spielt das Hochdeutsche heute noch? Der „Zweite Bericht zur Lage der deutschen Sprache"[1] zeichnet ein weitgehend positives Bild zum derzeitigen Zustand des Deutschen. Das muss aber nicht für die Zukunft gelten.

Vor wenigen Tagen machte ein eher unbekanntes Wort Furore: „I bims". Klingt seltsam, wurde aber von einer 20-köpfigen Jury des Langenscheidt-Verlags zum Jugendwort 2017 gekürt. „I bims" – übersetzt bedeutet es „ich bin" oder „ich bin's" – entstammt der Vong-Sprache[2], die seit 2010 vor allem im Internet Verbreitung findet. Sie lebt von Wortspielen, verkürzten Sätzen, Anglizismen, außerdem nimmt sie grammatikalische Fehler auf die Schippe. Ein Beispiel: „Das Wetter ist schön vong Sonne her." Wie gesagt, das klingt seltsam, zählt aber zur deutschen Sprache, genauer zur Jugendsprache, die der „Zweite Bericht zur Lage der deutschen Sprache" natürlich auch behandelt. Herausgegeben haben den Bericht die „Deutsche Akademie für Sprache und Dichtung" und die „Union der deutschen Akademien der Wissenschaften". Nun wäre der Bericht unvollständig, würde er nicht auch Grundsätzliches thematisieren. Und dazu zählt eine ebenso schlichte wie schwierig zu beantwortende Frage: Was zählt eigentlich alles zur deutschen Sprache?

„Wenn man das so einfach sagen könnte! Es gibt eigentlich zwei wichtige Begriffe der deutschen Sprache", sagt Professor Wolfgang Klein, ehemaliger Direktor des Max-Planck-Instituts für Psycholinguistik im niederländischen Nijmegen und Vizepräsident der Deutschen Akademie für Sprache und Dichtung.

Ein Bündel von Varietäten

„Das eine ist das, was man so manchmal Hochsprache nennt, manchmal auch Hochdeutsch, was kein guter Ausdruck ist, oder auch Standardsprache, das ist das Deutsch, was man heute in den Schulen lernt, wie es in der geschriebenen Sprache verwendet wird, wie es auch bei den Rundfunknachrichten gesprochen wird oder von uns beiden im Augenblick gesprochen wird. Auf der anderen Seite gibt es natürlich die ganze Fülle an verschiedenen Formen des Deutschen. Erstens mal gibt es historische Sprachstufen, also das Althochdeutsch, das ja auch deutsch ist, das versteht heute außer Experten eigentlich niemand mehr, es gibt viele Dialekte, es gibt Jugendsprache, es gibt Sprache von Migranten, es gibt dann Fachsprachen und so weiter und so fort. Das Deutsche ist eigentlich ein Bündel von Varietäten, also von Spielarten und Ausprägungen. Die deutsche Standardsprache ist eine davon, die wichtigste, aber eine davon."

Historisch hat sich die deutsche Sprache aus dem Indogermanischen[3] entwickelt, genauer aus dem Westgermanischen. Die Geburt des Deutschen datieren Wissenschaftler auf das Jahr 800 nach Christi Geburt, also auf die Zeit Karls des Großen. Einheitlich war das Deutsche damals natürlich nicht. „Deutschland hat zu der Zeit größtenteils aus Wäldern und Sümpfen bestanden, also das, was wir heute als Deutschland beschreiben, und dazwischen gab es einzelne Dörfer und einzelne Kontakte, Städte und so was gab es da einfach noch nicht. Das heißt, die Leute haben in verschiedenen Gegenden ganz anders gesprochen. Es gab also von Anfang an eine ganze Reihe von Dialekten und nicht ein einheitliches Deutsch."

Bestrebungen der Vereinheitlichung

Natürlich gab es im ausgehenden Mittelalter und der Renaissance Bestrebungen, das Deutsche zu vereinheitlichen. Martin Luther darf nicht unerwähnt bleiben, ebenso der Buchdruck, der es möglich machte, Texte in die letzten deutschsprachigen Winkel zu transportieren. Überhaupt spielten Medien bei der Vereinheitlichung eine zentrale Rolle. Den Durchbruch schafften aber erst im 20. Jahrhundert die elektronischen Medien. Rundfunk und Fernsehen waren und sind seit knapp 100 Jahren omnipräsent und legten binnen weniger Jahrzehnte die Standardsprache fest. Auf der einen Seite war das ein Gewinn, Wirtschaft, Kultur und Gesellschaft sind auf reibungslose Kommunikationsformen angewiesen. Auf der anderen Seite sieht Wolfgang Klein den damit einhergehenden Bedeutungsverlust von Dialekten aber auch mit einem weinenden Auge.

„Ich finde es eigentlich sehr, sehr traurig, dass Dialekte zunehmend weniger gebraucht werden, und ich

---

1 Bei dem Bericht handelt es sich um das Ergebnis der Forschungen verschiedener Sprachwissenschaftler zur Erfassung der gegenwärtigen Lage der deutschen Sprache. Sie werden in unregelmäßigen Abständen von der Akademieunion und der Deutschen Akademie für Sprache und Dichtung herausgegeben.

2 **Vong-Sprache** = ursprünglich als Verballhornung der von Fehlern strotzenden Sprache im Netz (Beispiele: vong...her, I bims, 8en, H1), gemeinte Sprache, die durch die massenhafte Verbreitung in sozialen Medien populär wurde und vor allem durch die Missachtung grammatikalischer und orthografischer Regeln charakterisiert ist

3 **Indogermanisch** = Sprachfamilie, deren damals bekannte Erstreckung durch die Benennung angedeutet wird: von Indien im Osten bis zu den germanischen Sprachen im Westen

Best.-Nr. 022727

liebe es, Dialekt zu reden, weil es, ja, es gibt ein Gefühl der Heimatverbundenheit, der Vertrautheit, der Kindheit, die damit verbunden ist."

Die Zahl der Dialekte und regionalen Sprachfärbungen lässt sich kaum ermitteln, teilweise verändert sich die Aussprache von Dorf zu Dorf. Allerdings ist nicht alles, was Menschen in Bayern und Baden-Württemberg, Sachsen und Ostfriesland sprechen, Dialekt. Sprachwissenschaftlich – so Professor Jürgen Erich Schmidt, Direktor des Forschungszentrums Deutscher Sprachatlas, Marburg – sind Dialekte: „Diese alten Formen, die 1500 Jahre alt sind, die so alt sind, wie unsere Sprache selbst und die normalerweise nicht verstanden werden. Die haben also einen Radius von etwa 40 bis 100 Kilometern, und dann verstehen auch Dialektsprecher die Dialekte nicht mehr."

Regiolekte und Schriftsprache

Neben diesen alten Sprachvarietäten, die es natürlich auch heute noch gibt, haben sich seit Mitte des 18. Jahrhunderts Regiolekte oder regionale Umgangssprachen entwickelt. Dieser Prozess erforderte erstens eine Schriftsprache, die spätestens mit dem Buchdruck Verbreitung fand; und zweitens die Bereitschaft, diese Schriftsprache nach den Regeln alter Dialekte zu sprechen.

„Und dieses Sprechen nach der Schrift mit den Lautregeln der Dialekte, das ist das, was man als landschaftliches Hochdeutsch bezeichnet, und das war bis etwa 1900 die einzige Form des Hochdeutschsprechens." Eine Reise quer durch Deutschland war vor 150 Jahren kommunikationstechnisch eine Herausforderung. Und würde es die Standardsprache „Deutsch" nicht geben, hätte sich daran nichts geändert. „Wir haben heute eine Regionalsprache, die aus zwei gesprochenen Varietäten besteht. Das eine sind die fortlebenden alten Dialekte, die gibt es immer noch, und das andere ist das, was mal landschaftliches Hochdeutsch war, also diese regionalen Umgangssprachen, diese Regiolekte. Und die werden eben heute nicht mehr als Hochdeutsch akzeptiert, da hat ein gewaltiger Umwertungsprozess stattgefunden." [...]

„Fly sein", „Smombie", „Babo", „Yolo", „Niveaulimbo"

Von Kindern und Jugendlichen „sowieso erworben" wird noch eine weitere Varietät des Deutschen: die Jugendsprache. Und die ändert sich rasend schnell. „I bims" ist wie schon erwähnt das Jugendwort 2017. In den Jahren davor wurden „Fly sein" ausgewählt, „Smombie", „Babo", „Yolo", „Niveaulimbo" und „Gammelfleischparty". Alles Begriffe, mit denen ältere Menschen kaum etwas anfangen können. Was ja durchaus Sinn macht, mag mancher denken, Jugendsprache ist Jugendlichen vorbehalten, die sich zudem in einer unangepassten Lebensphase befinden. „Das würde ich jetzt so nicht unterschreiben", gibt allerdings Dr. Nils Bahlo, Sprachwissenschaftler an der Westfälischen Wilhelms-Universität Münster, zu bedenken. „Es mag sein, dass die Jugendphase in gewisser Weise mehr Freiräume lässt und es auch um das Ausprobieren, Austesten von Grenzen, Normen und Werten geht, also um ein Identitätsfinden, aber dass die Jugend nicht angepasst ist, das würde die Forschung so nicht unterstützen. Wir wissen zumindest aus den Shellstudien seit ungefähr 1985, dass die Jugend sich doch mehr an den Werten und Normen ihrer Eltern orientiert, als es so den ersten Anschein hat."

Hinzu kommt, dass das Phänomen „Jugendsprache" keineswegs für alle Jugendlichen Bedeutung hat. Einige können mit Begriffen „I bims" etwas anfangen, andere schütteln bei der „Gammelfleischparty" verständnislos den Kopf. [...]

Gleiches gilt für das sogenannte Kiezdeutsch, bei dem mit Vorliebe Präpositionen wegfallen: „Ich mach dich Messer" oder „Ich steh rote Ampel". Wichtiger ist für Nils Bahlo der Bildungshintergrund von Kindern und Jugendlichen, wobei er allerdings auch da zur Vorsicht mahnt. „Man muss sich das so vorstellen, dass nicht nur die Bildung für das verantwortlich ist, was wir so von uns geben als sprachliche Produktion. Es gibt genügend Hauptschüler, die ein lupenreines Deutsch sprechen, und es gibt genügend Gymnasiasten, die sich sprachlich anpassen, um cool zu sein. Die Variationsfreude ist in jugendlichen Stilen sehr, sehr groß. Jugendliche beherrschen mehr als nur einen bestimmten Code, könnte man sagen, sie passen sich sprachlich an. Das mag sicherlich sein, dass es dem einen besser gelingt, der anderen wieder schlechter."

Vergleichsweise ähnlich müsste die Situation bei der internetbasierten Kommunikation sein, immerhin tummeln sich viele Kinder und fast alle Jugendlichen in den sozialen Medien. E-Mail, Twitter und Co. sind für sie Alltag. Angelika Storrer, Professorin für Germanistische Linguistik an der Universität Mannheim, hat sich für den „Zweiten Bericht zur Lage der deutschen Sprache" mit diesem Thema beschäftigt. „Linguistisch interessant ist, dass sich dabei eine neue interaktionsorientierte Haltung zur Schriftsprache herausbildet, und diese neue Haltung unterscheidet sich in vielen Merkmalen vom Verfassen redigierter[1] Schrifttexte, also vom textorientierten Schreiben, wie wir das aus dem journalistischen Schreiben, aus dem wissenschaftlichen Schreiben und auch aus der Belletristik kennen."

1 **redigieren** = einen Text so sprachlich überarbeiten, dass er veröffentlicht werden kann

Internetbasierte Kommunikation

„Interaktionsorientierte Haltung“ bedeutet, jemand schreibt, der Angeschriebene antwortet sofort beziehungsweise zeitnah. Diese Form internetbasierter Kommunikation sind Chats, die Angelika Storrer unter die Lupe genommen hat. Unter die Lupe genommen hat sie darüber hinaus die Diskussionsforen von Wikipedia.

„Was man generell zeigen kann an diesen Formen, ist, dass im interaktionsorientierten Schreiben die Schnelligkeit der Reaktion oft wichtiger ist als die geschliffene Formulierung. Das ist ganz wichtig, wenn man die schriftlichen Produkte von Chats bewertet. Es ist auch wichtig zu betrachten, wer mit wem chattet, also Umgangssprache in der Kommunikation mit Freunden und Familie ist durchaus angemessen, und es gibt in allen Formen auch immer Beispiele, in denen bewusst von Orthografie und Grammatik abgewichen wird, also Dialektschreibungen, bewusst eingebaute Rechtschreibfehler, die verschiedenste soziale Funktionen haben, zum Beispiel aufzufallen, sich interessant zu machen, in einem Chatraum Kontakte zu knüpfen, da haben wir Beispiele auch in unseren Daten.“ Parallelen zur Jugendsprache sind unverkennbar, trotzdem zählt Chatkommunikation nicht dazu. Vor allem ist internetbasierte Kommunikation keine Kommunikation zweiter Klasse – so Angelika Storrer: „Die neuen interaktionsorientierten Schreibformen sind einfach in ganz anderen Bereichen angesiedelt, im alltagssprachlichen Bereich, im informellen Bereich. Sie erweitern eigentlich unser Spektrum der kommunikativen Möglichkeiten. Das normkonforme textorientierte Schreiben wird dabei nicht ersetzt, sondern ergänzt.“

Stirbt die deutsche Sprache aus?

Der „Zweite Bericht zur Lage der deutschen Sprache“ zeichnet ein weitgehend positives Bild. Deutsch zählt zu den bedeutendsten Kultursprachen der Welt, Sprachvarietäten wie Regio- und Dialekte sind eine Bereicherung, Gleiches gilt für die Jugendsprache und die internetbasierte Kommunikation. Niemand müsse – bezogen auf die Entwicklung des Deutschen – Angst vor Migranten haben, auch ihr Einfluss auf die deutsche Sprache ist fruchtbar. Steht also alles zum Besten um das Deutsche? Fast. Weit in der Zukunft sieht Wolfgang Klein dunkle Wolken.

„Ich habe über längere Zeit ein Forschungsprojekt am Max-Planck-Institut für Psycholinguistik in Nijmegen geleitet, das befasste sich mit der Dokumentation bedrohter Sprachen. Und von den 7 000 Sprachen verschwinden immer mehr, weil die Sprecher entweder aussterben oder sich anderen Sprachen zuwenden. Das Deutsche hat schätzungsweise 100 Millionen Sprecher, da ist das nicht unmittelbar bedroht, aber es geht als internationale Sprache schon ganz, ganz deutlich zurück, und es würde mich nicht wundern, wenn das Deutsche, sagen wir mal in zwei-, dreihundert Jahren, eine ausgestorbene Sprache wäre.“

Mirko Smiljanic: Dialekt, Jugendsprache, Hochdeutsch, 23.11.2017, www.deutschlandfunk.de/zur-lage-der-deutschen-sprache-dialekte-jugendsprache.1148.de.html?dram:article_id=401491 (25.07.2018)

- *Nennen Sie Fragen, die sich die Forscher bei der Arbeit am „Zweiten Bericht zur Lage der deutschen Sprache“ gestellt haben.*
- *Tauschen Sie die Ergebnisse mit Ihrem Sitznachbarn bzw. Ihrer Sitznachbarin aus und erarbeiten Sie dann gemeinsam, welche Antworten im Text auf die Fragen gegeben werden.*
- *Gehen Sie noch einmal zurück zu der Varietäten-Übersicht und zeigen Sie, auf welche sich die Forscher beziehen. Welche Ergebnisse werden diesbezüglich genannt?*
- *Erarbeiten Sie in Partnerarbeit ein Interview, in welchem Sie die Erkenntnisse vorstellen können. Einer von Ihnen übernimmt den Interviewer, einer übernimmt die Rolle eines am Projekt beteiligten Sprachwissenschaftlers.*
- *Diskutieren Sie im Kurs darüber, welche Erkenntnisse für Sie neu und vielleicht überraschend waren.*

Best.-Nr. 022727

Ferdinand de Saussure: Merkmale der Sprache (1916)

Ferdinand de Saussure (1857–1913) war ein aus der Schweiz stammender Sprachwissenschaftler. Durch seine in Genf gehaltenen Vorlesungen zu Beginn des 20. Jahrhunderts wurde er zum Wegbereiter der modernen Sprachwissenschaft. Sein posthum veröffentlichtes Hauptwerk, „Grundfragen der allgemeinen Sprachwissenschaft", basiert auf den Vorlesungsmitschriften eines seiner Studenten. Saussure entwickelt darin eine Theorie der Sprache als Zeichensystem.

Fassen wir die charakteristischen Merkmale der Sprache zusammen:

1. Sie ist genau umschriebenes Objekt in der Gesamtheit der verschieden gearteten Tatsachen der menschlichen Rede. Man kann sie lokalisieren in demjenigen Teil des Kreislaufs, wo ein Lautbild sich einer Vorstellung assoziiert.[1] Sie ist der soziale Teil der menschlichen Rede und ist unabhängig vom Einzelnen, welcher für sich allein sie weder schaffen noch umgestalten kann; sie besteht nur kraft einer Art Kontakt zwischen den Gliedern der Sprachgemeinschaft. Andererseits muss das Individuum sie erst lernen, um das Ineinandergreifen ihrer Regeln zu kennen; das Kind eignet sie sich nur allmählich an. Sie ist so sehr eine Sache für sich, dass ein Mensch, der die Sprechfähigkeit verloren hat, die Sprache noch besitzt, sofern er die Lautzeichen versteht, die er vernimmt.

2. Die Sprache, vom Sprechen unterschieden, ist ein Objekt, das man gesondert erforschen kann. Wir sprechen die toten Sprachen nicht mehr, aber wir können uns sehr wohl ihren sprachlichen Organismus aneignen. Die Wissenschaft von der Sprache kann nicht nur der andern Elemente der menschlichen Rede entraten[2], sondern sie ist überhaupt nur möglich, wenn diese anderen Elemente nicht damit verquickt werden.

3. Während die menschliche Rede in sich verschiedenartig ist, ist die Sprache, wenn man sie so abgrenzt, ihrer Natur nach in sich gleichartig: Sie bildet ein System von Zeichen, in dem einzig die Verbindung von Sinn und Lautzeichen wesentlich ist und in dem die beiden Seiten des Zeichens gleichermaßen psychisch[3] sind. […] Der psychische Charakter unserer Lautbilder wird ganz klar, wenn wir uns selbst beobachten. Ohne die Lippen oder die Zunge zu bewegen, können wir mit uns selbst sprechen oder uns im Geist ein Gedicht vorsagen. Gerade deshalb, weil die Worte der Sprache für uns Lautbilder sind, sollte man nicht von den Lauten als Phonemen[4] sprechen, aus denen sie zusammengesetzt sind. Denn dieser Ausdruck deutet auf mündliche Sprechtätigkeit und passt nur zum gesprochenen Wort, zur Verwirklichung des inneren Bildes in der Rede. Man muss sich stets daran erinnern, dass es sich nur um das innere Bild der lautlichen Erscheinung handelt. Das sprachliche Zeichen ist also etwas im Geist tatsächlich Vorhandenes, das zwei Seiten hat und durch folgende Figur dargestellt werden kann:

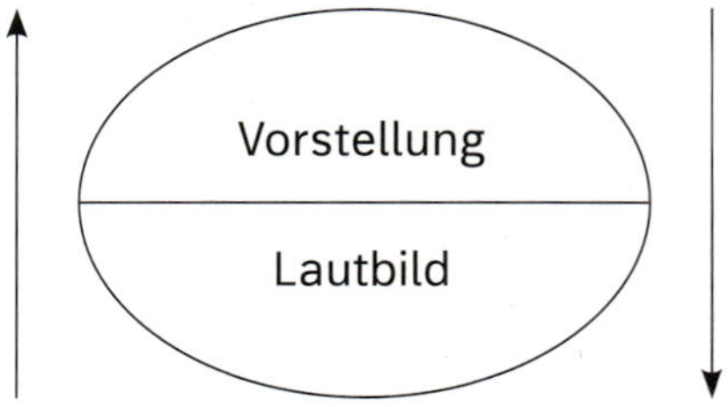

Diese beiden Bestandteile sind eng miteinander verbunden und entsprechen einander. Ob wir nun den Sinn des lat. Wortes arbor suchen oder das Wort, womit das Lateinische die Vorstellung „Baum" bezeichnet, so ist klar, dass uns nur die in dieser Sprache geltenden Zuordnungen als angemessen erscheinen, und wir schließen jede beliebige andere Zuordnung aus, auf die man sonst noch verfallen könnte. Mit dieser Definition wird eine wichtige terminologische Frage aufgeworfen. Ich nenne die Verbindung der Vorstellung mit dem Lautbild das Zeichen; dem üblichen Gebrauch nach aber bezeichnet dieser Terminus im Allgemeinen das Lautbild allein, z. B. ein Wort (arbor usw.). Man vergisst dabei, dass, wenn arbor Zeichen genannt wird, dies nur insofern gilt, als es Träger der Vorstellung „Baum" ist, sodass also diese Bezeichnung außer dem Gedanken an den sensorischen[5] Teil den an das Ganze einschließt.

Die Mehrdeutigkeit dieses Ausdrucks verschwindet, wenn man die drei hier in Rede stehenden Begriffe

1 **sich assoziieren** = hier im Sinne von „verbinden"
2 **entraten** = veraltet für „verzichten"
3 Mit dem Begriff „Psyche" wird hier die Summe der geistigen Eigenschaften des Menschen bezeichnet.
4 **Phonem** = kleinste bedeutungsunterscheidende sprachliche Einheit (z. B. *b* in „Bein" im Unterschied zu *p* in „Pein")
5 **sensorisch** = hier im Sinne von „sinnlich erfassbar" verwendet

durch Namen bezeichnet, die unter sich in Zusammenhang und zugleich in Gegensatz stehen. Ich schlage also vor, dass man das Wort Zeichen beibehält für das Ganze und Vorstellung bzw. Lautbild durch Bezeichnetes und Bezeichnung (Bezeichnendes) ersetzt; die beiden letzteren Ausdrücke haben den Vorzug, den Gegensatz hervorzuheben, der sie voneinander trennt und von dem Ganzen, dessen Teile sie sind. Für dieses selbst begnügen wir uns mit dem Ausdruck „Zeichen", weil kein anderer sich dafür finden lässt.

Saussure, Ferdinand de: Grundfragen der allgemeinen Sprachwissenschaft, hg. v. Charles Bally/Albert Sechelnaye, de Gruyter: Berlin [2]1967, S. 76 – 80. Übersetzung: Hermann Lommel; Abb. 1. S.: Picture-Alliance GmbH/ akg-images; Abb. 2. S.: Art Explosion.

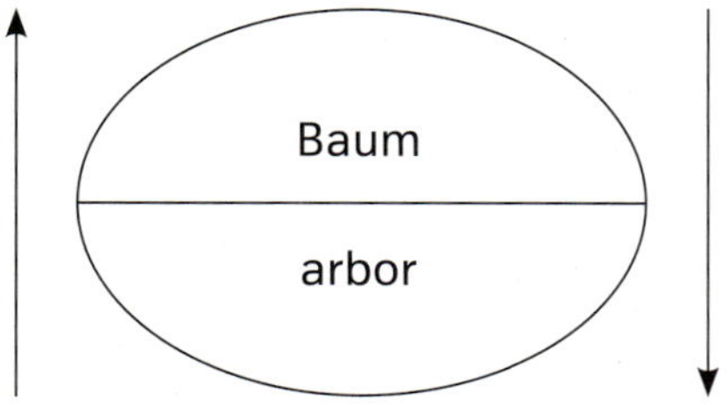

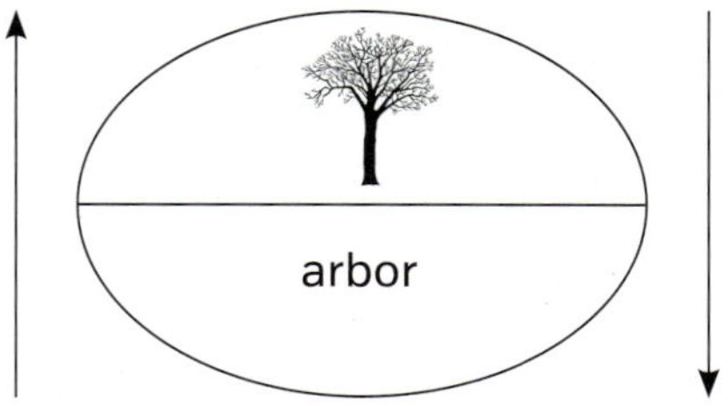

- *Lesen Sie den Text und klären Sie Ihr erstes Verständnis, indem Sie bei folgenden fünf Thesen bestimmen, welche davon im Sinne de Saussures richtig und welche falsch sind.*
  - *Sprache ist sowohl eine soziale als auch eine geistige Angelegenheit.*
  - *Das sprachliche Zeichen ist nach de Saussure ein Buchstabe.*
  - *Lautbild und Vorstellung (Bezeichnendes und Bezeichnetes) sind rein willkürlich einander zugeordnet.*
  - *Sprache ist individuell und kann durch einen einzelnen Sprecher jederzeit verändert werden.*
  - *Die Sprache als Zeichensystem („langue") ist nur im Geist von Sprechern existent und bildet die Voraussetzung dafür, dass diese etwas Konkretes sagen oder schreiben können („parole").*
- *Fassen Sie die im Text zum Ausdruck kommenden wesentlichen Grundannahmen Ferdinand de Saussures über die Sprache mit eigenen Worten zusammen und erläutern Sie die Grafiken.*
- *Ferdinand de Saussure unterscheidet in seiner Theorie zwischen dem abstrakten Regelsystem und Wortschatz („langue") sowie der konkreten Realisation von Sprache („parole"). Klären Sie diese Unterscheidung mithilfe des 2. Grundsatzes sowie der folgenden, ergänzenden Erläuterungen:*

„Was ist nun die langue? Sie ist ein System von Regeln (système grammatical) und eine Summe von Wortvorstellungen (images verbales), von sprachlichen Zeichen, die jeweils durch Verknüpfung einer Bedeutung mit einer Lautvorstellung konstituiert werden. Dieses System bzw. diese Summe existiert in vollständiger Form nur virtuell in den Gehirnen einer Gruppe von Individuen, einer sozialen Gemeinschaft."[1]
„Nach Maßgabe dieses Systems könne der Einzelne aus dem Zeichenvorrat, über den er verfügt, eine Auswahl treffen und Kombinationen bilden, die, sofern sie mithilfe eines psycho-physischen Mechanismus[2] materiell manifest gemacht worden seien (extériorisé), zum Ausdruck der Gedanken dieses Einzelnen dienen konnten. Dieser Teil des gesamten Komplexes der zum Sprechen im Allgemeinen gehörigen Erscheinungen solle parole genannt werden.[3]

- *Klären Sie mithilfe der Begriffe „langue" und „parole" von Ferdinand de Saussure das Verhältnis zwischen dem „Deutschen" und den „Varietäten des Deutschen".*

---

1 Albrecht, Jörn (2000): Europäischer Strukturalismus. 2. völlig überarbeitete und erweiterte Auflage. 1. Auflage 1988. A. Francke Verlag Tübingen, S. 29 f.

2 Gemeint ist hier die Verbindung zwischen Laut und Vorstellung.

3 Albrecht, Jörn (2000): Europäischer Strukturalismus. 2. völlig überarbeitete und erweiterte Auflage. 1. Auflage 1988. A. Francke Verlag Tübingen, S. 29 f.

Best.-Nr. 022727

Baustein 2

Dialekte

Der zweite Baustein dient der Erarbeitung des inhaltlichen Schwerpunkts „Dialekte“. Dabei wird, nachdem eine Klärung der Vorkenntnisse der Schülerinnen und Schüler mittels Zitaten und Bildern zum Thema stattgefunden hat, die Frage nach der Genese der Dialekte im deutschen Sprachraum gestellt. Diese wird unter Rückgriff auf verschieden akzentuierte Sachtexte zum Thema beantwortet, wobei es methodisch neben der Analyse von Sachtexten auch um die Auseinandersetzung mit Infografiken geht. Ein methodischer Schwerpunkt liegt angesichts des neuen Aufgabentyps „Materialgestütztes Verfassen mit fachspezifischem Bezug“ auf der weiterführenden fachlichen Auseinandersetzung mithilfe verschiedener Materialien.

2.1 Die Dialekte des Deutschen – Eine Annäherung an die Thematik

Je nach Region und familiärer Prägung werden die Schülerinnen und Schüler sehr unterschiedliche Erfahrungen mit Dialekten haben. Während das Sprechen im Dialekt noch für einige präsent und erlebbar ist, werden andere Schülerinnen und Schüler keinerlei Berührungspunkte mit diesem Thema haben. In jedem Fall ist es ein großer Vorteil, das Vorwissen zu aktivieren und sich zu vergewissern, welche Erfahrungen im Kurs vorhanden sind, um gegebenenfalls voneinander profitieren zu können. Sollte es sich herausstellen, dass es Dialektsprecher bzw. -sprecherinnen gibt, sollten diese die Gelegenheit erhalten, an gegebener Stelle Texte im Dialekt vorzutragen.
Folgende Impulse können ein einleitendes Unterrichtsgespräch initiieren:

- *Was verbinden Sie mit dem Begriff „Dialekt“? Wer von Ihnen ist in der Lage, Dialekt zu sprechen?*
- *Sprechen Menschen in Ihrem unmittelbaren Umfeld Dialekt? Befragen Sie diese, wenn möglich, und klären Sie, was für sie das Dialektsprechen bedeutet.*
- *Suchen Sie nach einem kurzen Text (z. B. einem Witz oder einer Anekdote), den Sie im Dialekt vortragen.*
- *Welchen der deutschen Dialekte bevorzugen Sie? Gibt es auch Dialekte, die Sie nicht mögen? Wenn ja, welche? Begründen Sie.*
- *Es gibt eine Beliebtheitsskala im Hinblick auf Dialekte. Wie beurteilen Sie das?*

Je nachdem, wie ergiebig sich eine erste Annäherung gestaltet und wie umfangreich die Vorkenntnisse der Lernenden sind, empfiehlt es sich gegebenenfalls, mithilfe von Medien weitere Lernchancen zu eröffnen. Um sich zunächst einmal gedanklich anzunähern und auch mögliche Fragestellungen gemeinsam zu entwickeln, ist ein Einstieg mithilfe von Bildern und

Zitaten, die auf unterschiedliche Aspekte im Hinblick auf die Dialekte verweisen, möglich. Es geht dabei um die Haltung von Dialektsprecherinnen und -sprechern, um wichtige Funktionen und Bedeutungen eines Dialekts, aber auch um mögliche Verständigungshindernisse. Die Schülerinnen und Schüler erhalten dazu das **Arbeitsblatt 5**, S. 40f. mit der folgenden Aufgabenstellung:

- *An welcher Stelle sind Sie mit Dialektsprechern schon einmal in Berührung gekommen? Was halten Sie davon, wenn Menschen im Dialekt sprechen?*
- *Leiten Sie aus den Bildern und Zitaten Aussagen über Dialekte des Deutschen ab. Versuchen Sie auch, eine eigene Definition des Begriffs „Dialekt" zu formulieren.*
- *Was wissen Sie außerdem über die Dialekte? Ergänzen Sie die Aussagen durch Ihre Vorkenntnisse in diesem Bereich.*
- *Tauschen Sie sich im Kursverband über die Ergebnisse aus. Erfragen Sie dabei auch, ob es in Ihren Reihen auch Dialektsprecher gibt oder ob Familienangehörige einen Dialekt sprechen.*

Die Ergebnisse der Auseinandersetzung können in Form eines Tafelbildes festgehalten und gesichert werden:

regionale Varietäten des Deutschen	Träger von kultureller Identität und Tradition
Dialekte	
Verursacher von Verständigungsproblemen	Vom Aussterben bedroht?

Als vertiefende Hausaufgabe oder als Referat bzw. kleines Projekt lohnt es sich, zunächst einmal mit einer Art „Bestandsaufnahme" in Bezug auf die Sprachkompetenzen der Schülerinnen und Schüler sowie ihres Umfelds zu beginnen.
Für eine Umfrage ließen sich etwa folgende Fragestellungen verwenden:

- *Stellen Sie Vermutungen an: Bei welchen Gelegenheiten wird eher Dialekt und wo eher Hochdeutsch gesprochen?*
- *Bei welchen Bevölkerungsgruppen vermuten Sie einen hohen und wo einen niedrigen Anteil an Dialektsprechern?*
- *Sollte man in der Schule Dialekt lernen?*

Die Ergebnisse können von den Lernenden etwa in Form von Schaubildern oder Grafiken präsentiert werden und im Rahmen der Unterrichtsreihe vertieft, ergänzt und erklärt werden. Eine alternative oder ergänzende Einstiegsmöglichkeit bietet im weiteren Verlauf zunächst das **Arbeitsblatt 6**, S. 42, auf dem ein Song der Kölner Rockgruppe BAP mit dem Titel „Du

kanns zaubere“ abgedruckt ist. Die Songs der Gruppe sind ausschließlich in Kölner Mundart, dem Kölschen, verfasst, dem größten Dialekt innerhalb der rheinischen Dialekte. Dieser Dialekt stellt die nördlichste Variante der hochdeutschen Dialekte dar, die im Gegensatz zu den niederdeutschen Dialekten der Zweiten Lautverschiebung unterliegen.
Interessant an den Songs der Gruppe BAP ist, dass die Band überregional äußerst erfolgreich ist und eine Fangemeinde hat, die weit über das Rheinland und die Grenzen Deutschlands hinausreicht, und das, obwohl das Kölsche für jemanden, der ausschließlich Standardsprache spricht, in Teilen eher schwer verständlich ist. Dabei ist es weniger die Syntax, die Probleme bereitet, als vielmehr die Lexik, da Wörter enthalten sind, die auch in abgewandelter Form nicht in die Standardsprache Eingang gefunden haben (vgl. z. B. „Stroof“ für Fluch). Hinzu kommt, dass die wechselnden Vokallängen (vgl. vor allem die verdoppelten Umlaute) im Gegensatz zum Lesen vor allem beim Hören Verständnisprobleme bereiten können. Gleichzeitig macht gerade diese Vokalgestaltung den besonderen Charme des Kölschen aus, weil dieser Dialekt oft als besonders melodisch und – unwissenschaftlich formuliert – charmant empfunden wird.
Der Erfolg der Gruppe mag sicherlich zum einen an den Vertonungen der Texte liegen und an deren Gehalt, aber vielleicht auch gerade an der dialektalen Aufbereitung, die in besonderem Maße in einem Liebeslied wie „Du kanns zaubre“ ihre Wirkung entfaltet.
Inhaltlich geht es in dem Song um ein lyrisches Ich, bei dem es sich um einen Mann handelt, der auf sein chaotisches Leben vor der Beziehung mit der im Text angesprochenen Frau zurückblickt und dabei die Bedeutung dieser Beziehung für sein gewandeltes Leben hervorhebt. Dieses geschieht nicht in einer standardsprachlichen Form, die vielleicht gar nicht zu ihm passen würde, sondern sehr individuell durch die Dialektverwendung, die der Textaussage ein hohes Maß an Intensität verleiht, wenn der Rezipient bzw. die Rezipientin sich darauf einlässt. Bei der Frage nach der Wirkung geht es nicht um eine wissenschaftliche Kategorie, sondern um Emotionen, die durch einen Dialekt ausgelöst werden.
Vorgeschlagen wird, dass die Schülerinnen und Schüler den Song zunächst nur hören. Tonfassungen sind auf mehreren CDs der Gruppe BAP enthalten, aber auch anderweitig verfügbar. Anschließend übersetzen die Lernenden den Text in Standarddeutsch und reflektieren diesen Erarbeitungsschritt auch im Hinblick auf die Aussage des Songs. Eine Übersetzung ist dem Arbeitsblatt angehängt (vgl. **Arbeitsblatt 6 (+ Lösung)**, S. 43).

- *Hören Sie sich den Song der Kölner Rockgruppe BAP „Du kanns zaubre“ an und tauschen Sie sich darüber aus, was Sie verstanden haben und wie der Song auf Sie wirkt.*

- *Versuchen Sie anschließend, in Gruppen den Text in standardsprachliches Deutsch zu übersetzen. Reflektieren Sie, welche Probleme Sie dabei hatten und was Ihnen eher leichtgefallen ist.*

- *Klären Sie, worum es inhaltlich und thematisch in dem Song geht. Was ist Ihrer Meinung nach die zentrale Aussage des Textes?*
- *Welchen Zusammenhang sehen Sie möglicherweise zwischen Inhalt und Aussage des Textes und der Verwendung des Dialekts? Hätte der Text eine andere Wirkung auf Sie, wenn er nicht im Dialekt verfasst worden wäre?*
- *Welche anderen Dialekte kennen Sie? Haben diese eine andere Wirkung auf Sie? Begründen Sie gegebenenfalls diese andere Wirkung.*

Gerade um die Funktion und die besondere Wirkung einer dialektalen Verwendung der Sprache geht es auch in Kurt Tucholskys Gedicht „Danach“. Dieses handelt vordergründig von der Frage, warum ein Film über eine Liebesbeziehung gewöhnlich abgeblendet wird, sobald sich das betreffende Paar in Form eines „Happy Ends“ gefunden hat. Das Gedicht füllt in gewisser

Weise diese Lücke, indem es die Geschichte eines Paares „danach" erzählt und dabei vor allem den wenig bühnenreifen, von Langeweile und enttäuschten Erwartungen geprägten Alltag in einer Paarbeziehung in den Mittelpunkt stellt. Somit spielt das Gedicht hintergründig auf das Auseinanderfallen von ersehntem Liebesglück in einer Hollywood-Inszenierung und der Lebenswirklichkeit von Paaren an. Tucholsky verwendet für dieses Gedicht sehr gezielt den berlinerischen Dialekt. Den Gründen dafür geht Marcel Reich-Ranicki in einem Beitrag für die Frankfurter Anthologie so dezidiert nach, dass beide Texte für den unterrichtlichen Zusammenhang einen echten Erkenntnisgewinn darstellen können. Es empfiehlt sich, dabei zunächst mit dem Gedicht auf dem **Arbeitsblatt 7**, S. 44 zu beginnen. Folgende Aufgaben können bei der Auseinandersetzung eine Rolle spielen:

- *Bereiten Sie einen Vortrag des Gedichts vor.*
- *Beschreiben Sie, wie der Vortrag auf Sie wirkt.*
- *Klären Sie den Inhalt des Gedichts und geben Sie diesen in eigenen Worten dem Sitznachbarn bzw. der Sitznachbarin wieder.*
- *Beurteilen Sie die unterschiedliche Wirkung des Gedichts in der dialektalen Fassung und in ihren eigenen Worten. Was verändert sich?*
- *Stellen Sie eine Hypothese zu der Frage auf, warum Tucholsky für dieses Gedicht das Berlinerische wählt.*

Als eine mögliche exemplarische Antwort auf die Frage nach der Bedeutung des Dialekts in diesem Gedicht wird nun eine Kritik von Marcel Reich-Ranicki auf dem **Arbeitsblatt 8**, S. 45 angeschlossen. Sein Text stellt insgesamt eine Würdigung des Schriftstellers Kurt Tucholsky dar, die auch deshalb stellenweise apologetisch wirkt, da er offenbar frühere Fehlurteile korrigieren möchte. Zentral ist dabei die Erkenntnis, dass viele Texte Tucholskys bei näherer Betrachtung weit weniger banal seien, als dies gemeinhin angenommen werde, und dass dieser überdies auch als Lyriker Hervorragendes geleistet habe.
Diese Feststellung macht Reich-Ranicki exemplarisch durch die Kommentierung des Gedichts „Danach" deutlich. Dessen Bedeutung sei weniger in dem eher banalen Thema zu sehen als in der sprachlichen Form. Er argumentiert damit, dass es vor allem der Dialekt sei, der dem uralten und im Grunde wenig interessanten Thema – es geht um Langeweile und Enttäuschungen im Alltag einer Ehe – Bedeutung verleihe und gleichzeitig die Gefahren von Pathos und Sentimentalität banne. Der Berliner Dialekt wirke pfiffig, unfeierlich und anschaulich und werde demnach hier als ein Stilmittel zur „Distanzierung und [...] Verfremdung" (Z. 49 f.) verwendet. Insbesondere das Symbol der „vabrühte[n] Milch" (V. 35) für die Eintönigkeit und die Enttäuschung in einer Ehe, die mit großen Erwartungen begonnen habe, rufe ein Interesse und vielleicht sogar Rührung bei den Leserinnen und Lesern hervor.
Am Beispiel dieses konkreten Gedichts und seiner Kommentierung wird für die Schülerinnen und Schüler exemplarisch gezeigt, dass die Verwendung eines Dialekts eine völlig andere Wirkung hervorrufen kann als derselbe Text im Standarddeutsch.
Um diese Erkenntnisse anzubahnen, erhalten die Lernenden das **Arbeitsblatt 8** mit folgenden Aufgabenstellungen:

- *Sprechen Sie darüber, welches Anliegen der Autor Marcel Reich-Ranicki, ein inzwischen verstorbener bedeutender Literaturkritiker, mit diesem Text verfolgt.*
- *Stellen Sie die Aussagen über Kurt Tucholskys Gedicht „Danach" zusammen. Worin sieht er die Bedeutung dieses Textes?*

- *Zeigen Sie, wie Reich-Ranicki die Rolle des Dialekts für dieses Gedicht beurteilt. Können Sie ihm zustimmen?*

2.2 Was ist ein Dialekt? Begriffliche Klärung

In der weiteren Auseinandersetzung mit dem Thema ist es für die Lernenden von Bedeutung, die Fachbegrifflichkeiten zu kennen und sie korrekt anzuwenden und zugleich auch einen Einblick in die geschichtlichen Zusammenhänge zu erlangen.
Dazu werden im Folgenden Auszüge aus wissenschaftlichen Publikationen, die für die Lernenden stark gekürzt wurden, angeboten. Der Text von Karl-Heinz Göttert, der als Professor für Ältere Deutsche Literatur gelehrt hat, schlägt den Bogen von den Ursprüngen des Begriffs „Dialekt" aus dem Griechischen über biblische Mythen bis hin zu der bis heute erhaltenen Spannung zwischen dem Stolz auf die Eigenarten des Dialekts einerseits und der Sehnsucht nach einer einheitlichen Sprache möglichst vieler Menschen zur besseren Verständigung andererseits. Überdies benennt Göttert auch wesentliche Unterschiede zwischen dem Standarddeutschen und Dialekten, die eine wichtige inhaltliche Voraussetzung für die weitere Beschäftigung darstellen.

Die Schülerinnen und Schüler erhalten das **Arbeitsblatt 9**, S. 46 f. mit folgender Aufgabenstellung:

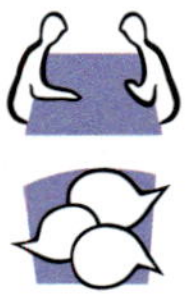

- *Erläutern Sie die Wortherkunft der Begriffe „Dialekt" und „Mundart".*
- *Stellen Sie die Aussagen zu „Dialekten" und zur „Hochsprache" tabellarisch gegenüber.*
- *Erklären Sie die Metapher „Insekten in Bernstein" bzw. „Fossilien" als sprachliches Bild für Dialekte.*

Die Ergebnisse können in Form eines Tafelbildes festgehalten werden:

Dialekte/Mundarten und Hoch- bzw. Standardsprache

Dialekte/Mundarten	Hoch- bzw. Standardsprache
auf natürlichem Weg durch eine Sprachgemeinschaft entstanden	Sammlungsbewegungen; künstlich durch den Willen Einzelner geformt
begrenzte Reichweite; nicht jedem verständlich	große Reichweite; allgemein verständlich
primär mündlich gebraucht	vorangetrieben durch die Verbreitung der Schrift
langsames Tempo im Hinblick auf den Sprachwandel	schnelleres Tempo im Hinblick auf den Sprachwandel

Im Hinblick auf Dialekte ist die Frage nach ihrem „Sitz im Leben" und damit den äußeren Bedingungen ihres Vorkommens, aber auch ihres Rückgangs zu stellen. Darüber hinaus reicht die bereits eingeführte Dichotomie zwischen den Dialekten auf der einen und der Hoch- bzw. Standardsprache auf der anderen Seite nicht aus, um die sprachliche Realität in verschiedenen Regionen Deutschlands hinreichend zu erfassen. Darum soll es im folgenden Arbeitsschritt gehen.

Zwischen dem reinen Dialekt und dem unvermischten Hochdeutsch[1] gibt es vielfältige sprachliche Erscheinungsformen, die je nach Region wiederum unterschiedlich stark ausgeprägt sind. Deshalb sollten an dieser Stelle die Begrifflichkeiten differenzierter erfasst und durch weitere Merkmale ergänzt werden. Als Einstieg und Hinführung auf dieses Phänomen wird den Schülerinnen und Schülern eine grafische Übersicht präsentiert. Sie zeigt die Ergebnisse einer Umfrage nach der „normalen Umgangssprache“ in verschiedenen deutschsprachigen Regionen in Deutschland, Österreich und der deutschsprachigen Schweiz. Interessant sind neben den oben bereits zusammengefassten Ergebnissen zu den Tendenzen (häufigerer Gebrauch von Mundarten im Süden) die angegebenen Zwischenformen, die in der Legende aufgezeigt werden. An dieser zeigt sich, dass es Mischformen zwischen Dialekt und Hochdeutsch mit je unterschiedlicher Gewichtung gibt, aber auch ein Hochdeutsch mit einem regionalen Akzent. Dies ist insofern interessant, als sich manch ein Sprecher, insbesondere im Norden Deutschlands, in dem vermeintlich vor allem Hochdeutsch gesprochen wird, dessen nicht bewusst ist. Daneben wird hier auch der Terminus der „Umgangssprache“ verwendet, die hier sowohl vom Hochdeutsch als auch von den Dialekten abzugrenzen ist. Für die weitere Erarbeitung gilt es somit, die Begrifflichkeiten trennscharf zu definieren und voneinander abzugrenzen.
Zur Problematisierung und als Hinführung beschreiben die Schülerinnen und Schüler die Grafik auf dem **Arbeitsblatt 10**, S. 48, die etwa mithilfe einer Folie für den Overheadprojektor oder unter der Dokumentenkamera präsentiert werden kann. Folgende Fragestellungen können helfen, das Unterrichtsgespräch zu strukturieren:

- *Benennen Sie das Thema der Umfrage, auf die sich das Schaubild bezieht. Welche Ergebnisse werden vorgestellt?*
- *Warum arbeiten die „Macher“ der Studie nicht nur mit den bekannten Begriffen „Dialekt“ und „Hochsprache“? Welche weiteren Begriffe werden verwendet und was bedeuten sie?*
- *Zeigen Sie auf, welche Tendenzen hinsichtlich des alltäglichen Gebrauchs von Dialekt deutlich werden.*
- *Wie kommt es Ihrer Meinung nach zu diesen Ergebnissen?*

Die Überlegungen sollen im Folgenden durch einen Sachtext von Peter Wiesinger ergänzt und vertieft werden. Der Autor erläutert die historischen und gesellschaftlichen Zusammenhänge, die zum Rückgang der Dialekte und zur Verbreitung der Hochsprache geführt haben, und zeigt auf, dass es sich bei der sogenannten „Umgangssprache“ um ein „Ausgleichspunkt“ (Z. 45) handelt, welcher so mannigfaltige Formen annehmen kann, wie es bereits in den Ergebnissen der Umfrage deutlich geworden ist.

[1] Der Begriff „Hochdeutsch“ wird hier als Synonym zur „Standardsprache“ oder „Deutsche Sprache“ verwendet. Ursprünglich war das Wort jedoch nichts anderes als ein Sammelbegriff für die süd- und mitteldeutschen Dialekte. Das „Hoch“ in seinem Namen verdankt das Hochdeutsche den **meistens bergigen Gegenden**, in denen es gesprochen wird, während im „Nieder“-Deutschen die nördliche **Tiefebene** zum Ausdruck kommt.
Die Grenze zwischen dem Hochdeutschen und dem Niederdeutschen verläuft an der sog. Benrather-Linie, also von Aachen über Düsseldorf/Köln, Kassel, Magdeburg und Berlin nach Frankfurt/Oder. Schon im Mittelalter unterschied man das *südliche, gebirgige „Oberlant“*, also das Gebiet der Franken, Hessen, Alemannen und Baiern, wo man „oberlendisch“ sprach, und das flache, nördliche *„Niderlant“*, wo man *„niderlendisch“* sprach. In den später ebenfalls niederdeutschen Gebieten Mecklenburg, Pommern, Brandenburg und östliches Holstein wurde damals Slawisch gesprochen. Erst im Hochmittelalter brachten Kolonisten aus Nordwestdeutschland ihre niederdeutsche Sprache in dieses Gebiet. „Niederdeutsch“ bezeichnet also damals wie heute die norddeutschen Dialekte. Dagegen ist der Begriff „Hochdeutsch“ im Laufe der Zeit **mehrdeutig** geworden. Wenn jemand heute sagt, er spreche „Hochdeutsch“, dann meint er im Allgemeinen, dass er die deutsche Hochsprache beherrscht, also dialektfrei spricht. Zur eindeutigen Bezeichnung wird in der Sprachwissenschaft auch der Begriff „Standarddeutsch“ verwandt.

Die Lernenden erhalten das **Arbeitsblatt 11**, S. 49 f. mit der folgenden Aufgabenstellung:

- *Klären Sie die Begriffe, die Ihnen noch unbekannt sind, und benennen Sie das Thema des Textes.*
- *Welche Eigenschaften von „Sprache“ werden einleitend benannt (vgl. Z. 1 – 24)? In welcher Beziehung stehen diese zueinander? Halten Sie die Gedanken in Form von Thesen fest.*

Zur Sicherung der Ergebnisse zu diesen Fragestellungen kann folgendes Tafelbild dienen:

Peter Wiesinger: Sprachliche Varietäten – Gestern und heute

Sprache als Zeichensystem – Ziel: gegenseitige Verständigung/Kommunikation

↓

Abhängigkeit der Sprache von Ort, Zeit und Gesellschaft

↓

Aufteilung der Sprecherinnen und Sprecher in verschiedene Gruppen und Netzwerke; Vorhandensein unterschiedlicher Varietäten zur Anpassung an verschiedene Sprechsituationen

↓

Sprachwandel

Die weiteren Aufgabenstellungen lauten:

- *Zeigen Sie den Unterschied zwischen den Begriffen „Dialekt“, „Standardsprache“ und „Umgangssprache“, indem Sie ein Schaubild anfertigen, in welchem die Beziehung zwischen den drei Bereichen deutlich wird. In diesem Schaubild sollten jedem der drei Begriffe Eigenschaften zugewiesen werden.*
- *Welche Entwicklungslinien hinsichtlich des Sprachwandels werden im Text benannt? Mit welchen gesellschaftlich-sozialen Veränderungen hängen sie zusammen?*

Die Ergebnisse können in einem zweiten Tafelbild festgehalten werden:

Zur Klärung der Begriffe

Dialekt (Alltagssprache der bäuerlichen Bevölkerung; vorwiegend mündlich; regional geprägt)

↕

Umgangssprache (Ausgleichsprodukt mit dem Vorbild Standarddeutsch, aber unter Aufnahme bzw. Beibehaltung dialektaler Elemente)

↕

Standarddeutsch (überregional; schriftlich und mündlich; ausgehend von aufklärerischen und bildungspolitischen Entwicklungen in den Großstädten)

Um den Sachverhalt konkret zu erläutern und vor allem das sogenannte „Ausgleichsprodukt“ der regional geprägten Umgangssprache in seinem Wesen zu verdeutlichen, lässt sich im Unterricht mit einem Beispiel arbeiten. Der folgende Satz wird auf drei verschiedene Weisen an die Tafel geschrieben und die Schülerinnen und Schüler werden aufgefordert, die Art und Weise (Dialekt, Umgangssprache, Standardsprache) jeweils zu identifizieren.

Use Omma cheit inne Kirken.
Unser Omma geht inne Kirche.
Unsere Oma geht in die Kirche.

Bei dem ersten Satz handelt es sich um einen niederdeutschen Dialekt (Plattdeutsch), der zweite Satz ist umgangssprachlich und der dritte Satz entspricht den Normen der Standardsprache.

2.3 Zur Geschichte der Dialekte

Insbesondere für die Entwicklung der deutschen Dialekte sollen im Anschluss sprachgeschichtliche Erkenntnisse erarbeitet werden, die dabei helfen, die regional bedingte Unterteilung der Dialekte in Hoch- und Niederdeutsch und die zugrunde liegenden Ursachen zu verstehen.
Dafür eignet sich ein Auszug aus einem Text von Sabine Wegener zum Thema Dialekte, in dessen Zentrum die zweite Lautverschiebung und deren Folgen für das Deutsche stehen. Es wird deutlich, dass man die sprachlichen Unterschiede zwischen den Dialekten im Norden, in der Mitte und im Süden Deutschlands auf den Umstand zurückführen kann, dass der Norden die Lautverschiebung nicht mitvollzog und sich somit dort viele Wörter nicht veränderten. Darin ist auch der Grund für die Nähe der niederdeutschen Dialekte mit dem Englischen, dem Schwedischen oder dem Niederländischen zu sehen. Weil sich die niederdeutschen Dialekte klanglich und auch lexikalisch fundamental vom Standarddeutsch unterscheiden, kommt es seltener zu Mischformen als in der Mitte oder im Süden Deutschlands. Die Sprecherinnen und Sprecher entscheiden sich tendenziell trennscharf zwischen dem Sprechen im Dialekt oder der Verwendung der Standard- bzw. Umgangssprache, weshalb man diesbezüglich auch eher von „Diglossie" bzw. „Zweisprachigkeit" redet.
Um diese Erkenntnisse für die Lernenden zu erleichtern und zu veranschaulichen, wurden diskontinuierliche Texte in Form einer Tabelle und zweier Karten hinzugefügt. Die Schülerinnen und Schüler werden aufgefordert, diese zu erklären und dabei auf die Informationen aus dem Text zurückzugreifen.

Sie erhalten das **Arbeitsblatt 12**, S. 51 f. und arbeiten mithilfe folgender Aufgabenstellung:

- *Lesen Sie den Text und erläutern Sie dessen Inhalt Ihrem Sitznachbarn bzw. Ihrer Sitznachbarin, indem Sie sich gegenseitig die Bilder und die Tabelle erklären.*
- *Sehen Sie in den Erkenntnissen Anhaltspunkte, um zu erklären, warum ...*
  - *der alltägliche Dialektgebrauch im Norden geringer ausfällt als im Süden Deutschlands,*
  - *das Niederdeutsche dem Englischen näher steht als das Hochdeutsche?*

Um die Beschäftigung abzuschließen, kann es gegebenenfalls von Interesse sein, die Frage nach lexikalischen Unterschieden zwischen den Dialekten in den verschiedenen Regionen Deutschlands zu vertiefen. Sehr anschaulich sind die medialen Aufbereitungen von linguistischen Umfragen bzw. Untersuchungen auf folgenden Websites oder im **Zusatzmaterial 2**, S. 126.

Umfrage-Ergebnisse zu bestimmten Begrifflichkeiten aus dem Alltag:
www.spiegel.de/wissenschaft/mensch/alltagssprache-bulette-oder-frikadelle-bolzen-oder-kicken-a-1109490.html (25.07.2018)
Das Vaterunser in Dialekten – Projekt zum Reformationsjahr:
www.reformaction2017.de/vaterunser (25.07.2018)

Die Schülerinnen und Schüler können hier mit folgendem Auftrag arbeiten:

- *Hören Sie sich die unterschiedlichen dialektalen Versionen des Vaterunsers an und beurteilen Sie den unterschiedlichen dialektalen Klang.*

Eine weitere Vertiefungsmöglichkeit zur Auseinandersetzung mit Dialekten bietet die Frage nach dem subjektiven Sprachempfinden einzelner Sprecher. Exemplarisch wird hier jeweils der Zusammenhang zwischen der Sprache und dem Ausdruck von Identität und Zugehörigkeit ersichtlich.

2.4 Materialgestütztes Schreiben mit fachspezifischem Bezug – Das Beispiel Dialekte und sprachliche Diskriminierung

Eine Abrundung der Beschäftigung mit dem Thema Dialekte kann darin bestehen, auf der Basis des bereits erarbeiteten Wissens nun methodisch anders gelagert weiterzuarbeiten, um die Schülerinnen und Schüler auf den Aufgabentyp „Materialgestütztes Schreiben mit fachspezifischem Bezug“ vorzubereiten.
Dazu kann insbesondere eine Aufgabe, die im Rahmen einer Pilotstudie durch das Qua-Lis NRW an verschiedenen Schulen in Nordrhein-Westfalen konzipiert und durchgeführt wurde, dienen. Der Rückgriff auf die inzwischen auch online veröffentlichte Aufgabe kann dazu beitragen, mehr Transparenz im Hinblick auf die im Abitur geforderten Schreibaufgaben zu schaffen und zugleich weitere Aspekte des Themas handlungsorientiert zu beleuchten. Die Materialauswahl und die Aufgabenstellung, hier auf dem **Arbeitsblatt 13**, S. 53 zu finden, sind für Grundkurse des Qualifikationsbereichs zugeschnitten worden und unter folgendem Link einsehbar:

www.standardsicherung.schulministerium.nrw.de/cms/zentralabitur-gost/faecher/getfile.php?file=4613 (25.07.2018)

Die Aufgabe ist beispielgebend für die Anforderungen und die Konstruktion der Aufgaben im Abitur und somit gut geeignet, um den Lernenden einen entsprechenden Einblick zu ermöglichen. Dabei können die Schülerinnen und Schüler diese Aufgabe im Zusammenhang mit dem Thema „Dialekte“ im Unterrichtszusammenhang als Lernaufgabe bearbeiten. Dies ermöglicht den Lehrenden, Transparenz hinsichtlich der zu bewältigenden Anforderungen zu schaffen und zudem auch einen möglichen Lösungsweg mit der Lerngruppe gemeinsam zu modellieren.
Dabei kann es hilfreich sein, nach einer ersten Durchsicht der Aufgabe und Materialien die Lernenden zu befragen, wie Sie bei dieser Klausur vorgehen würden, und auf diese Weise gemeinsam eine sinnvolle Methodik festzulegen. Daneben kann auch das **Arbeitsblatt 14**, S. 58 eingesetzt werden, auf dem mögliche Arbeitsschritte bei der Bewältigung der Aufgabe skizziert sind und Hinweise zum Umgang mit den Materialien gegeben werden.

Je nach Lerngruppe kann entschieden werden, wie viel Zeit die Schülerinnen und Schüler zur Erarbeitung bekommen sollen und ob etwa eine vorbereitende Lektüre, die Klärung von offenen Fragen und vielleicht auch die Präsentation von Zwischenergebnissen im Unterricht stattfinden können. In jedem Fall hilft den Lernenden im Anschluss an die Erarbeitung ein differenziertes und kriteriengeleitetes Feedback dabei, an ihren individuellen Schwächen zu arbeiten. Es empfiehlt sich eine Partnerkorrektur, bei der die Schülerinnen und Schüler mithilfe einer Checkliste auf dem **Arbeitsblatt 15**, S. 59 erkennen können, welche inhaltlichen und formal-sprachlichen Erwartungen in dem zu bewertenden Text bereits vorliegen und wo noch Bearbeitungsbedarf zu sehen ist. Die Checkliste ist dabei angelehnt an den Bewertungsbogen aus der Pilotierung, wurde gleichzeitig aber vereinfacht, um den Lernenden, die ein Feedback geben sollen, die Handhabung zu erleichtern, sie gleichzeitig aber auch schon auf inhaltliche und formale Qualitätskriterien aufmerksam zu machen.
Eine Aufgabe dieses Typs sowie ein zugehöriger Erwartungshorizont zu einem anderen Aspekt sind zudem auch im **Zusatzmaterial 4**, S. 130 ff. enthalten. Hierbei geht es um die Frage nach einer möglichen sprachlichen Diskriminierung von Dialektsprecherinnen und Dialektsprechern. Exemplarisch werden die Ergebnisse einer linguistischen Analyse von Schulbüchern mit dem Thema „Dialekt“ sowie die Aussagen von Sprachtrainern, die Personen zugunsten beruflicher Chancen ihren Dialekt abgewöhnen wollen, vorgestellt, um grundsätzlich den zumeist unbewussten Stereotypen hinsichtlich der Dialekte auf die Spur zu kommen und die zugrunde liegende Problematik zu reflektieren.
Die Schülerinnen und Schüler erwerben dabei neues Wissen zu diesen Aspekten durch die Bearbeitung der Materialien, was dem Ziel dieses Aufgabenformates, das Schreiben als Lernmedium ins Bewusstsein zu heben und zu etablieren, entspricht.
Die Aufgabe kann im Unterricht als Lern- oder auch als Prüfungsaufgabe eingesetzt werden. Es ist allerdings möglicherweise nötig, eine Anpassung der Schwierigkeit und des Umfangs der Materialien vorzunehmen, je nachdem, ob es sich um einen Grund- oder Leistungskurs handelt und wie viel Zeit den Lernenden zur Bearbeitung der Aufgabe zur Verfügung steht. Für den Fall, dass die Thematik „Dialekt als Berufskiller? – Vor- und Nachteile des Dialektgebrauchs in der Öffentlichkeit“ etwa aus Gründen des Zeitmanagements knapper behandelt werden soll, steht alternativ das **Zusatzmaterial 3**, S. 128 f. zur Verfügung.

Notizen

Die Dialekte des Deutschen – Eine Annäherung

„Jede Provinz liebt ihren Dialekt: denn er ist doch eigentlich das Element, in welchem die Seele ihren Atem schöpft." (J. W. von Goethe, 1811)

„Das Prognostikon, das man [...] den Volksdialekten gestellt hat, müssen wir als richtig anerkennen, die sind nämlich dem Untergange geweiht, dem allmählichen Aufgehen in der allgewaltigen Schriftsprache." (Philipp Wegener, 1880)

„Die größere Kräftigkeit, der mehr umfassende Reichtum der Volkssprache, die Fülle der Dialekte währen doch solange das ihnen innewohnende Leben währt, und sie über diesen Punkt hinaus erhalten zu wollen, wäre töricht und unmöglich zugleich." (Wilhelm von Humboldt, 1827 – 29)

„Aus den Dialekten, mit denen sie Fühlung behalten hat, fließt der Schriftsprache ständig neues Leben zu." (Albert Schweitzer, 1958)

„Nichts ist also törichter, nichts verrät mehr Mangel wahrer Bildung als das Verachten unserer Mundarten; nichts ist lächerlicher als das Streben, die angestammte Mundart völlig verbergen zu wollen oder gar die Aussprache einer andern, die man für besser hält, nachäffen zu wollen." (August Schleicher, 1869)

Zitate aus: Göttert, Karl-Heinz: Alles außer Hochdeutsch. Ein Streifzug durch unsere Dialekte. Berlin 2011, S. 1 f.

SPRACHPROBLEM

Frau aus Sachsen bucht Bordeaux statt Porto

Stuttgart – **Eine Frau (53), die aus Sachsen stammt, wollte am Stuttgarter Flughafen einen Flug nach Porto (Portugal) buchen. Doch die Mitarbeiterin des Reiseunternehmens verstand wegen des Dialekts Bordeaux (sprich: Bordo), stellte ein Ticket nach Frankreich aus. Die Kundin klagte, jetzt entschied das Amtsgericht Stuttgart: Die Frau muss den Flug bezahlen.**

u. l.: Axel Springer Syndication GmbH/BILD vom 15.09.2012; o. l.: Picture-Alliance GmbH/dpa/Kneffel, Peter; u. r.: Staatsministerium Baden-Württemberg, o. r.: toonpool.com Berlin/Gottfried, Marcus

Best.-Nr. 022727

Domke, Franz-Josef

Norddeutsch und Bairisch sind am stärksten verbreitet

Frage: „Können Sie einen deutschen Dialekt oder Platt? Wenn ja, welcher Dialekt bzw. welches Platt ist das?“

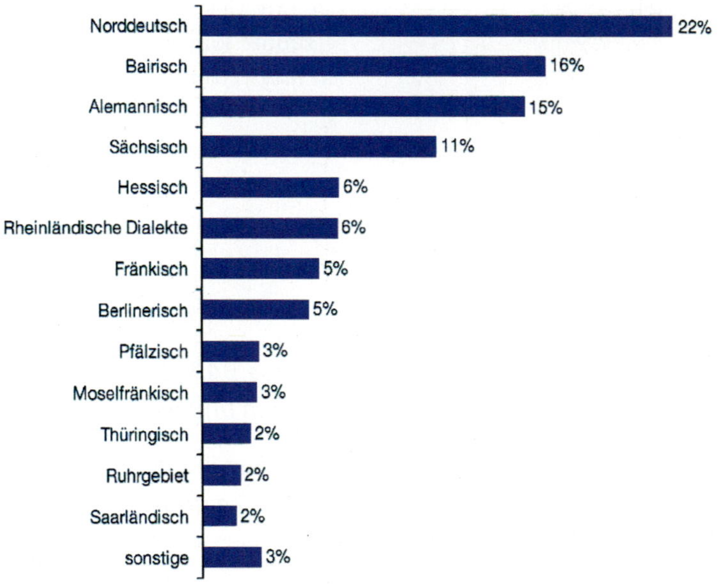

Institut für Deutsche Sprache/Eichinger, Ludwig M. et. al. (2011): Aktuelle Spracheinstellungen in Deutschland. Erste Ergebnisse einer bundesweiten Repräsentativumfrage. 2. Aufl. Mannheim: Projektgruppe Spracheinstellungen/Institut für Deutsche Sprache/Universität Mannheim, S. 13.

- *An welcher Stelle sind Sie mit Dialektsprechern schon einmal in Berührung gekommen? Was halten Sie davon, wenn Menschen im Dialekt sprechen?*
- *Leiten Sie aus den Bildern und Zitaten Aussagen über Dialekte des Deutschen ab. Versuchen Sie auch, eine eigene Definition des Begriffs „Dialekt“ zu formulieren.*
- *Was wissen Sie außerdem über die Dialekte? Ergänzen Sie die Aussagen durch Ihre Vorkenntnisse in diesem Bereich.*

Best.-Nr. 022727

BAP: Du kanns zaubre

E' wieß Blatt Papier, 'ne Bleisteff,
Jedanke bei dir, setz ich
Ahm Finster un hühr, wat sich
Affspillt vüür der Düür, bess ich
Affrötsch enn die Zick, enn der et dich für mich nit joov,
Un mir mieh Lääve vüürm Daach xxx op eimohl vüürkütt wie en Stroof.

Du kanns zaubre wie ding Mamm, die Kaate läät,
Irjendsujet muss et sinn.
Jede andre hätt jesaat: „Et ess zo spät,
Dä Typ ess fäädisch, nä, dä Typ,
Dä krisste wirklich ni' mieh hin!"

Mem Rögge zur Wand, spaßend,
Un jede Naach voll wohr ich,
Mieh bessje Verstand hassend,
Total vun der Roll wohr ich.
'T Schlemmste wohr, als mir, wie du mich endlich rejistriert,
Entsetzlich klar wood, dat et jetz oder nie met uns zwei passiert.

Mensch, wohr ich nervös, als ich
Dir alles jesaat, hektisch –
Un trotzdäm erlös, weil du mich
Nit treck ussjelaach un dich
Für mich intressiert häss, für all dä Stuss, dä uss mir kohm,
Für all dä Laber, dä ich jebraat hann, weil die Chance zo plötzlich kohm.

mauritius images GmbH/mauritius images/imagebroker

Du kanns zaubre wie ding Mamm, die Kaate läät,
Irjendsujet muss et sinn.
Jede andre hätt jesaat: „Et ess zo spät,
Dä Typ ess fäädisch, nä, dä Typ,
Dä krisste wirklich ni' mieh hin!"

E' wieß Blatt Papier, 'ne Bleisteff,
Jedanke bei dir, setz ich
Ahm Finster un hühr enn mich,
Kreech kaum jet notiert, weil ich
Immer noch nit raffe, dat mir uns tatsächlich hann,
Un mir deshalv halt wiesmaache, dat du wirklich zaubre kanns.

Text: Wolfgang Niedecken © by Hans Gerig OHG, Bergisch Gladbach; www.bap.de/start/musik/songtexte/titel/du-kanns-zaubre (25.07.2018)

- *Hören Sie sich den Song der Kölner Rockgruppe BAP „Du kanns zaubre" an und tauschen Sie sich darüber aus, was Sie verstanden haben und wie der Song auf Sie wirkt.*
- *Versuchen Sie anschließend, in Gruppen den Text in standardsprachliches Deutsch zu übersetzen. Reflektieren Sie, welche Probleme Sie dabei hatten und was Ihnen eher leichtgefallen ist.*
- *Klären Sie, worum es inhaltlich und thematisch in dem Song geht. Was ist Ihrer Meinung nach die zentrale Aussage des Textes?*
- *Welchen Zusammenhang sehen Sie möglicherweise zwischen Inhalt und Aussage des Textes und der Verwendung des Dialekts? Hätte der Text eine andere Wirkung auf Sie, wenn er nicht im Dialekt verfasst worden wäre?*
- *Welche anderen Dialekte kennen Sie? Haben diese eine andere Wirkung auf Sie? Begründen Sie gegebenenfalls diese andere Wirkung.*

BAP: Du kannst zaubern (Lösung)

Ein weißes Blatt Papier, ein Bleistift,
Gedanken bei dir, sitz ich
Am Fenster und hör, was sich
Abspielt vor der Tür, bis ich
Abrutsch in die Zeit, in der es dich für mich nicht gab,
Und mir mein Leben vorm Tag xxx auf einmal vorkommt wie ein Fluch.

Du kannst zaubern wie deine Mama, die Karten legt,
Irgend so was muss es sein.
Jede andere hätte gesagt: „Es ist zu spät,
Der Typ ist fertig, nein, im Ernst,
Den kriegst du wirklich nicht mehr hin!“

Mit dem Rücken zur Wand, spaßend,
Und jede Nacht voll war ich,
Mein bisschen Verstand hassend,
Total von der Rolle war ich.
Das Schlimmste war, als mir, wie du mich endlich registriert,
Entsetzlich klar wurde, dass es jetzt oder nie mit uns zwei passiert.

Mensch, war ich nervös, als ich
Dir alles gesagt, hektisch –
Und trotzdem erlöst, weil du mich
Nicht gleich ausgelacht und dich
Für mich interessiert hast, für all den Stuss, der aus mir kam,
Für all die Geschichten, die ich erzählt hab, weil die Chance zu plötzlich kam.

Du kannst zaubern wie deine Mama, die Karten legt,
Irgend so was muss es sein.
Jede andere hätte gesagt: „Es ist zu spät,
Der Typ ist fertig, nein, im Ernst,
Den kriegst du wirklich nicht mehr hin!“

Ein weißes Blatt Papier, ein Bleistift,
Gedanken bei dir, sitz ich
Am Fenster und hör in mich,
Hab kaum was notiert, weil ich
Immer noch nicht fasse, dass wir zwei zusammen sind,
Und mir deshalb halt weismache, dass du wirklich zaubern kannst.

Text: Wolfgang Niedecken © by Hans Gerig OHG, Bergisch Gladbach;
www.bap.de/start/musik/songtexte/titel/du-kanns-zaubre (25.07.2018)

Best.-Nr. 022727

Kurt Tucholsky (1890 – 1935): Danach

akg-images GmbH

Es wird nach einem happy end
im Film jewöhnlich abjeblendt.
Man sieht bloß noch in ihre Lippen
den Helden seinen Schnurrbart stippen –
da hat sie nu den Schentelmen.
Na, un denn –?

Denn jehn die beeden brav ins Bett.
Na ja ... diß is ja auch janz nett.
A manchmal möcht man doch jern wissen:
Wat tun se, wenn se sich nich kissn?
Die könn ja doch nich imma penn ...!
Na, un denn –?

Denn säuselt im Kamin der Wind.
Denn kricht det junge Paar 'n Kind.
Denn kocht sie Milch. Die Milch looft üba.
Denn macht er Krach. Denn weent sie drüba.
Denn wolln sich beede jänzlich trenn ...
Na, un denn –?

Denn is det Kind nich uffn Damm.
Denn bleihm die beeden doch zesamm.
Denn quäln se sich noch manche Jahre.
Er will noch wat mit blonde Haare:
vorn doof und hinten minorenn[1] ...
Na, un denn –?

Denn sind se alt.
Der Sohn haut ab.
Der Olle macht nu ooch bald schlapp.
Vajessen Kuss und Schnurrbartzeit –
Ach, Menschenskind, wie liecht det weit!
Wie der noch scharf uff Muttern war,
det is schon beinah nich mehr wahr!
Der olle Mann denkt so zurück:
wat hat er nu von seinen Jlück?
Die Ehe war zum jrößten Teile
vabrühte Milch un Langeweile.
Und darum wird beim happy end
im Film jewöhnlich abjeblendt.

(1930)

Kurt Tucholsky: Danach, in: Ders.: Zwischen gestern und morgen. Eine Auswahl aus seinen Schriften und Gedichten. Hrsg. v. Mary Gerald-Tuchoslsky. Hamburg 1952, S. 131

[1] **minorenn** = unmündig, minderjährig

- *Bereiten Sie einen Vortrag des Gedichts vor.*
- *Beschreiben Sie, wie der Vortrag auf Sie wirkt.*
- *Klären Sie den Inhalt des Gedichts und geben Sie diesen in eigenen Worten dem Sitznachbarn bzw. der Sitznachbarin wieder.*
- *Beurteilen Sie die unterschiedliche Wirkung des Gedichts in der dialektalen Fassung und in ihren eigenen Worten. Was verändert sich?*
- *Stellen Sie eine Hypothese zu der Frage auf, warum Tucholsky für dieses Gedicht das Berlinerische wählt.*

Marcel Reich-Ranicki (1920 – 2013): „Danach" von Kurt Tucholsky

Das schöne Eheleben? Kurt Tucholskys Gedicht „Danach" beschreibt wohl eher das Gegenteil. Mit dem Berliner Dialekt umgeht er geschickt jede Andeutung von Banalität.

Er war schreibsüchtig. Nur hatte er nicht zuwenig, sondern zuviel zu sagen: Die ihn bedrängende Wortflut konnte er nicht eindämmen, das Mitteilungsbedürfnis kaum zähmen. Das war die Crux des Schriftstellers Kurt Tucholsky.

Zu seinem Werk gehören auch Gedichte, Hunderte, ja Tausende – vor allem Songs und Chansons, Couplets und Bänkellieder. [...]

Diese rasch entstandenen Verse erfreuten und amüsierten sein Publikum und ihn selber. Doch niemand nahm sie ganz ernst, er selber, glaube ich, auch nicht. Damit mag es zusammenhängen, dass sie von der Nachwelt doch wohl etwas unterschätzt werden.

Es lässt sich nicht verschweigen: Oft hat sich Tucholsky in seinen Versen mit billigen Reimen beholfen, er hat Kalauer und Witzeleien nicht verpönt, viele dieser Gedichte sind, um es milde auszudrücken, belanglos. Aber es lassen sich auch solche finden, die beweisen, dass er, der hervorragendste deutsche Feuilletonist des zwanzigsten Jahrhunderts, auch ein Kleinkunsttalent von großem Format war.

Das Gedicht „Danach" stammt aus dem Jahr 1930. Der Stummfilm hatte gerade (schon gab es den Tonfilm) seinen Höhepunkt erreicht, und damit war auch seine Verlogenheit kaum noch zu überbieten. Warum wird – fragt Tucholsky scheinheilig – nach dem Happy End im Film gewöhnlich abgeblendet? Seine Antwort ist die Geschichte einer Ehe in fünf Strophen.

Er erzählt, was sich abgespielt hat: Erst das Glück mit Kuss und Bett, dann kommt das Kind und dann der Alltag, der trübe, der kümmerliche. Etwas Abwechslung? Nun ja, der Mann möchte noch was mit einer anderen haben, womöglich mit einer Blonden. Der Sohn verlässt das Haus. Und plötzlich sind die beiden alt und fragen sich, was denn von ihrem Glück geblieben sei. Das sagen uns die letzten vier Zeilen – und sie verdienen es, so oft zitiert zu werden wie die populären Verse unserer Klassiker.

Die Geschichte dieser Ehe wurde millionenfach erlebt, tausendfach beschrieben. Es ist ein alter, ein uralter Hut. Aber in diesem Gedicht ist sie – da schon von Klassikern die Rede war – herrlich wie am ersten Tag. Wie hat das der Tucholsky gemacht? Wie hat er es also geschafft, dass die Geschichte trotz ihrer Banalität uns gar nicht gleichgültig ist, dass sie manchen von uns sogar rührt?

Er hat gewusst, was dieses Thema am meisten gefährdet: Pathos und Sentimentalität. Um beiden zu entgehen, wählt er ein radikales Mittel der Distanzierung und der Verfremdung: Er schreibt das Ganze im Berliner Dialekt, der schnoddrig und nicht gerade vornehm ist, dafür aber den Vorzug hat, pfiffig, immer unfeierlich und höchst anschaulich zu sein.

In diesem Gedicht gibt es keinen einzigen originellen Gedanken und lauter originelle Formulierungen. Es lebt von seinem kessen und doch schwermütigen Humor und, vor allem, von seiner Sprache. Ähnlich wie Gerhart Hauptmann oder Alfred Döblin hat Tucholsky unentwegt, ob er es wollte oder nicht, dem Volk, dem Berliner Volk aufs Maul geschaut – und er hat sie alle belauscht: die Ladenverkäufer und die Straßenbahnschaffner, die Spießbürger und die Lumpenproletarier, die Muttchen und die Nuttchen. Er hat ihre Sprechweise eingefangen und sie oft in seinen Versen und in seiner Prosa übernommen. Die Treffsicherheit der Sprache Tucholskys zeigt schon das zentrale Bild dieses Gedichts: die „vabrühte Milch" als Symbol des eintönigen, des langweiligen, des kläglichen Alltags der kleinen Leute.

Vor vierzig Jahren habe ich Kurt Tucholsky in der „Welt" in einem Jubiläumsartikel nachdrücklich gelobt und gerühmt. Allerdings schrieb ich in diesem Artikel: „Aber ein Dichter war er nicht." Ich glaube, das war ein Fehlurteil.

(2001)

Erstdrucke: Frankfurter Allgemeine Zeitung, 17. März 2001, und Frankfurter Anthologie. Band 25. Herausgegeben von Marcel Reich-Ranicki. Insel Verlag, Frankfurt am Main 2002. *Der Text entspricht den Erstausdrucken, allerdings mit partieller Anpassung an neue Rechtschreibung.*

- *Sprechen Sie darüber, welches Anliegen der Autor Marcel Reich-Ranicki, ein inzwischen verstorbener bedeutender Literaturkritiker, mit diesem Text verfolgt.*
- *Stellen Sie die Aussagen über Kurt Tucholskys Gedicht „Danach" zusammen. Worin sieht er die Bedeutung dieses Textes?*
- *Zeigen Sie, wie Reich-Ranicki die Rolle des Dialekts für dieses Gedicht beurteilt. Können Sie ihm zustimmen?*

Best.-Nr. 022727

Karl-Heinz Göttert (geb. 1943): Was ist ein Dialekt?

Ein Fremdwort, das uns wie so viele andere die alten Griechen hinterlassen haben, während das Wort „Mundart" auf den Dichter Philipp von Zesen zurückgeht. [...] Zugrunde liegt ein Verb: *dialegein*, „sich unterreden", *dia* für „untereinander", *legein* für „reden". Die Griechen sahen auch schon das Problem. Sie wussten, dass einem beim Sprechen die Sprache dazwischenkommen kann, die Sprache der anderen oder noch genauer: die andere Sprache der anderen. Wenn man Glück hat, spricht man beim Miteinander-Sprechen auf dieselbe Weise (legein kata tauta). Das ist im Griechisch-Lexikon wiedergegeben als „denselben Dialekt sprechen".

Demnach kannten die alten Griechen eben auch schon *unterschiedliche* Dialekte, die von unterschiedlichen Stämmen benutzt wurden. [...] Das antike Griechenland gilt als *ein* Ursprung unserer abendländischen Kultur. Daneben gibt es das Judentum mit seinem wichtigsten Werk, der Bibel. [...] [Im Mythos vom Turmbau zu Babel (Gen 11,1–9) wird von der Verwirrung der Sprachen und der Zerstreuung der Menschen erzählt, während die Pfingsterzählung im Neuen Testament (Apg 2,1–13) den Kontrapunkt dazu bildet. Hier heißt es, dass jeder der Menschen die erleuchteten Apostel in *seiner* Sprache reden hörte.]

Aber nun eine andere Frage: Ist das, was die Griechen als historisches Beispiel und die Bibel als Mythos vermitteln, eine überregionale und überzeitliche Realität? Kommt Sprache immer gewissermaßen in kleinen Trupps daher, eben in Dialekten? Das kann man für die gesprochene Sprache tatsächlich behaupten: Gesprochene Sprache lässt sich nicht über bestimmte Größenordnungen hinweg gleich halten. Sobald die Zahl der Sprecher zunimmt, beginnt eine Art Zellteilung. Innerhalb der einst gemeinsamen Sprache bilden sich Unterschiede, die für kleinere Gruppen gelten. Andererseits gibt es überall die Tendenz des Ausgleichs oder der Angleichung, den Weg also zur Hochsprache [bzw. Standardsprache]. Hochsprachen sind Kunstprodukte, die sich der formenden Hand Einzelner verdanken, die die Initiative ergreifen. Und warum? Weil Dialekte einen entscheidenden Nachteil haben: Ihre Reichweite ist begrenzt. Hochsprachen dagegen sind Sammlungsbewegungen, vorangetrieben in erster Linie durch die Schrift. Wer schreibt, kann größere Entfernungen überbrücken, nimmt eine gewisse Künstlichkeit dafür in Kauf. [...] Nicht Hochsprachen sind das Normale und Dialekte das Problem, sondern gerade umgekehrt. Dazu passen auch in der Geschichte immer wieder anzutreffende Versuche, die Verschiedenheiten loszuwerden, um das scheinbar praktischere Einerlei zu erhalten. Damit ist nicht nur auf Politiker wie die französischen Revolutionäre hingewiesen, die glaubten, die Einheit der Nation müsse sich in der Einheit der Sprache ausdrücken (wonach es die Dialekte auszurotten galt). Es gibt auch einen philosophischen Traum von der einen Sprache, die den leidigen Streit um Worte endlich beenden würde. Der Frühaufklärer Leibniz[1] sah in der Algebra die Lösung, in der Ersetzung der Wörter durch Zahlen, und bezeichnete diese neue Form von Wörtern als „Ziffern" und „Rechenpfennige", ja „Wechselzettel des Verstandes". [...] Aber Leibniz' Traum platzte. Man merkte, dass Sprache dem Denken mehr bietet, als es Zahlen können. [...] Es blieben die vielen Sprachen, die auch noch in verschiedene Dialekte zerfallen. Wo Menschen miteinander kommunizieren, schleicht sich Veränderung ein, entstehen Mutationen. Das klingt nach einem der wichtigsten Naturgesetze, das wir kennen, nach Evolution. [...] Wenn wir die Entwicklung der Sprache als Evolution betrachten, stellen wir fest, dass sich das Deutsche zum Beispiel in den letzten 500 Jahren so minimal verändert hat, dass wir Luthers Bibelübersetzung heute immer noch lesen und verstehen können. Gehen wir weiter zurück, wird es deutlich schwieriger. Wer einmal ein Gedicht von Walther von der Vogelweide[2] im Original vor Augen hatte, merkte wohl, dass es sich um Deutsch handeln müsse, aber richtig begriffen hat er den Text nicht. Der Abstand seit Walther von der Vogelweide beträgt 800 Jahre. Noch einmal 400 Jahre zurück, und der Nicht-Fachmann kann die Sprache kaum noch als Deutsch identifizieren. [...] Das heißt also: In 1200 Jahren hat sich die Sprache bis zur Unkenntlichkeit gewandelt.

Vielleicht ahnt der Leser die Pointe: Das Gesagte gilt eben für die geschriebene Sprache, das Kunstprodukt. Und plötzlich erscheinen die Dialekte in einem ganz besonderen Licht: Für sie gilt nämlich ein anderes Tempo der Evolution. Auch Dialekte entwickeln sich, aber langsamer. Dialekte sind in der Evolution das, was bei den Biologen die Fossilien sind, die Insekten in Bernstein. Ein bayerischer Bauer oder ein ostfriesischer Fischer, der sich seinen Dialekt erhalten hat, spricht eine Sprache, deren Alter einige Jahrhunderte, wenn nicht ein ganzes Jahrtausend vor der heutigen Hochsprache liegen kann.

Göttert, Karl-Heinz: Alles außer Hochdeutsch. Ein Streifzug durch unsere Dialekte. Berlin: Ullstein 2011, S. 17 f.

---

[1] **Gottfried Wilhelm Leibniz** (1646 – 1716), deutscher Philosoph, Mathematiker und Vertreter der Frühaufklärung

[2] **Walther von der Vogelweide** (um 1170 – 1230), bedeutendster deutschsprachiger Lyriker des Mittelalters, dessen Gedichte in Mittelhochdeutsch verfasst sind

- *Erläutern Sie die Wortherkunft der Begriffe „Dialekt“ und „Mundart“.*
- *Stellen Sie die Aussagen zu „Dialekten“ und „Hochsprache“ tabellarisch gegenüber.*
- *Erklären Sie die Metapher „Insekten in Bernstein“ bzw. „Fossilien“ als sprachliches Bild für Dialekte.*

Best.-Nr. 022727

Standard oder Dialekt?

In einer Umfrage zum regionalen Sprachgebrauch wurde die Frage gestellt: „Wie ist die normale Umgangssprache in Ihrem Ort?“ Folgende Ergebnisse wurden ermittelt:

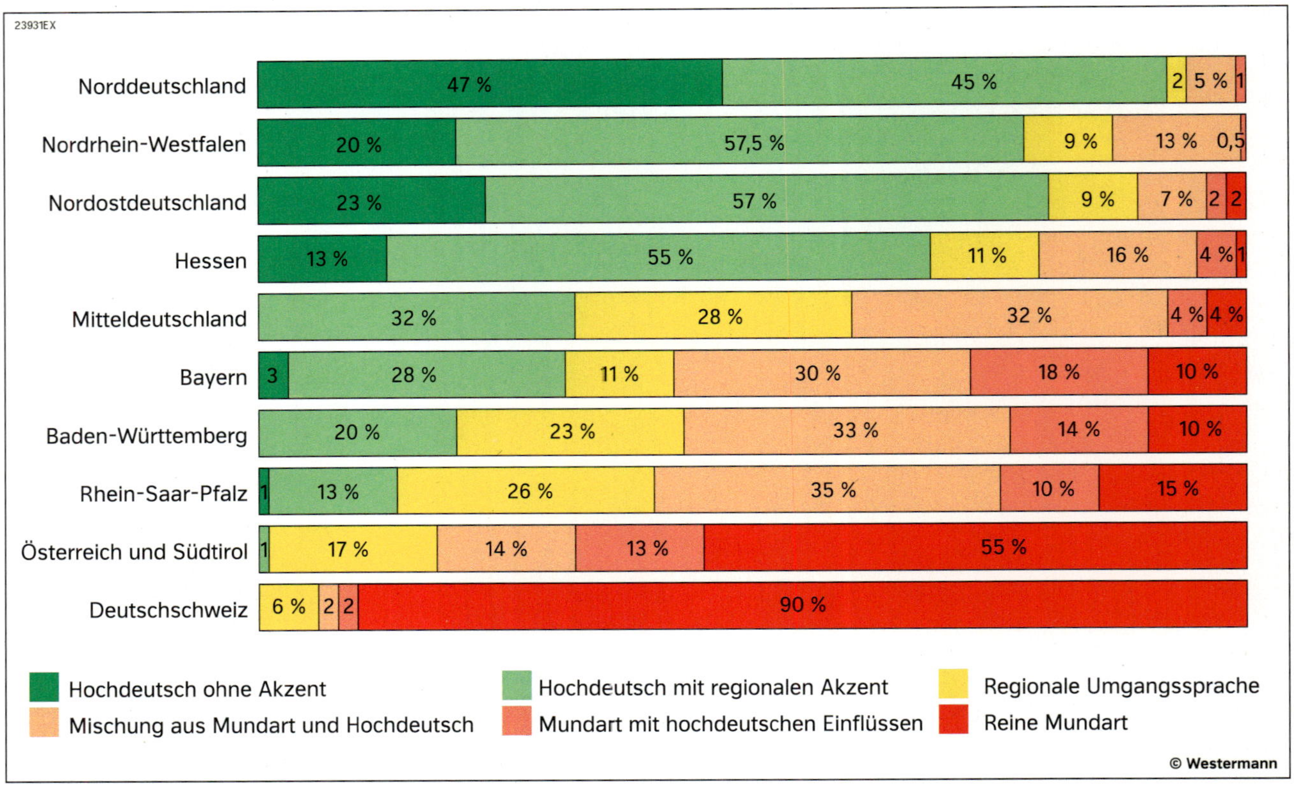

Grafik u.: Domke, Franz-Josef

1. **Hochdeutsch** = hier im Sinne von Standarddeutsch

- *Benennen Sie das Thema der Umfrage, auf die sich das Schaubild bezieht. Welche Ergebnisse werden vorgestellt?*
- *Warum arbeiten die „Macher“ der Studie nicht nur mit den bekannten Begriffen „Dialekt“ und „Hochsprache“? Welche weiteren Begriffe werden verwendet und was bedeuten sie?*
- *Zeigen Sie auf, welche Tendenzen hinsichtlich des alltäglichen Gebrauchs von Dialekt deutlich werden.*
- *Wie kommt es Ihrer Meinung nach zu diesen Ergebnissen?*

Peter Wiesinger: Sprachliche Varietäten – Gestern und heute (Auszug)

Die Sprache ist ein Zeichensystem, das den Sprachbenützern zur gegenseitigen Verständigung in der Kommunikation dient. Dadurch aber wird die Sprache gesellschaftsabhängig. Da die Gesellschaft in verschiedene Gruppen gegliedert und der Einzelne in mehrere unterschiedliche Netzwerke eingebunden ist, ergibt sich nicht nur eine vor allem von den Faktoren Gesellschaft, Raum und Zeit abhängige Aufgliederung besonders der gesprochenen Sprache, sondern auch der Einzelne verfügt über je nach Usus[1] und situativen Notwendigkeiten einsetzbare unterschiedliche Sprachvarietäten. Diese gesellschaftliche Gebundenheit einer Sprache bewirkt einerseits die ständige Anpassung der Sprache an die kommunikativen Bedürfnisse und verursacht dadurch andererseits ständigen Sprachwandel. So kommt es sowohl zu Veränderungen des Sprachgebrauches, indem sich mit gesellschaftlichen Veränderungen auch die Verwendung der Varietäten ändert, als auch zu Wandlungen der Sprachstrukturen, wovon sowohl die Erscheinungen der Ausdrucksseite mit Laut- und Formenverhältnissen, Wortbildung, Satzbildung und Wortschatz als auch die Inhaltsseite mit deren Bedeutungen betroffen sind. […]

Während sich die Dialekte in mündlicher Tradition aus den sprachhistorischen Wurzeln des Westgermanischen, besonders aber des Mittelhochdeutschen bzw. des Mittelniederdeutschen kontinuierlich entwickelt haben und starke räumliche Differenzierungen von Großraum- über Kleinraum- bis zu einzelnen Ortsdialekten aufweisen, verkörpert die Standardsprache die mündliche Realisierung der auf ostmitteldeutschschreibsprachlicher Basis entstandenen, relativ einheitlichen Schriftsprache. Diese etablierte sich insbesondere in den Großstädten des mittel- und oberdeutschen Raumes seit dem ausgehenden 18. Jahrhundert dadurch, dass in den bürgerlichen Kreisen der Ober- und bald auch der Mittelschicht infolge des Bildungsstrebens der Aufklärung der Dialekt abgewertet und […] die durch das Pflichtschulwesen geförderte Schriftsprache auch mündlich Fuß zu fassen begann. […] Zwischen Dialekt und Standardsprache existiert dann vielfach die in sich stark variable, wenig strukturierte Zwischenschicht der Umgangssprache als Ausgleichspunkt mit deutlicher Ausrichtung auf die Standardsprache […].

Die gesellschaftlichen Voraussetzungen für Dialekt waren die bäuerlich-handwerklich geprägten Dorfgemeinschaften, [die relativ homogen nach Beschäftigung, Lebensweise, Sitte, Brauch und Kultur geprägt waren, A.W.]. Und der Dialekt war die prägende, allseits verbindliche Alltagssprache. […] [Diese Dorfgemeinschaften] haben sich vor allem durch den Rückgang der Landwirtschaft, das Hinzukommen ortsfremder Leute, die neue Berufsausübung in der Umgebung, besonders in der nächstgelegenen Stadt und damit das Pendlerwesen sowie die Vergrößerung des Lebens- und Kontaktraumes jedes Einzelnen aufgelöst und sind zu heterogenen, offenen Gesellschaften geworden, wobei ein jeder in viel mehr soziale Netzwerke integriert ist als früher und über einen viel größeren kommunikativen Radius verfügt.

Die Standardsprache […] wird etwa von Hadumod Bußmann[2] pragmatisch als „historisch legitimierte, überregionale, mündliche und schriftliche Sprachform der sozialen Mittel- und Oberschicht" definiert, und weiter heißt es: „Entsprechend ihrer Funktion als öffentliches Verständigungsmittel unterliegt sie (besonders in den Bereichen Grammatik, Aussprache und Rechtschreibung) weitgehender Normierung, die über öffentliche Medien und Institutionen, vor allem aber durch das Bildungssystem kontrolliert und vermittelt werden."[3]

Die Umgangssprache ist ein Ausgleichsprodukt zwischen Schrift- und Standardsprache und Dialekt, indem die Schriftsprache das erstrebte Vorbild bildet und der Dialekt die sprechkonstitutiven Eigenschaften der Lautbildung und Intonation, aber auch eine Reihe von Einzelerscheinungen liefert. [Es existiert eine große Bandbreite in der Stufenleiter zwischen Dialekt und Standardsprache, A.W.], wobei in räumlicher Hinsicht die dialektalen Bestandteile von Süden nach Norden abnehmen. […]

Sprachsoziologische Untersuchungen haben gezeigt, dass der Gebrauch von Dialekt, Umgangssprache und Standardsprache […] abhängt von der Sozialschicht, dem Alter, dem Geschlecht, dem Wohnort und vom Gesprächspartner und der Gesprächssituation.

Peter Wiesinger: Sprachliche Varietäten – Gestern und Heute. In: Varietäten des Deutschen. Regional- und Umgangssprachen. Hg. v. Gerhard Stickel, Berlin: de Gruyter 1996, S. 9 f.

1 **Usus** = Gewohnheit

2 **Hadumod Bußmann** (geb. 1933), deutsche Sprachwissenschaftlerin

3 Bußmann 1990, S. 732

- *Klären Sie die Begriffe, die Ihnen noch unbekannt sind, und benennen Sie das Thema des Textes.*
- *Welche Eigenschaften von „Sprache“ werden einleitend benannt (vgl. Z. 1 – 24)? In welcher Beziehung stehen diese zueinander? Halten Sie die Gedanken in Form von Thesen fest.*
- *Zeigen Sie den Unterschied zwischen den Begriffen „Dialekt“, „Standardsprache“ und „Umgangssprache“, indem Sie ein Schaubild anfertigen, in welchem die Beziehung zwischen den drei Bereichen deutlich wird. In diesem Schaubild sollten jedem der drei Begriffe Eigenschaften zugewiesen werden.*
- *Welche Entwicklungslinien hinsichtlich des Sprachwandels werden im Text benannt? Mit welchen gesellschaftlich-sozialen Veränderungen hängen sie zusammen?*

Best.-Nr. 022727

Sabine Kaufmann: Dialekte (Auszug)

Wie alles begann

Sprachgeschichtlich hat es im germanischen Sprachraum immer schon Dialekte gegeben. Die einzelnen germanischen Stämme bildeten schon sehr früh lokale Unterschiede heraus. In der Ersten Lautverschiebung trennten sich die frühen germanischen Sprachen, also das Altsächsische, Altenglische, Altnordische und das Gotische, von den indogermanischen Sprachen[1]. Da es aus der Zeit zwischen Christi Geburt und dem 6. nachchristlichen Jahrhundert nur wenige schriftliche Dokumente gibt, lassen sich die einzelnen dialektalen Unterschiede in diesem Zeitraum nur schwer rekonstruieren. Seit dem frühen Mittelalter wurden vor allem religiöse Texte in den frühen germanischen Sprachen verfasst. Die normale Schreibsprache blieb das Lateinische.

Domke, Franz-Josef

Die Zweite Lautverschiebung

Zwischen 600 und 800 kam es zur sogenannten „Zweiten" oder „Hochdeutschen Lautverschiebung". Sie trennte die Regionalsprachen im deutschen Sprachraum in hochdeutsche und niederdeutsche Sprechergruppen. Im Süden und in der Mitte wurden die mittel- und oberdeutschen Dialekte von der Lautverschiebung beeinflusst und galten fortan als hochdeutsche Dialekte. Die Regionalsprachen im Norden, die die Lautverschiebung nicht vollzogen, wurden mit dem Begriff „Niederdeutsch" zusammengefasst. Von der Lautverschiebung waren vor allem die Konsonanten „p", „t", „k" betroffen. Durch die Lautverschiebung wurde „p" zu „pf" oder „f". Das Wort „Appel" veränderte sich durch die zweite Lautverschiebung zu „Apfel". Der Konsonant „t" wandelte sich zu „s" und „z". Die Sprecher im Norden sagen bis heute weiterhin „dat", „wat" und „Water", die im Süden und in der Mitte sagen „was", „das" und „Wasser". Und der Buchstabe „k" wandelte sich zu „ch". Vor allem in der Schweiz vollzog man diese Lautveränderung. Das Wort „Kind" spricht man dort als „Chind" aus. Die Zweite Lautverschiebung schuf also eine dialektale Grenze und gliederte den germanischen Sprachraum in Nord und Süd, in Niederdeutsch und Hochdeutsch.

Laute	Ohne zweite Lautverschiebung			Mit zweiter Lautverschiebung
	Niederländisch	Schwedisch	Englisch	Deutsch
p → pf	pond appel helpen	pund äpple hjälpa	pound apple help	Pfund Apfel helfen
t → ts	tien hart zitten	tio hjärta sitta	ten heart sit	zehn Herz sitzen
p → f	hopen lopen	hoppas löpa	hope leap	hoffen laufen

Die hochdeutschen Sprachsysteme unterteilen sich nun wiederum in mittel- und oberdeutsche Dialekte. Mitteldeutsche Dialekte sind zum Beispiel das Obersächsische, das Ostfränkische, das Rheinfränkische oder das Moselfränkische. Das wichtigste Unterscheidungsmerkmal zwischen diesen mitteldeutschen Dialekten und den oberdeutschen Dialekten wie dem Alemannischen ist, dass die oberdeutschen Dialekte am Ende des Mittelalters die Vokalveränderung nicht vollzogen. In vielen mitteldeutschen Sprachgruppen dagegen veränderten sich die Einlaute (Monophthonge) „i", „ü", „u" zu den Diphthongen

[1] **Indogermanisch** = eine Sprachfamilie, deren damals bekannte Erstreckung durch die Benennung angedeutet wird: von Indien im Osten bis zu den germanischen Sprachen im Westen

Best.-Nr. 022727

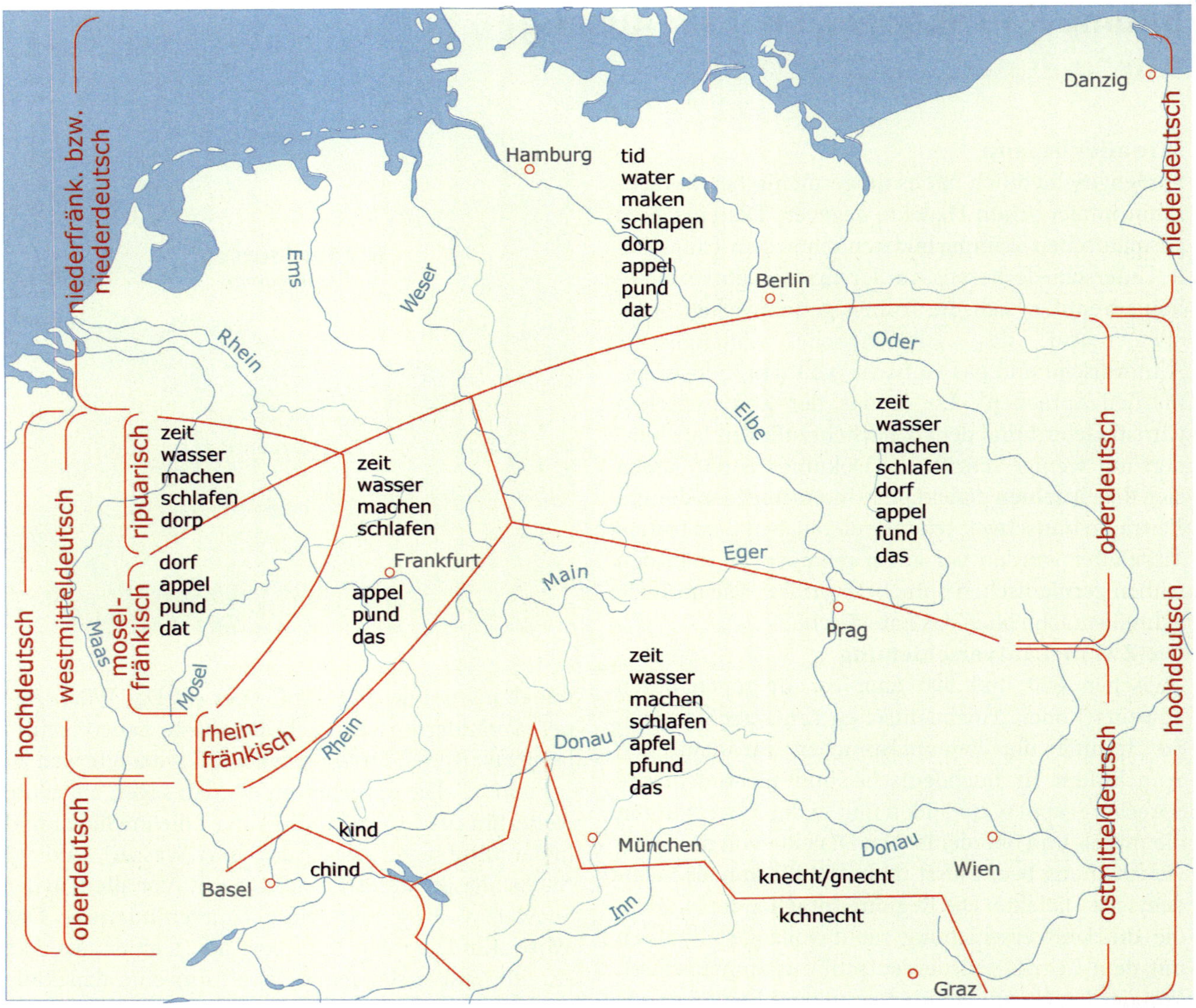

Werner König/Stephan Elspaß/Robert Möller: dtv-Atlas Deutsche Sprache. Mit Grafiken von Hans-Joachim Paul. © 1978, 1994, 2007 dtv Verlagsgesellschaft, München

„ei“, „eu“, „au“. Zum Beispiel wurde aus dem mittelhochdeutschen Satz „min nü hus“, im Neumittelhochdeutschen „mein neues Haus“. Seit dem frühen Mittelalter differenzierten sich über einen langen Zeitraum vor allem die oberdeutschen Dialekte immer weiter aus. Die zersplitterten Naturräume mit tiefen Tälern und hohen Bergen sowie die Kleinstaaterei begünstigten auf kleinstem Raum eine Sonderentwicklung in der mündlichen Sprache. Auch die fehlende Mobilität der Bauern und die noch im Mittelalter fehlende überregionale Schriftsprache sorgten in kleinen Territorien für die Ausbildung eigener Dialekte.

Sabine Kaufmann: Dialekte, 21.12.2016; www.planet-wissen.de/alltag_gesundheit/lernen/dialekte/index.jsp (25.07.2018)

■ *Lesen Sie den Text und erläutern Sie dessen Inhalt Ihrem Sitznachbarn bzw. Ihrer Sitznachbarin, indem Sie sich gegenseitig die Bilder und die Tabelle erklären.*

■ *Sehen Sie in den Erkenntnissen Anhaltspunkte, um zu erklären, warum …*
- *der alltägliche Dialektgebrauch im Norden geringer ausfällt als im Süden Deutschlands,*
- *das Niederdeutsche dem Englischen näher steht als das Hochdeutsche?*

Materialgestütztes Verfassen eines Textes mit fachspezifischem Bezug

Aufgabenstellung Situation

Das Landestheater hat an unterschiedlichen Schulen ein Theaterstück in dem für Ihre Region typischen Dialekt aufgeführt. Ausgehend von diesen Aufführungen möchten mehrere Schulleitungen nun den Dialekt Ihrer Region stärker berücksichtigen und schlagen daher verschiedene Maßnahmen zur Mundartpflege vor (AG, Projektkurs, Teilnahme an Wettbewerben, Dialekte im Deutsch- und Geschichtsunterricht etc.). Eine regionale Tageszeitung hat das Thema aufgegriffen und in ihrem Lokalteil kritisch darüber berichtet. Da auch an Ihrer Schule eine kontroverse Diskussion über das Thema entbrannt ist, haben Sie sich entschieden, einen Leserbrief an die Tageszeitung zu schicken, in dem Sie die Frage „Mundartpflege in der Schule – ja oder nein?" erörtern und zu ihr aus Ihrer Sicht begründet Stellung nehmen. Sie wollen mit diesem Text zu einer fruchtbaren, fachlich fundierten Diskussion beitragen.

Schreibauftrag

Verfassen Sie auf der Grundlage der Materialien M 1 bis M 7 und Ihrer Kenntnisse aus dem Unterricht diesen Leserbrief, in dem Sie

- das Thema und seine Bedeutung einführend darlegen,
- die Entwicklung der Dialekte in Deutschland darstellen und die Faktoren, die diese Entwicklung beeinflussen, erläutern,
- Argumente, die für und gegen eine stärkere Berücksichtigung des Dialekts in der Schule sprechen, darstellen und erläutern,
- zur Frage begründet Stellung nehmen
- und zugleich in Ihren Ausführungen relevante Aspekte fachlichen Kontextwissens einbeziehen.

Der Text sollte mindestens zwei gedruckte DIN-A4-Seiten, also etwa fünf Spalten auf Klausurbogen, umfassen.

Materialgrundlage

M 1: Dialekt: Lexikonartikel
M 2: Karl-Heinz Göttert: Alles außer Hochdeutsch
M 3: Statistik einer Umfrage des Instituts für Demoskopie Allensbach
M 4: Mütter, Medien, Mobilität – Warum Dialekte sterben
M 5: Hans Kratzer: Dialekt macht schlau
M 6: „In Deutschland sterben die Dialekte aus" (Interview)
M 7: Raphael Geiger: Dialekt an Schulen. Bloß nicht nach Niederbayern!

Zugelassene Hilfsmittel

Wörterbuch zur deutschen Rechtschreibung

Materialien

M 1 Dialekt: Lexikonartikel

Sprachsystem [...], das (a) zu anderen Systemen ein hohes Maß an Ähnlichkeit aufweist, sodass eine – zumindest parzielle – wechselseitige Verstehbarkeit möglich ist; (b) regional gebunden ist in dem Sinne, dass die regionale Verbreitung dieses Systems nicht das Gebrauchsgebiet eines anderen Systems überlappt; (c) keine Schriftlichkeit bzw. Standardisierung im Sinne offiziell normierter orthografischer und grammatischer Regeln aufweist. [...] Die Bezeichnung D. (als Fremdwort) wird in der Regel synonym verwendet mit „Mundart". [...]

Hadumod Bußmann: Lexikon der Sprachwissenschaft. 4., durchgesehene und bibliograpisch ergänzte Auflage unter Mitarbeit von Hartmut Lauffer. Stuttgart: Kröner 2008, S. 131

M 2 Karl-Heinz Göttert: Alles außer Hochdeutsch

[...] Wer Dialekt spricht, ist provinziell und ungebildet: Dieses vernichtende Urteil galt bis in die 1960er-Jahre. Dann machte sich die Globalisierung bemerkbar und brachte den Berufsnomaden mit fließendem Englisch und perfektem Hochdeutsch hervor. Das schien das endgültige Aus für den Dialekt. Aber es kam anders. „Die Dialekte kehren zurück!" So las man seit den 1970er-Jahren immer wieder in den Feuilletons der gehobenen Presse. Spiegel und Zeit stellten Globalisierung und Dialekt in einen direkten Zusammenhang, sahen im Dialekt förmlich eine Konterrevolution gegen Internationalisierung und Mobilität, Modernisierung und Medienherrschaft. Es war von sprachlicher „Nestwärme" angesichts von „Nation-Hopping" die Rede. Der Dialekt erschien als gesprochene Heimat, als „Heimat auf der Zunge". [...] Statt Ende also Wende? Einiges spricht dafür. Wer Moderatoren in Rundfunk und Fernsehen „aufs Maul schaut", erkennt leichte dialektale Färbungen, die früher tabu waren. Man fürchtet sich mittlerweile offenbar nicht mehr oder jedenfalls weniger vor dem regionalen Erkennungszeichen, das längst kein soziales mehr ist. Die Kommissare in den Fernsehkrimis bayern[1] sogar recht kräftig daher oder snacken niederdeutsch. Und oft sind es die Täter, die ein reines Hochdeutsch sprechen. Mag Hochdeutsch im Beruf Prestige verleihen, im Gespräch mit dem fremden Kunden oder dem ausländischen Geschäftspartner Seriosität signalisieren – Wärme erzeugt es nicht, für Nähe sorgt eher der Dialekt. Und doch ist bei der Beurteilung Vorsicht geboten: Die Dialekte kehren nicht in der Form zurück, wie man sie aus wirklich alten Zeiten kennt, als die Schwaben die Rheinländer nicht verstanden und umgekehrt. „Rückkehr der Dialekte" meint nicht, dass die Hochsprache ihre alten Konkurrenten mit eigener Aussprache und speziellem Wortschatz zurückerhält. Diese Art von Dialekt befindet sich im Gegenteil heute in Schwierigkeiten. In Norddeutschland ist sein Rückgang dramatisch, im Süden eher schleichend. Selbst in einer Region mit guter Dialektbasis wie der Pfalz verliert einer Untersuchung des Jahres 1990 zufolge jede Generation neun Prozent des dialektalen Wortschatzes. Verhältnisse wie im 19. und auch noch frühen 20. Jahrhundert, als die meisten Menschen neben der Hochsprache für die Schrift einen Dialekt für den mündlichen Verkehr beherrschten, sind endgültig Geschichte. Man kann, muss dies jedoch nicht bedauern. [...]

Karl-Heinz Göttert: Alles außer Hochdeutsch. Ein Streifzug durch unsere Dialekte. Berlin: Ullstein 2011, S. 11 f.

[1] **bayern** = Gemeint ist das Bairische-Sprechen.

M 3 Statistik einer Umfrage des Instituts für Demoskopie Allensbach

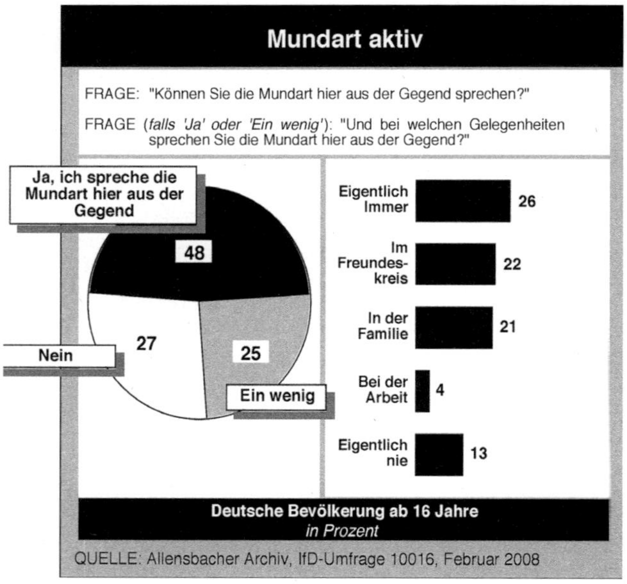

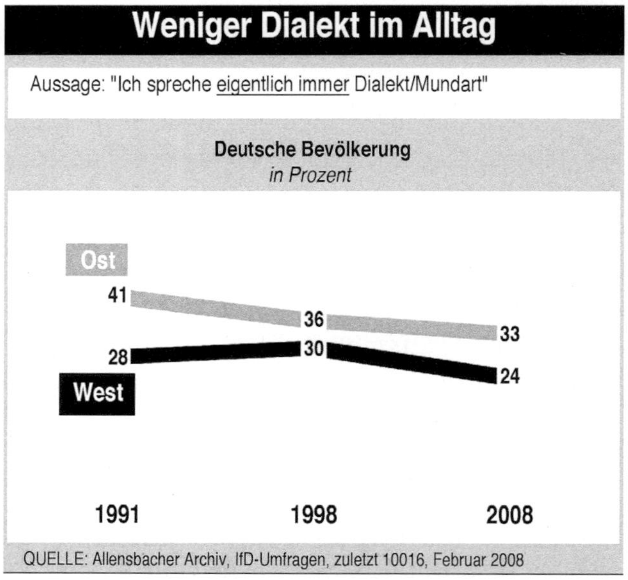

Institut für Demoskopie Allensbach/Mundart aktiv: Allensbacher Archiv, IfD-Umfrage 10016, Februar 2008 INSTITUT FÜR DEMOSKOPIE ALLENSBACH: Allensbacher Kurzbericht „AUCH AUSSERHALB VON BAYERN WIRD BAYERISCH GERN GEHÖRT" Nr. 4/2008; www.ifd-allensbach.de/uploads/tx_reportsndocs/prd_0804.pdf (25.07.2018)

M 4 Mütter, Medien, Mobilität – Warum Dialekte aussterben

Moin, Tach, Servus: In Deutschland begrüßen sich Menschen in den verschiedensten Dialekten. Doch viele Mundarten sterben allmählich aus. [...]
Von Alemannisch bis Westfälisch: In Deutschland werden zahllose Dialekte gesprochen – allerdings immer weniger. Denn viele Eltern bringen ihren Kindern Mundart nicht mehr bei. „Dialekt wird nach und nach aufgegeben werden, weil man ihn für die Kommunikation nicht mehr braucht“, sagt Alexander Werth vom Forschungszentrum Deutscher Sprachatlas der Universität Marburg. Bundesweit gibt es laut Werth rund 20 Dialekträume, die etwa das Fränkische oder das Sächsische umfassen. Jede einzelne Mundart könne man in Deutschland nicht zählen. Aber was ist überhaupt ein Dialekt? „Wir verstehen darunter eine eigene Sprache, die lokal möglichst klein begrenzt ist und eine eigene Grammatik aufweist“, erläutert Werth. [...]

Drei große M lassen Dialekte schwinden

Warum die Dialekte schwinden, erklärt Stefan Kleiner vom Institut für Deutsche Sprache in Mannheim mit einem griffigen Motto: „Ich nenne es die drei großen M: Mütter, Medien und Mobilität.“ Demnach sprechen manche Mütter mit ihren Kindern Hochdeutsch – aus Prestigegründen und damit die es in der Schule leichter haben. Dabei halten Sprachforscher die Sorge, ein starker Dialekt gehe mit einem niedrigen Bildungsgrad einher, für unbegründet. Angefacht wurde das Dialekt-Sterben seit den 1920er-Jahren: Mit der Einführung des Rundfunks fand das Hochdeutsche Eingang in die Wohnstuben der Menschen. „Es erscheint logisch, dass eine Sprachform, die uns in einheitlicher Form berieselt, Rückwirkungen auf das hat, was man als vorbildlich ansieht“, sagt Kleiner. Auch die zunehmende Mobilität der Bundesbürger setzt dem Dialekt zu. Dies gilt nicht nur für die heutige Möglichkeit, bundesweit mit Menschen aus allen möglichen Regionen in Kontakt zu treten. Schon nach dem Zweiten Weltkrieg stellten Heimatvertriebene in vielen Regionen bis zu ein Drittel der Bevölkerung. Auch hier diente Hochdeutsch als Kompromiss zur gemeinsamen Verständigung. [...]

Plattdeutsch als Schulfach

Als einziges Bundesland hat bislang Hamburg Plattdeutsch als eigenes Schulfach eingeführt, zum Schuljahr 2010/11. Nach Angaben der Schulbehörde ging der Anteil der Plattsprecher zwischen 1984 und 2007 von 29 auf 10 Prozent zurück. Nun wird die Mundart in acht Grundschulen unterrichtet. Dort lernen Schüler zunächst, „Plattdüütsch“ zu sprechen und zu verstehen. Später sollen sie es auch lesen und schreiben können. „Man verspricht sich, dass für die nachwachsende Generation durch das systematische Erlernen des Niederdeutschen der Zugang zur Regionalkultur erhalten bleibt“, erläutert Behördensprecher Peter Albrecht. [...] Viele Eltern entschieden sich bewusst dafür, ihr Kind Plattdeutsch lernen zu lassen, so Albrecht. Dies gehöre zur kulturellen Identität Hamburgs. Auch in anderen Bundesländern soll Niederdeutsch im Unterricht zumindest einbezogen werden. Dies sei noch zu wenig, sagt Reinhard Goltz vom Institut für niederdeutsche Sprache in Bremen: „Man ist lange davon ausgegangen, dass Kinder auch Plattdeutsch mitbringen, aber das war abgerissen.“
Dass die Schulen aktiv werden, sei generell richtig. „Wenn man das Ziel verfolgt, die Sprache erhalten zu wollen, kann man die Aufgabe nicht den Eltern überlassen“, meint Goltz. Weil diese häufig selbst keinen Dialekt mehr sprächen, müssten die Kinder Niederdeutsch eben in der Schule lernen. Denn: „Es gibt keinen Grund, dieses Stück Kultur über Bord zu werfen.“

wgr/© dpa (26.02.2013)

M 5 Hans Kratzer: Dialekt macht schlau

Die alte These, dass die Mundart die Sprachfähigkeit der Kinder verbessert, bekommt durch die neue PISA-Studie Aufwind. Demnach trainieren Dialektsprecher vor allem Auffassungsgabe und abstraktes Denken. In der Sprache der Münchner Jugendlichen kommt er nicht mehr vor, die Radio- und Fernsehsender meiden ihn wie die Pest, in vielen Firmen, Elternhäusern, Schulen und Universitäten gilt er als primitiv und unzeitgemäß. Doch jetzt hat die aktuelle PISA-Studie dem Dialekt überraschend zu neuer Aufmerksamkeit verholfen. Dass im Bildungsvergleich ausgerechnet Dialekt-Regionen wie Bayern, Baden-Württemberg, Sachsen und Österreich ganz oben stehen, hat eine Reihe von Fragen aufgeworfen. Sogar die mundartlich wenig inspirierte Bildzeitung titelte etwas ratlos: Macht uns der Dialekt so schlau? Größere Sprachkompetenz dank Dialekt [...] Tatsächlich lassen wissenschaftliche Untersuchungen den Schluss zu, dass Kinder, die mit dem Dialekt aufwachsen und sich dann erst die Standardsprache aneignen, eine größere Sprachkompetenz entwickeln. Heinz-Peter Meidinger, der Vorsitzende des Deutschen Philologenverbandes, nennt folgenden Grund für dieses Phänomen: „Dialektsprecher lernen früh, zwischen verschiedenen Sprachebenen zu unterscheiden. Das trainiert die Auffassungsgabe und das abstrakte Denken.“ Nach Ansicht von Josef Kraus, dem Präsidenten des Deutschen Lehrerverbandes, profitieren Dialektsprecher vor allem in Deutsch und Mathematik von ihrem guten sprachanalytischen Verständnis.

Weniger Rechtschreibfehler bei Dialektsprechern

Ludwig Zehetner, der an der Universität Regensburg Bairische Dialektologie lehrt, verweist überdies auf jüngste Erkenntnisse in der Hirnforschung. Aus de-

Best.-Nr. 022727

he hervor, dass sich bei Kindern, die mehrere Sprachen beherrschen, das zuständige Zentrum im Gehirn besser ausbilde. „Der Dialekt ist für ein Kind die optimale Voraussetzung für jegliche weitere Entfaltung auf sprachlichem Gebiet", sagt Zehetner. Dazu passt die These von Reinhold Steininger, dass zwar der Gebrauch des Dialekts rapide zurückgehe, die Beherrschung der Schriftsprache aber in gleichem Maße abnehme.

Interessant ist in diesem Zusammenhang eine Untersuchung der Universität Oldenburg, die Aufsätze von Dritt- bis Sechstklässlern über Jahre hinweg auswertete und zu dem Ergebnis kam, dass die Dialektsprecher 30 Prozent weniger Rechtschreibfehler produzierten. [...]

Süddeutsche Zeitung veröffentlicht am 19.05.2010, www.sueddeutsche.de/wissen/studie-dialektmacht-schlau-1.912547 (25.07.2018)

M 6 „In Deutschland sterben die Dialekte aus"

Deutsch ist die meistgesprochene Muttersprache Westeuropas, mit diversen regionalen Dialekten. Doch diese Vielfalt hat in Deutschland keine Zukunft – sagt Sprachforscher Stephan Elspaß im Interview.

Welche großen Veränderungen des Sprachgebrauchs in den vergangenen 30 Jahren stellen Sie in Ihrer Forschung fest?

Elspaß: Wo ein Vergleich unserer Karten [www.atlas-alltagssprachen.de] mit Karten im „Wortatlas der regionalen Umgangssprachen" aus den Siebzigerjahren möglich ist, zeichnen sich zwei Haupttrends ab. Erstens bemerken wir, dass politische Grenzen immer stärker sprachtrennend wirken. Ein Beispiel dafür: Früher war die Bezeichnung *Erdapfel* (*Herdöpfel*) außer in der Schweiz und in Österreich auch in vielen Gebieten Süddeutschlands in der Alltagssprache sehr üblich. Inzwischen zeigt sich, dass der Begriff immer mehr an die Ränder des deutschen Staatsgebiets gedrängt wird. Die Grenze zwischen Deutschland und der Schweiz beziehungsweise Österreich entwickelt sich immer mehr zu einer Sprachgrenze, auf deren nördlicher Seite man *Kartoffel* und auf deren südlicher Seite man weiterhin *Erdapfel* sagt.

Und der zweite Trend?

Elspaß: Formen, die schon in den Siebzigerjahren eher kleinräumig verbreitet waren, werden weiter zurückgedrängt. Dagegen können wir einen oft behaupteten Trend, dass sich nämlich das „norddeutsche Deutsch" immer weiter nach Süden ausbreite, in dieser Verallgemeinerung nicht bestätigen. Es zeigt sich vielmehr, dass von der Zurückdrängung nicht dominanter Formen auch norddeutsche Wörter betroffen sind. So sagen die Jüngeren in Schleswig-Holstein und Hamburg offenbar kaum noch *Rundstück*, sondern eher *Brötchen*. [...]

Bilden sich in gewissen Regionen auch neue Dialekte?

Elspaß: Ja, und zwar in urbanen Ballungsräumen. Diese Entwicklung gab es in den letzten beiden Jahrhunderten in Großstädten wie Wien und Berlin oder in Ballungsräumen wie dem Ruhrgebiet. Doch selbst bei diesen „neuen Dialekten" – auch „Stadtdialekte", „Regiolekte" genannt – zeigen sich Abbautendenzen. Diskutiert wird, ob sich in Großstädten unter dem Einfluss von Migrantensprachen neue Varietäten entwickeln, zum Beispiel „Kiezdeutsch". Hier ist es jedoch besonders umstritten, ob man sie als Dialekte bezeichnen kann.

Wie sehen Sie den Einfluss der Mobilität auf den heutigen Sprachgebrauch?

Elspaß: Die zunehmende Mobilität hat sich sicher auf den Sprachgebrauch ausgewirkt. Denken Sie nur daran, dass zum Beispiel im Deutschen Reich Ende des 19. Jahrhunderts noch der überwiegende Teil der Bevölkerung auf dem Land lebte. Fast alle konnten lesen und schreiben, aber für die alltägliche mündliche Kommunikation genügte der örtliche Dialekt. Das hat sich im 20. Jahrhundert natürlich grundlegend verändert. Selbst auf dem Land kam man irgendwann nur mit dem Dialekt nicht mehr weit, allein weil es dort nicht mehr genügend Arbeitsplätze gab. [...]

Marc Brupbacher/Stephan Elspaß, Der Spiegel Online, veröffentlicht am 26.04.2015, www.spiegel.de/wissenschaft/mensch/deutschland-dialekte-sterben-aus-sagt-einsprachforscher-a-1030000.html (25.07.2018), veröffentlicht am 26.04.2015

M 7 Raphael Geiger: Dialekt an Schulen. Bloß nicht nach Niederbayern!

Landen „zuagroaste" Lehrer in Bayerns Provinz, kann die Kommunikation zum handfesten Problem werden. Oft verzweifeln sie am breiten Dialekt ihrer Schüler, verstehen sie einfach nicht. Trotzdem fördert das Kultusministerium die Mundart: Mia san mia.

Der Anfang war hart für Lehrer Stefan Liebkind*. „Scha" sagten die Schüler statt „Schere", und wollten sie Papier haben, riefen sie: „Kon i a Bladl hom?" Oft entschuldigte er sich, er habe einfach nicht verstehen können, was die Schüler gerade sagten – „bitte noch mal langsam". Langsam sprachen sie dann. Verständlicher eher nicht. Liebkind, 48, Lehrer für Kunst und Englisch, stammt aus dem Saarland, er unterrichtete eine Weile im Rheinland und in Franken. Dort hatte er keine Probleme, die Schüler bemühten sich um ein ordentliches Hochdeutsch.

Nur einmal war er am Verzweifeln. Es stand Besuch aus Niederbayern an, Liebkinds Schule in Unterfranken arbeitete mit einer dortigen Schule an einem gemeinsamen Projekt. Die Niederbayern quasselten vor sich hin, die Franken und Liebkind waren ratlos. „Bloß nie nach Niederbayern versetzt werden, dachte ich." Doch der Wunsch hielt nicht lange stand: Eine Aufgabe als Seminarlehrer und besonderer Fachreferent lockten ihn ausgerechnet nach – Niederbayern? Exakt.

Dolmetscher für die gröbsten Dialektsprecher

Sein erstes Schuljahr dort war erst ein paar Tage alt, als sich Liebkind mit seinen Schülern auf unorthodoxe Maßnahmen verständigte. Die besonders groben Dialektsprecher bekamen einen Dolmetscher zur Seite, Liebkind wurde im Gegenzug von den Schülern jede Woche ein Zettel mit fünf bayerischen Vokabeln zugesteckt. [...] Liebkind ist nicht allein mit seinem Problem. Doch auf Hilfe der Politik können er und seine sprachgeplagten Kollegen nicht hoffen: Das bayerische Kultusministerium fördert seit Langem den Dialekt in der Schule. „Die Mundart ist doch ein unverzichtbarer Teil der Sprachkultur einer großen Zahl unserer Schüler", sagt Ministeriumssprecherin Nicole Steinbach. „Sie trägt zu ihrer bayerischen Identität bei." Die Hochsprache müssten sie trotzdem beherrschen – doch auf die Frage, wie sie die lernen sollen, meint Steinbach nur, sie würden schon durch eine „vorbildliche Lehrersprache zum eigenen richtigen Sprechen angeleitet". Nur müssen auch zugereiste Lehrer die Schüler verstehen, bis die „richtig" sprechen können. Beim Kultusministerium will man das Problem nicht zu groß sehen: „Die Mundart nimmt in der Schule keine vorrangige Rolle ein", so Steinbach. Probleme, wie sie Stefan Liebkind und andere erzählen, bestünden „nicht flächendeckend".

Vor allem Referendare sind ratlos

[...] Insbesondere Referendare, die manchmal für bloß sechs Monate an eine fremde Schule geschickt werden, sind schnell mürbe. Ihnen fehlt es noch an Übung im Umgang mit Schülern, sie stehen oft ratlos vor der Klasse. In der knappen Zeit ihrer Ausbildung schaffen sie es ohnehin nur mit Mühe, ein Vertrauensverhältnis zu den Schülern aufzubauen – trennt sie auch noch eine Sprachbarriere, wird es heikel. Wie soll man ein Verhältnis schaffen, wenn zwischen beiden Seiten nur Basiskommunikation abläuft? Die Referendare merken so schnell: Hier werde ich für immer der Fremde bleiben.

Hinzu kommt das Problem der Notengebung: Wie können Lehrer zwei verschiedene Unterrichtsbeiträge gerecht bewerten, wenn sie einen der beiden gar nicht verstanden haben? BLLV-Präsident Wenzel fordert eine offensive Spracherziehung. „Die Schüler müssen verstehen, dass es unterschiedliche Gesprächssituationen gibt: Mit ihren Kumpels dürfen sie gern so breit wie nur möglich in der Mundart reden, doch wenn sie zum Beispiel einen neuen Lehrer vor sich haben, müssen sie in der Lage sein, ihre Sprache anzupassen." [...]

Raphael Geiger, Der Spiegel Online, veröffentlicht am 14.08.2009, www.spiegel.de/lebenundlernen/schule/dialekt-an-schulen-bloss-nicht-nachniederbayern-a-638568.html (26.07.2018)

---

* Name geändert

Methode: Einen informierenden oder argumentierenden Text mithilfe von Materialien verfassen

Bei der Aufgabenart **„einen informierenden bzw. argumentierenden Text mithilfe von Materialien verfassen“** geht es um eine **schriftliche Klärung komplexer Sachverhalte**. Die dazu notwendigen Informationen werden Ihnen dabei mithilfe **unterschiedlicher Texte und Materialien** (z. B. Bilder, Grafiken) dargeboten. Ihre Aufgabe besteht nun darin, die Materialien auszuwerten, indem die Informationen gesammelt, geordnet, miteinander verglichen und hinsichtlich ihrer Eignung zum Verfassen eines eigenen Textes bewertet werden. Als Vorbereitung sollten Sie sich einen **Schreibplan** anlegen. In diesem sollten Sie sich klarmachen, was Ihr Schreibziel ist, welche Materialanteile Sie verwenden wollen und wie diese angeordnet werden sollen (Strukturierungsplan, z. B. mithilfe einer Mindmap).

In der **Einleitung** nennen Sie das zu klärende Thema und verweisen auf seine Bedeutung. Dazu können Sie eine leitende Fragestellung, eine provokative These, ein Beispiel aus dem Alltag bzw. aus den bereitgestellten Materialien o. Ä. verwenden.

Im **Hauptteil** führen Sie die einzelnen Sachaspekte auf. Dabei kommt es darauf an, die Informationen aus den bereitgestellten Texten sinnvoll auszuschöpfen, um zu differenzierten Ergebnissen zu kommen. Sinnvoll kann es sein, wie auch schon beim erörternden Schreiben vom weniger wichtigen zum wichtigsten Aspekt hinzuführen.

Im **Schlussteil** fassen Sie die zentralen Ergebnisse zusammen und halten das Wesentliche in Form eines Fazits fest.

Folgende **Erarbeitungsschritte** sind empfehlenswert:

- Klären der Aufgabenstellung (z. B. hinsichtlich der Adressaten und des kommunikativen Bezugs; des Zieltextformats oder einer evtl. geforderten Länge des Textes)
- Sichten der Materialien hinsichtlich ihrer Eignung für die Bewältigung der Schreibaufgabe (Aufnahme von Informationen)
- Festlegen von Informationsbereichen, Erstellen eines Schreibplans (Strukturierung von Informationen)
- Abfassen des Textes
- Prüfung/Korrektur

Achten Sie bei der Bearbeitung auf die Art und Weise, wie Sie mit den Informationen umgehen. Es sollten möglichst keine direkten Übernahmen aus einem Text erfolgen, es sei denn, Sie möchten eine Meinung im originalen Wortlaut wiedergeben.
Im Allgemeinen sollte ersichtlich werden, dass Sie die Informationen verstanden und im Hinblick auf Ihr eigenes Schreibziel beurteilt haben und dass Sie in der Lage sind, sie in einen eigenen Text einzuflechten. Diesen sollten Sie nach eigenen Vorstellungen aufbauen und dazu nicht einfach Informationen additiv aneinanderreihen, sondern gezielt dort einbringen, wo sie in den Gedankengang Ihres Textes passen.

Best.-Nr. 022727

Checkliste zur Partnerkorrektur

	Du hast ...	ja/nein
Einleitung	zunächst entweder auf die vorgegebene Schreibsituation und/oder auf den Gegenstand des Schreibauftrags einleitend Bezug genommen und auf die Bedeutung des Themas verwiesen	
Hauptteil	die Entwicklung der Dialekte in Deutschland dargestellt, etwa ... • einerseits Rückgang der Dialekte seit den 1920er-Jahren, andererseits Renaissance der Dialekte seit den 1970er-Jahren im Sinne einer Gegenbewegung zu Globalisierungstendenzen (aber: keine Rückkehr zu alten Zeiten des starken mündlichen Dialektgebrauchs) • Entstehung neuer Dialekte in Großstädten	
	Faktoren erläutert, die die dargestellte Entwicklung der Dialekte in Deutschland beeinflussen: a) hinsichtlich des Rückgangs: Hochdeutsch als Standardsprache der meisten Eltern und der Medien, Kontakt mit Menschen anderer Regionen als Folge von Mobilität b) hinsichtlich der Renaissance: zwischenmenschliche Nähe und Verbundenheit durch Dialektgebrauch, Heimat- und Identitätsgefühl	
	Argumente für eine stärkere Berücksichtigung des Dialekts in der Schule dargestellt und erläutert, etwa ... • unbegründete Sorge, Dialektsprechen gehe mit niedrigem Bildungsgrad einher • Zugang zur Regionalkultur, identitätsstiftende Wirkung der Dialekte • Förderung der Auffassungsgabe, des abstrakten Denkens und der Sprachkompetenz	
	Argumente dagegen dargestellt und erläutert, etwa: • Dialekt als Sprachbarriere und als Grund für Verständnishindernisse • Schwierigkeiten bei der Leistungsbewertung • höhere Bedeutung standardsprachlicher Kompetenzen gegenüber dem Dialekt	
Schluss	zur Frage begründet Stellung genommen, etwa anhand: • einer angemessenen und selbstständigen Gewichtung von Pro- und Kontra-Argumenten • der Entwicklung einer begründeten Schlussfolgerung	
Gesamttext	eigenes Wissen eingebracht, z. B. über die Definition von „Dialekt“ und die Abgrenzung von anderen Varietäten oder durch Hinweise auf die historische und aktuelle Entwicklung von Dialekten	
sprachlich-formale Gestaltung	deinen Text sinnvoll aufgebaut, sodass der Leser bzw. die Leserin den Gedanken gut folgen kann	
	die Materialien in umfangreicher Weise genutzt und so in den eigenen Text eingeflochten, dass sie in eigenen Worten wiedergegeben und nicht einfach „aneinandergereiht“ wurden	
Fazit und weitere Tipps für dich		

Best.-Nr. 022727

Baustein 3

Fachsprache

Der dritte Baustein dient der Klärung der Besonderheiten von Fachsprachen als einer für den schulischen Rahmen zentral wichtigen sprachlichen Varietät. Denn die Fachsprache ist es, deren Verständnis und Gebrauch im Zuge wissenschaftspropädeutischen Arbeitens nach und nach von den Lernenden verlangt wird. Dem Deutschunterricht kann dabei die Aufgabe zufallen, nicht nur implizit „Fachsprache" zu verwenden und so die Schülerinnen und Schüler fachlich zu qualifizieren, sondern er kann darüber hinaus den Rahmen bieten, Funktionen und Ausprägungen von Fachsprachen zu reflektieren. Auch die Frage danach, ob es Qualitätskriterien für einen „guten" und einen „schlechten" wissenschaftlichen Sprachgebrauch gibt, kann in diesem Zusammenhang eine Rolle spielen. Darum werden in diesem Baustein zunächst mithilfe einer praktischen Übung die Funktionen von Fachbegriffen für die Schülerinnen und Schüler erfahrbar gemacht. Sodann geht es um die Erarbeitung von linguistisch relevanten Informationen zum Thema „Fachsprache". Den Abschluss bilden argumentative Texte mit kontroversen Positionen zur Frage nach einer guten Wissenschaftssprache.

3.1 Zum Nutzen von Fachbegriffen – Eine Hinführung

Als gedankliche Hinführung, die bereits auf eine wichtige Funktion von Fachsprache(n) verweist, kann eine kleine „Übersetzungsaufgabe" an den Anfang gestellt werden. Die Schülerinnen und Schüler bekommen die Aufgabe, das Fachwort hinter einer Beschreibung, die gänzlich auf Fachbegriffe verzichtet, zu erraten, und sind im Anschluss daran selbst aufgefordert, zu bestimmten Fachbegriffen entsprechende Erläuterungen zu verfassen.
Dabei werden sie auf den Vorteil von Fachbegriffen, die in der Regel prägnant fachliche Inhalte sprachlich auszudrücken vermögen, stoßen und zugleich erfahren, wie viel mehr Text es umgekehrt bedarf, um den betreffenden Sachverhalt exakt zu beschreiben.
Die Schülerinnen und Schüler erhalten das **Arbeitsblatt 16**, S. 67, das wahlweise auch auf einer Folie mit folgender Aufgabenstellung präsentiert werden kann:

- *Erschließen Sie anhand der Erklärungen die hier gesuchten Fachbegriffe des Fachbereichs Deutsch.*
- *Füllen Sie die Lücken, indem Sie selbst einen Fachbegriff auswählen und ihn dann erläutern, ohne dabei auf andere Fachbegriffe zurückzugreifen. Tauschen Sie Ihre Umschreibungen mit dem Sitznachbarn oder der Sitznachbarin aus und lassen Sie sie bestimmen.*
- *Stellen Sie Überlegungen zu der Frage an, welchen Nutzen die Fachbegriffe haben bzw. welche Funktionen sie erfüllen.*
- *Beurteilen Sie: Was würde sich für die Analyse eines literarischen oder eines Sachtextes ändern, wenn man diese und andere Fachbegriffe nicht hätte?*

Die gesuchten Begrifflichkeiten lauten: Assoziation, Exposition, Konjunktiv (gemeint ist Konjunktiv II) und Rhetorik. In einem auswertenden Unterrichtsgespräch sollte benannt werden, dass eine präzise Beschreibung des Sachverhalts mithilfe der Fachsprache, die hier zunächst einmal auf den Bereich der Lexik eingeschränkt wird, erleichtert wird. Ohne auf Fachbegriffe zurückzugreifen, benötigt man sehr viel mehr Text, um die Sachverhalte treffend sprachlich darzustellen, wodurch eine Analyse ohne Fachbegriffe nicht nur sehr viel länger werden würde, sondern auch stilistisch umständlicher und weniger exakt. Allerdings, so könnten die Lernenden auch bemerken, kann die Nutzung von Fachbegriffen auch dazu führen, dass die Aussagen nicht mehr jedem voraussetzungslos verständlich sind, sondern sich, je höher der Grad ihrer Verwendung, an ein bestimmtes Fachpublikum mit dem Ziel, sich wissenschaftlich einem Sachverhalt zu nähern, wenden.
Diese Erkenntnisse können in einem kleinen Tafelbild zusammengefasst werden:

Fachbegriffe

- helfen, einen Sachverhalt präzise zu beschreiben
- sind auf ein bestimmtes Fachgebiet bezogen
- dienen der wissenschaftlichen Erkenntnis und der Kommunikation über diese
- sind nicht unbedingt allgemein verständlich, sondern richten sich an ein Fachpublikum

3.2 Fachsprache – Linguistisch betrachtet

Um den Schülerinnen und Schülern einen Einblick in linguistische Erkenntnisse rund um die Fachsprache zu ermöglichen, bedarf es einer Klärung von Begrifflichkeiten und einer Übersicht über die Schwerpunkte fachsprachlicher Forschung. Beides soll mithilfe eines einführenden Textes erreicht werden, in dem wesentliche Erkenntnisse zusammengefasst und erläutert werden. Angesichts der komplexen Thematik und der Dichte der Informationen erfolgt die Erarbeitung des Textes (**Arbeitsblatt 17**, S. 68 f.) kleinschrittig in Partnerarbeit.

- *Erläutern Sie Ihrem Sitznachbarn bzw. Ihrer Sitznachbarin mithilfe des Textes den Begriff „Fachsprache" in eigenen Worten. Antworten Sie dabei auf folgende Fragen:*
  - *Warum gibt es Fachsprachen?*
  - *In welcher Beziehung stehen Fachsprachen zur Allgemeinsprache?*
  - *Wodurch zeichnen sich Fachsprachen besonders aus?*
- *Erläutern Sie die beiden unterschiedlichen Möglichkeiten, Fachsprachen zu gliedern. Antworten Sie dazu auf folgende Fragen:*
  - *Was versteht man unter einer „horizontalen Gliederung" von Fachsprachen?*
  - *Zu welcher Gliederungsebene gehört das Schaubild? Was wird darin gezeigt?*
- *Recherchieren Sie, welche unterschiedlichen Bedeutungen folgende Begriffe in den in Klammern gesetzten Domänen (Fachbereichen) haben können. Suchen Sie dabei auch nach weiteren Beispielen für Fachwörter dieser Art.*
  - *Bruch (Mathematik, Baumkunde, Geologie, Medizin, Önologie [Weinherstellung])*
  - *Familie (Mathematik, Soziologie, Biologie, Astronomie)*
  - *Korpus (Theologie, Medizin, Musikwissenschaft, Literaturwissenschaft)*

Die Ergebnisse können mithilfe eines Tafel- oder Folienbildes gesichert werden:

Fachsprachen – linguistisch betrachtet

Fachsprachen (Definition)
von der Allgemeinsprache abhängige und zu ihr gehörige Zeichensysteme zur optimalen Verständigung über bestimmte Fachbereiche

Gliederungsmöglichkeiten

nach Abstraktionsgrad

nach Spezifika des Fachbereichs

Die letzte Aufgabe auf dem Arbeitsblatt kann als Hausaufgabe gestellt werden. Dabei sollte jede Schülerin und jeder Schüler ein eigenes Beispiel für einen Begriff finden, der je nach Domäne (Fachbereich) semantisch unterschiedlich besetzt wird. Vielleicht gibt es auch aus eigenen Erfahrungen von Schülerinnen und Schülern, die mit einer bestimmten Fachsprache, etwa im Zusammenhang mit der Ausübung eines Nebenjobs, einer Sportart oder des Berufs ihrer Eltern, vertraut sind.
Auch im Hinblick auf die Ausübung bestimmter Hobbys (z. B. jagen, segeln) kommen Fachbegriffe vor, wobei man hier überlegen müsste, ob es sich dabei um eine Fachsprache mit ihren auch grammatischen Spezifika handelt oder eher um eine Sonder- bzw. Geheimsprache bzw. einen Jargon. Die Begrifflichkeiten voneinander abzugrenzen ist auch deshalb nicht einfach, weil sie nicht einheitlich gebraucht werden und zum Teil gemeinsame Merkmale (wie etwa ein spezifisches Vokabular) tragen. So wird beispielsweise die Sprache der Jäger in der Literatur stellenweise als „Fachsprache“, zuweilen aber auch als „Geheimsprache“ oder, an anderen Stellen, auch als „Jargon“ bezeichnet. Der Begriff „Jargon“ wird im Duden auf zweierlei Weise definiert: als „Sondersprache bestimmter durch Beruf, Stand, Milieu geprägter Kreise mit speziellem [umgangssprachlichem] Wortschatz“ und, abwertend, als „saloppe, ungepflegte Ausdrucksweise“[1]. Mit dieser zweifachen Ausrichtung hat der Begriff einerseits Berührungspunkte mit der Fachsprache und andererseits mit Gruppensprachen bzw. Soziolekten wie der Jugendsprache oder dem „Netzjargon“. Anders als Fachsprache ist ein Jargon, bezogen auf ein Fachgebiet, jedoch nicht standardisiert.

3.3 Wissenschaftsdeutsch: Verklausulierungswahnsinn oder Beitrag zur Klärung von Sachverhalten? – Ein Streitgespräch

Die für die Lernenden wohl interessanteste und relevanteste Fachsprache stellt die Wissenschaftssprache dar, mit welcher sie sukzessive im Unterricht vertraut gemacht werden und in größerem Maße dann während der Erarbeitung einer komplexeren schriftlichen fachbezogenen Arbeit (Facharbeit) umgehen sollen. Längere Texte dürften für viele Schülerinnen und Schüler in diesen Zusammenhängen stellenweise auch eine Hürde darstellen, die bei ihnen die Frage auslöst, ob die teilweise als kompliziert empfundene Sprache notwendig und von der Sache her gerechtfertigt ist. Der Streit darüber, wie verständlich Wissenschaftlerinnen und Wissenschaftler in der Spanne zwischen dem wissenschaftlichem Anspruch und dem

1 Duden-Definition (www.duden.de/rechtschreibung/Jargon, 26.07.2018)

inhaltlichen Gehalt einerseits und der Notwendigkeit, verstanden zu werden, andererseits sprechen und schreiben sollten, wird vonseiten der Produzenten und Rezipienten geführt und sehr unterschiedlich bewertet. Deshalb lohnt es sich, an dieser Stelle wesentliche Argumente in diesem Diskurs kennenzulernen, um daran exemplarisch die Vor- und Nachteile von Fachsprachen aufzuzeigen.
Der Einstieg in die Thematik erfolgt mithilfe einer Karikatur von Peter von Tresckow. Zu erkennen ist eine Gruppe von vier Personen, die jeweils vor dem Hintergrund ihres Umgangs mit Sprache im Kontext der Wissenschaft zu sehen sind. Zu identifizieren ist insbesondere die rechte Figur: Dass es sich um Albert Einstein handelt, erkennt der Betrachter an der Formel für die sogenannte „Relativitätstheorie“ sowie an körperlichen Merkmalen der Person. Ihm lauschen zwei jüngere Männer, offenbar Studenten. Einer von ihnen trägt ein Schild vor sich her, auf welchem um jugendsprachlich geprägte Begriffe („absolut“, „krass“, geil“) herum der negativ konnotierte Oberbegriff „megaepisch“ prangt. Zu seinem äußeren Erscheinungsbild, das Lässigkeit und Coolness ausdrückt, gehört neben der Körperhaltung und dem Schild eine Schirmmütze. Als Gegenbild zu dieser Figur sitzt vom Betrachter aus rechts neben ihm ein Student ohne derlei Attribute. Dass dieser sich ganz dem Lauschen der Theorie widmet, zeigt sich auch an seinem interessierten und freundlichen Gesichtsausdruck und der Einstein zugewandten Körperhaltung. Beide jungen Männer repräsentieren offenbar Gegenbilder: Während einer die Jugendsprache und den zugehörigen Habitus wie einen Schutzschild vor sich herträgt und sich damit selbst an einem ungehinderten Zugang zur Weisheit Einsteins hindert, nimmt der andere genau diese Chance wahr und zeigt sich damit lernbereit.
Hinter beiden jungen Männern befindet sich noch ein älterer Mann, der in einer ganz anderen Weise als Einstein seine Zugehörigkeit zur Wissenschaft markiert: Sein erhobener Zeigefinger, der verblasen-dünkelhafte Gesichtsausdruck sowie die um ihn entstehende Wolke von Begriffen, die intellektuell wirken sollen („Substitut“, „Kapital“, „Interaktionsstruktur“), zeichnen ihn als negativ konnotierte Figur aus. Er repräsentiert offensichtlich den Typ Wissenschaftler, der von oben herab belehrt und dessen betont elaborierte Sprache nicht in erster Linie zur Klärung von Sachverhalten, sondern zur sozialen Distinktion dient. Dagegen ist die Sprache Einsteins – es handelt sich allerdings auch lediglich um die Formel – knapp, präzise und klar. Somit stehen auch die beiden Lehrenden antithetisch zueinander und repräsentieren nicht nur verschiedene Typen, sondern auch einen unterschiedlichen Umgang mit Fachsprache.
Die Schülerinnen und Schüler erschließen die Karikatur auf dem **Arbeitsblatt 18**, S. 70f. mithilfe folgender Aufgabenstellung:

- *Beschreiben Sie die Karikatur und formulieren Sie das Thema.*
- *Charakterisieren Sie die Sprachverwendung der Abgebildeten. Wodurch werden Hinweise darauf, dass der Karikaturist diese wertet, ersichtlich?*
- *Welche Varietäten werden in der Karikatur ersichtlich? Formulieren Sie eine zusammenfassende Deutung.*
- *Der Junge auf dem Stuhl versucht, eine fachsprachliche Äußerung interessiert zu erfassen. Erschließen Sie sich wie der Junge den folgenden Textauszug aus einem Fachbuch über die Sprache.*

Die Bearbeitung der letzten Teilaufgabe stellt ein Modell vor, das den Lernenden einen methodischen Zugriff auf prinzipiell jeden fachsprachlich geprägten Text ermöglichen soll. Die Auswahl des Textes erfolgt hier im Hinblick auf die Thematik, welche die Aspekte „Fachsprache“ sowie die Frage nach dem Zusammenhang von Sprache und Denken berührt und miteinander verklammert. Insofern gibt der Text nicht nur eine Antwort auf die Frage nach dem Sinn von Fachbegriffen, sondern problematisiert andererseits auch schon die Möglichkeit,

die Welt mittels sprachlich festgelegter Kategorien zu erfassen. Damit lässt er sich auch als Beitrag zu einer möglichen späteren Auseinandersetzung zur **Aktualität der sogenannten Sapir-Whorf-Hypothese** (s. Baustein 5) heranziehen.
Im Zusammenhang mit der Auswertung, die mündlich erfolgen kann, können Fragen formuliert werden, die im Folgenden dann mithilfe von Texten, in denen kontroverse Positionen entfaltet werden, weiter geklärt werden. Folgende Fragen sind möglich:

- Was macht eine gute wissenschaftliche Sprache bzw. Fachsprache in der Wissenschaft aus?
- Gibt es verschiedene Arten von „Wissenschaftssprache"?
- Warum gibt es so viele wissenschaftliche Texte, die sprachlich kompliziert formuliert sind?
- Gibt es auch vonseiten der Studenten/Rezipienten der Sprache Eigenschaften, die sie am Verstehen wissenschaftlicher Inhalte hindern?
- Stellt Jugendsprache ein Hindernis im Hinblick auf die Teilhabe an der Wissenschaft dar?

Im Anschluss daran erarbeiten die Lernenden Texte, in welchen es um diese Fragen geht. Um zu möglichst differenzierten Ergebnissen zu kommen, werden verschiedene Texte hier angeboten, aus denen die Lehrkraft je nach Zeitbudget oder organisatorischen Voraussetzungen auswählen kann. Dabei sind die Texte von Yascha Mounk und von Jens Jessen als Appell und dazugehörige Replik direkt aufeinander bezogen. Sie sind auf dem **Arbeitsblatt 19**, S. 72 ff. zusammengefasst und können unter den folgenden Aufgabenstellungen erarbeitet werden:

- *Erarbeiten Sie die beiden Texte zum Thema: „Wissenschaftsdeutsch – Verklausulierungswahnsinn oder Beitrag zur Klärung von Sachverhalten?" mithilfe der folgenden Fragestellungen:*
  - *Welche Position wird jeweils vertreten? Halten Sie sie in Form einer These fest.*
  - *Mit welchen Argumenten wird die Position begründet und gestützt? Markieren Sie entsprechende Passagen im Text und halten Sie sie stichwortartig in Form einer Tabelle fest.*
  - *Welche sprachlichen Mittel verwendet der jeweilige Autor, um zu überzeugen? Machen Sie sich dazu zunächst klar, wie der Text auf sie wirkt (sachlich, ironisierend, polemisch, kritisch, auf- bzw. abwertend ... etc.). Markieren Sie dann Passagen, die möglicherweise zu der Wirkung des Textes beigetragen haben, und untersuchen sie diese unter sprachlichen Gesichtspunkten.*

- *Diskutieren Sie darüber, wie Ihre eigene Position in dieser Streitfrage ist. Formulieren Sie einen fiktiven Brief an einen der beiden Autoren, in dem Sie Ihre eigene Meinung argumentativ entfalten.*

Folgende Ergebnisse sind zu erwarten:

Wissenschaftsdeutsch – Verklausulierungswahnsinn oder Beitrag zur Klärung von Sachverhalten? – Ein Streitgespräch

Yascha Mounk: Ein Appell	Jens Jessen: Replik
These Ein umständlicher, hochtrabender Sprachstil dient der Vertuschung dahinter liegender trivialer Gedanken (umgekehrt: ein tiefgründiger Gedanke lässt sich klar und einfach formulieren).	**Gegenthese** Wissenschaftssprache mit ihren Begrifflichkeiten ist unumgänglich für die notwendige Distanzierung und Reflexion der jeweiligen Gegenstände.
Argument Falsche Grundannahme, ein komplizierter Satz sei auch ein kluger Satz, beherrscht die Lehrbetriebe in Deutschland.	**Gegenargument** Die Klärung, ob ein Text nur sprachlich aufgeblasen oder tatsächlich wissenschaftlich ist, muss jeweils einzeln erarbeitet werden und stellt den Kern wissenschaftlichen Arbeitens dar.
	Neues Argument Fachbegriffe dienen, insofern durch sie eine Abstraktion und Verfremdung von dem Alltäglichen geschieht, der Erweiterung (und nicht nur der bloßen Wiedergabe) des bereits vorhandenen Wissens.
Argument Sprachlich überladene Texte dienen als soziale Auslese und führen zu hohen Abbruchquoten an den Universitäten.	**Gegenargument** Das Durchdringen wissenschaftlicher Texte ist eine akademische und keine soziale Hürde.
Appell/Folgerung Unklarheit sollte als intellektuelle Schwäche bloßgestellt werden, Texte sollten klar und einfach formuliert werden.	**Fazit** Wissenschaftliche Erkenntnisse bedürfen eines geeigneten Instrumentariums, zu dem auch die Wissenschaftssprache gehört.

Zu der Sprache der jeweiligen Texte ist hinzuzufügen, dass der Text von Yascha Mounk durch seine Wortwahl äußerst polemisch und zuweilen dadurch auch unsachlich wirkt. Seine ganz persönliche Note wird bereits in dem Erfahrungsbericht mit Rückblick auf die eigene Schulzeit deutlich, die er als Einleitung und Hinführung nutzt, um sie dann zu verallgemeinern. Indem er zuletzt mit dem Gedanken schließt, dass der Autor eines in seinen Augen umständlich formulierten Textes ein „pseudointellektueller Scharlatan" (Z. 110) sei, bedient er sich einer Abwertungsstrategie, die in einer Art und Weise polarisiert, dass wenig argumentativer Spielraum zum Abwägen bleibt.

Jens Jessen gesteht Mounk in seiner Replik durchaus zu, mit seinen provokanten Thesen teilweise recht zu haben. Seinen Text beginnt er mit dem Aufgreifen von der Gegenthese, um sie dann argumentativ zu entkräften. Dazu verweist er auf die Funktion von Fachbegriffen und die genuine Aufgabe von Wissenschaft. Jessen bleibt dabei insgesamt durchaus sachlicher, wenngleich seine Zurückweisung von Mounks Argumentation zuweilen auch etwas gönnerhaft wirkt, etwa wenn er ihm unterstellt, dass er nicht wahrhaben wolle, dass die Wahrheit eben doch anstrengender sei, als es ihm vorschwebe (vgl. Z. 20 f.).

Im Falle des Wunsches nach Intensivierung können die Schülerinnen und Schüler die inhaltliche Auseinandersetzung mithilfe weiterer Texte bzw. Textauszüge bestreiten. Inhaltlich bieten die Beiträge von Marc Scheloske und Bruno Strecker noch andere Argumente, die den Lernenden einen neuen Blickwinkel vor allem hinsichtlich der Hintergründe und Zusammenhänge der Wissenschaftssprache und ihrer Vorteile eröffnen. Überdies ermöglichen die Texte in ihrer argumentativen Struktur die methodische Schulung im Umgang mit Sachtexten. Dazu erhalten die Schülerinnen und Schüler das **Arbeitsblatt 20**, S. 75 f. und arbeiten mithilfe folgender Aufgaben:

- *Unterstreichen Sie einen Satz, den Sie für zentral halten. Tauschen Sie sich dann mit Ihrem Sitznachbarn bzw. Ihrer Sitznachbarin über die Sätze aus und begründen Sie dabei auch Ihre Auswahl.*
- *Welche Argumente bringen die beiden Autoren neu mit in die Diskussion ein? Ergänzen Sie die bereits angelegte Tabelle um neue Punkte.*
- *Bruno Strecker verwendet in seinem Text den Begriff „Fachjargon“ und grenzt ihn von dem Begriff der „Fachterminologie“ ab. Versuchen Sie, daraus ein Verständnis des Begriffs „Fachjargon“ abzuleiten. Welche Wertung erhält der Begriff durch die Gegenüberstellung? Beziehen Sie ggf. noch einmal die Karikatur mit ein und klären Sie, wer von den Personen Fachjargon benutzt.*
- *Diskutieren Sie, ob Sie den Autoren jeweils folgen würden oder in welchen Punkten Sie widersprechen möchten.*

Es kann erwartet werden, dass die Schülerinnen und Schüler als neue, für die Diskussion relevante Aspekte Folgendes benennen:

- Unterscheidung zwischen „Jargon“ und „Nutzung von Fachbegriffen“ im Hinblick auf ihre Notwendigkeit: Entbehrlichkeit des Jargons, aber Unentbehrlichkeit von Fachbegriffen
- Fachbegriffe als Repräsentationen einer längeren und intensiveren Forschung, hinter deren knappem Umfang sich ganze Gedankengebäude verbergen können
- Notwendigkeit, den Schwierigkeits- bzw. Abstraktionsgrad an das jeweilige Genre und an die Adressaten anzupassen

Notizen

Fachbegriffe bestimmen und Sachverhalte erläutern

Gesucht ist ein Gedanke oder ein Gefühl, das einem spontan bei der Begegnung mit einem Objekt oder einem anderen Gedanken oder Gefühl einfällt, weil beides im Bewusstsein miteinander verknüpft wird. Dabei ist es der Person nicht immer bewusst, warum es zu dieser Verknüpfung gekommen ist.

Fachbegriff: ____________________

Gesucht ist ein Begriff, der das beschreibt, was zu Beginn eines Schauspiels auf einer Bühne geschieht, damit die Zuschauer gut folgen können. Dazu muss eine Hinführung zur Handlung sowie zum Ort und zu der Zeit, in der diese spielt, erfolgen. Außerdem muss der Zuschauer die Personen kennenlernen und eine Idee davon bekommen, wo mögliche Konflikte entstehen könnten, um die es dann im Folgenden gehen wird. Fachbegriff: ____________________

Gesucht ist eine Form einer bestimmten Art von Wörtern, die eine Handlung bzw. Tätigkeit beschreiben. Diese Form beschreibt aber nicht das Ausführen dieser Tätigkeit, sondern die Möglichkeit. Man braucht diese Form, um etwas auszudrücken, was nicht in der Realität passiert ist, sondern was passieren könnte. Fachbegriff: ____________________

Gesucht ist ein Begriff, der die Kunst des Redens beschreibt. Man geht dabei von der Annahme aus, dass man andere Menschen durch das Reden stark beeinflussen kann und somit auch viel bewirken kann, wenn man diese Kunst beherrscht. Es gab bereits im alten Griechenland, in der Antike, deshalb Schulen, wo man sich in dieser Kunst ausbilden lassen konnte. Fachbegriff: ____________________

____

____

____

____

____

____

- *Erschließen Sie anhand der Erklärungen die hier gesuchten Fachbegriffe des Fachbereichs Deutsch.*
- *Füllen Sie die Lücken, indem Sie selbst einen Fachbegriff auswählen und ihn dann erläutern, ohne dabei auf andere Fachbegriffe zurückzugreifen. Tauschen Sie Ihre Umschreibungen mit dem Sitznachbarn oder der Sitznachbarin aus und lassen Sie sie bestimmen.*
- *Stellen Sie Überlegungen zu der Frage an, welchen Nutzen die Fachbegriffe haben bzw. welche Funktionen sie erfüllen.*
- *Beurteilen Sie: Was würde sich für die Analyse eines literarischen oder eines Sachtextes ändern, wenn man diese und andere Fachbegriffe nicht hätte?*

Best.-Nr. 022727

Alexandra Wölke: Was sind Fachsprachen? – Versuch einer Definition

„Fachsprache ist das Mittel einer optimalen Verständigung über ein Fachgebiet unter Fachleuten; sie ist gekennzeichnet durch einen spezifischen Fachwortschatz und spezielle Normen für die Auswahl, Verwendung und Frequenz gemeinsprachlicher lexikalischer und grammatischer Mittel; sie existiert nicht als selbstständige Erscheinungsform, sondern wird in Fachtexten aktualisiert, die außer der fachsprachlichen Schicht immer gemeinsprachliche Elemente enthalten.“[1]

Fachsprachen entwickeln sich aus einem Expertenwissen über bestimmte Sachgebiete und dem Bedürfnis, möglichst exakt darüber zu kommunizieren. Aufgrund dieser Funktion gehören sie zu der Ausübung eines bestimmten Berufsfeldes oder einer Wissenschaft. Typisch für eine Fachsprache ist vor allem der fachspezifische Wortschatz (Lexik). Fachsprachen unterscheiden sich von anderen Varietäten aber auch im Hinblick auf die Syntax (Satzbau), auf die Morphologie (Wortbildung), die Textgestaltung und die Lautebene. So unterscheidet die Fachsprachen auch die Frequenz bestimmter grammatikalischer Mittel von der Standardsprache. Ohne die Einbeziehung dieser Elemente wären die Fachsprachen lediglich Ansammlungen von Fachwörtern, die in ihrer Gesamtheit als Terminologie, aber nicht als Sprache bezeichnet werden könnten.
Mit einem zunehmenden Grad an Spezialisierung bilden sich immer neue Fachsprachen heraus, sodass es schwierig ist, einen genauen Überblick zu bekommen. Auch ist eine Fachsprache kein homogenes Gebilde, sondern variiert in sich noch einmal im Hinblick auf die Sprecher. Dabei gibt es auf die Frage, wie die einzelnen Fachsprachen weiter gegliedert werden könnten, keine einheitliche Aussage. Bekannt geworden ist jedoch die Unterteilung der Fachsprachen nach Domänen (Fachbereichen), die auch als „horizontale Gliederung“ bezeichnet wird. Im Zentrum steht die Frage: „Welche Fachsprachen gibt es?“ Grob lassen sich dabei die Bereiche „Wissenschaft“, „Technik“ sowie „Institutionen“ voneinander abgrenzen. Allerdings mangelt es an hinreichenden und nachweisbaren sprachlichen Kriterien, um zu zeigen, dass es sich bei der Sprache in Bezug auf diese Domänen auch um eigenständige Fachsprachen handelt. Im Hinblick auf den Fachwortschatz einer bestimmten Domäne lässt sich jedoch beobachten, dass Fachwörter z. T. aus der Umdeutung der im Allgemeinwortschatz vorhandenen Wörter entstehen und dann auch nur aus diesem Kontext heraus für Fachleute verständlich sind. Als Beispiele können die häufig verwendeten Tier- und Körperteilmetaphern für bestimmte technische Geräte im Handwerk (z. B. Bär als Bezeichnung des Hammerkopfes beim Maschinenhammer, Fuchsschwanz für kleine Säge, Ameise für Turingmaschine, Nase für hervorstehendes Teil etc.) angeführt werden.
Je höher der Grad der Wissenschaftlichkeit ist und je stärker die Kommunikation in Fachkreisen stattfindet, desto größer ist auch der Grad der sprachlichen Abstraktion. Um die Fachsprachen diesbezüglich zu gliedern und zu unterscheiden, spricht man von einer „vertikalen Gliederung“. Die Fragen, die hier im Zentrum stehen, lauten: „Wie wird eine Fachsprache in ihrem jeweiligen Bereich geschaffen? Wer benutzt innerhalb eines Faches eine Fachsprache in welchem Ausmaß? Lassen sich Unterschiede feststellen?“
Eine Hypothese bezüglich der „vertikalen Gliederung“ lautet, dass Fachsprachen innerhalb einer Domäne in unterschiedlichen Abstraktionsgraden verwendet werden, was sich durch die jeweilige Kommunikationssituation und die daran Beteiligten begründen lässt. Diese Hypothese lässt sich anhand einer sogenannten „Hierarchiekette“ veranschaulichen:

Hierarchiekette (Beispiel)

Wissenschaftler — stark theoriebezogen, stark abstrahierend
↓
Ingenieur
↓
Techniker
↓
Kundenberater
↓
Kunde — stark praxisbezogen, schwach abstrahierend

[1] Schmidt, Wilhelm: Charakter und gesellschaftliche Bedeutung der Fachsprache. In: Sprachpflege 18, 1969, S, 17

Das Schaubild zeigt, dass die Fachsprache etwa unter Wissenschaftlern einen anderen, abstrakteren Charakter hat als beispielsweise zwischen Wissenschaftler und Ingenieur, Techniker, Kundenberater oder dem Kunden. Mit absteigender fachlicher Qualifizierung sinkt der Grad der Abstraktion, sodass auch der Nicht-Fachmann (Laie) an der Fachsprache teilhat, ohne jedoch dabei notwendigerweise völlige Klarheit über die Begriffe haben zu müssen. In einem solchen Fall wäre die Bindung der Fachsprache an das fachliche Denken gelockert.

Daran anschließend lassen sich im Hinblick auf den Umgang mit Fachsprachen auch verschiedene Stile unterscheiden, die an die konkrete kommunikative Situation, die Intention sowie die Funktion gebunden sind. So kann man beispielsweise den wissenschaftlichen Stil in Fachbüchern, den lexikalischen Stil in Nachschlagewerken oder den essayistischen Stil in Artikeln aus dem Wissenschaftsjournalismus voneinander abgrenzen.

- *Erläutern Sie Ihrem Sitznachbarn bzw. Ihrer Sitznachbarin mithilfe des Textes den Begriff „Fachsprache“ in eigenen Worten. Antworten Sie dabei auf folgende Fragen:*
  - *Warum gibt es Fachsprachen?*
  - *In welcher Beziehung stehen Fachsprachen zur Allgemeinsprache?*
  - *Wodurch zeichnen sich Fachsprachen besonders aus?*
- *Erläutern Sie die beiden unterschiedlichen Möglichkeiten, Fachsprachen zu gliedern. Antworten Sie dazu auf folgende Fragen:*
  - *Was versteht man unter einer „horizontalen Gliederung“ von Fachsprachen?*
  - *Zu welcher Gliederungsebene gehört das Schaubild? Was wird darin gezeigt?*
- *Recherchieren Sie, welche unterschiedlichen Bedeutungen folgende Begriffe in den in Klammern gesetzten Domänen (Fachbereichen) haben können. Suchen Sie dabei auch nach weiteren Beispielen für Fachwörter dieser Art.*
  - *Bruch (Mathematik, Baumkunde, Geologie, Medizin, Önologie [Weinherstellung])*
  - *Familie (Mathematik, Soziologie, Biologie, Astronomie)*
  - *Korpus (Theologie, Medizin, Musikwissenschaft, Literaturwissenschaft)*

Best.-Nr. 022727

Sprache in der Wissenschaft – Eine Karikatur und einen Sachtext (Dieter E. Zimmer) erschließen

Peter von Tresckow
Karikatur

Treschkow, Peter von

- *Beschreiben Sie die Karikatur und formulieren Sie das Thema.*
- *Charakterisieren Sie die Sprachverwendung der Abgebildeten. Wodurch werden Hinweise darauf, dass der Karikaturist diese wertet, ersichtlich?*
- *Welche Varietäten werden in der Karikatur ersichtlich? Formulieren Sie eine zusammenfassende Deutung.*
- *Der Junge auf dem Stuhl versucht, eine fachsprachliche Äußerung interessiert zu erfassen. Erschließen Sie sich wie der Junge den folgenden Textauszug aus einem Fachbuch über die Sprache.*

Dieter E. Zimmer
Wiedersehen mit Whorf – Sprache & Denken (Auszug)

Von manchen, nein, von vielen, nein von der Mehrheit unserer Bewusstseinsinhalte lässt sich nur schwer oder gar nicht sprechen. Nicht weil es uns unangenehm wäre oder weil uns ein innerer Zensor abhielte. Wir können es einfach nicht. Wir können nicht beschreiben, wie ein Wein schmeckt, ein Parfüm riecht, ein Schmerz sich anfühlt, eine musikalische Phrase klingt. Wir wissen es zwar, unter Umständen sogar ganz genau, aber die Erfahrung ist höchst frustrierenderweise nicht übersetzbar in Sprache oder nur auf eine unvollkommene oder grobe Weise.
Manchmal hindert uns die Grobschlächtigkeit der uns zu Gebote stehenden Begriffe. Ein Verhalten etwa, über das wir sprachlich urteilen sollen, mag für uns mehrere positive und gleichzeitig mehrere negative Seiten haben – wir müssen es am Ende in ein paar binäre Kategorien wie gut oder schlecht, moralisch oder unmoralisch pressen. […]
Die sprachliche Ohnmacht aber hängt auch damit zusammen, dass unsere Sprache an auch nur mäßig komplexen Repräsentationen in unserem Geist schmählich versagt. „Analog“ hier wiederum im Sinne der Computersprache gebraucht, als Gegenteil zu „digital“: Analog sind jene Repräsentationen, die die

Best.-Nr. 022727

Erscheinungen der Außenwelt mit ihren fließenden Übergängen im Medium des Geistes nachbilden, sich überlagernd, changierend, unregelmäßig – und nicht in säuberliche, quasi geometrische Einheiten zerlegt, also quasi digital. Die unzählbaren, stufenlos ineinander verfließenden Farben des Regenbogens sind die Analogie, die sich unser Geist zu den gleitend sich verschiebenden Wellenlängen des Lichts bildet. […]
Wir mögen imstande sein, uns zum Beispiel ein bestimmtes Blatt in allen seinen Einzelheiten vorzustellen. Das heißt, es ist in unserm Geist analog sehr genau repräsentiert. Aber wir sind völlig außerstande, es jemand anderem sprachlich so darzustellen, dass es in seinem Geist aufs Neue entstünde – seine Gestalt, seine Größe, Färbung, seine Oberflächen, seinen Duft. Ja, schon an einer einzigen unregelmäßig gezackten Linie scheiterte die Sprache: Ihre genaue Form können wir niemandem durchtelefonieren. Wir können nur versuchen, einzelne Merkmale unserer analogen Vorstellungen zu erfassen und möglichst geschickt zu umschreiben. Sachverstand hilft dabei: Der Botaniker hätte viele Blattformen klassifiziert und könnte sich behelfen. Er sagte zum Beispiel: „handförmig gelappt, mit gezähntem Rand“, und sein Botanikerkollege wüsste sofort: „also ahorn- oder hopfenförmig“, und beide hätten sich viele Worte gespart, die der Nichtbotaniker machen müsste, um ebenso viel Information zu übermitteln; aber die besondere Gestalt dieses besonderen Blattes hätten auch sie damit nicht in Sprache gefasst.
Denn die Sprache ist digital oder kategorisch, auch wenn ihre Begriffe unscharf sind und nicht definiert durch eine Liste ausreichender und notwendiger Definitionsmerkmale. In ihrem inneren Aufbau tragen viele Begriffe der Sprache den gleitenden Veränderungen der Wirklichkeit Rechnung; aber ihre Gesamtwirkung ist die, dass sie die ganze Welt in lauter diskrete Einheiten zergliedern. […] Die Begriffe der Sprache kästeln die gesamte Welt ein; da sie aber selber zumeist nicht in gekästelter Form existiert und von uns auch in der Regel nicht so wahrgenommen wird, tut Sprache ihr Gewalt an, bleibt sie hinter der verschwimmenden Mannigfaltigkeit der gegenständlichen Welt zurück.

Zimmer, Dieter E.: So kommt der Mensch zur Sprache. Über Spracherwerb, Sprachentstehung, Sprache & Denken. München: Heyne 2008, S. 225 f.

So können Sie dabei vorgehen:

- *Lesen Sie den Text und machen Sie sich klar, was Sie bereits verstanden haben und wo Sie noch Hilfen oder Zusatzinformationen benötigen. Stellen Sie sich dazu Fragen, auf die der Text eine Antwort gibt.*
- *Schlagen Sie unbekannte Begriffe im Wörterbuch nach oder erschließen Sie sie aus dem Kontext.*
- *Ihr Textverständnis können Sie auch erweitern, indem Sie sich mit einem Lernpartner über noch offene Fragen austauschen.*
- *Fassen Sie den Inhalt des Textes in eigenen Worten zusammen.*

Best.-Nr. 022727

Wissenschaftsdeutsch: Verklausulierungswahnsinn oder Beitrag zur Klärung von Sachverhalten? – Ein Streitgespräch

Yascha Mounk
Sagt es einfach!

Das Semester beginnt – wieder müssen sich Studenten durch verschwurbelte Texte quälen. Professoren sollten endlich lernen, sich klar auszudrücken! Ein Appell

Ich war ein fauler Schüler. Im Gymnasium entwickelte ich eine einfache Strategie, um trotzdem gute Noten zu kriegen. Wenn ich meine Hausaufgaben und Klassenarbeiten so hochtrabend formulierte, dass meine Lehrer sie nicht so recht verstanden, gaben sie mir brav eine Eins.

Erst als ich nach dem Abitur zum Studium nach Cambridge ging, trieb mir ein besonders geduldiger Professor meinen Hang zum Schwadronieren aus. „Du scheinst ja hell im Kopf zu sein“, schrieb Richard Serjeantson unter meinen Aufsatz. „Aber von dem, was du da schreibst, verstehe ich kein Wort.“ Im nächsten Aufsatz, so trug er mir auf, sollte ich mich gefälligst so unverblümt wie möglich ausdrücken: kurze Sätze, einfache Worte, klare Zusammenhänge.

Das kann ja nicht so schwer sein, dachte ich mir. Und erlebte die schwierigsten Monate meines Studiums. Denn als ich versuchte, all die tiefen Gedanken, die ich jahrelang in umständlichem Akademikerstil aufs Papier gebracht hatte, klar auszudrücken, stellte ich fest, dass meine Gedanken überhaupt nicht tief gewesen waren. Deprimiert musste ich mir eingestehen, dass meine Ideen entweder trivial waren – oder einfach nur konfus.

Ich hatte Glück. Mein so unnötig umständlicher Schreibstil wurde mir auf sanfte Weise ausgetrieben, als ich noch jung genug war, um mich dauerhaft zu läutern. Mittlerweile habe ich eine feste Überzeugung: Wenn ich einen Gedanken nicht auf einfache Weise ausdrücken kann, ist dieser nicht besonders tiefgründig oder originell. Im Gegenteil, ich habe ihn dann noch nicht gut genug verstanden. Statt meine Verwirrung hinter Fachsimpelei zu verstecken, muss ich härter nachdenken.

In Deutschland [...] tut das Bildungssystem kaum etwas dafür, die Tugenden des klaren Schreibens zu vermitteln. In Schule und Uni herrscht sogar die Grundannahme, ein komplizierter Satz sei wahrscheinlich auch ein kluger Satz. Systematisch unterrichtet wird klares Schreiben fast nirgends. Ja, für manchen Professor gilt ein Text, der einfach zu verstehen ist, gar als Beweis für Unwissen, intellektuelle Minderbemitteltheit oder gar für den anrüchigen Drang, für ein breites Publikum zu schreiben.

Wie groß dieses Problem auch weiterhin ist, wurde mir klar, als ich mich in den letzten Monaten intensiv mit einer Auswahl an Texten auseinandersetzte, die Studenten in ganz Deutschland gerade auf ihrem Schreibtisch liegen haben. Ich habe philosophische Traktate[1] und Einführungen in das Wirtschaftsrecht durchkämmt, mich durch Geschichten der deutschen Literatur und Handbücher zur Policy-Analyse[2] gequält.

Bei meiner Recherche habe ich Grund zur Hoffnung entdeckt. Manche Bücher sind ehrlich bemüht, Wissen auf möglichst zugängliche Weise zu vermitteln. In einigen Fächern gibt es ausgezeichnete Einführungswerke, die selbst noch so komplizierte Themen in einfacher Sprache kommunizieren und mit treffenden Metaphern veranschaulichen. Einige Professoren, die den Mut zur Einfachheit besitzen, gibt es also auch in Deutschland. Vieles, was ich las, erinnerte mich aber an die einfallsreichen Folterinstrumente, die man heute noch in mittelalterlichen Burgen bewundern kann. Studenten müssen sich durch Bücher quälen, deren Autoren es augenscheinlich wichtiger war, ihre Intelligenz unter Beweis zu stellen, als den Leser zu bereichern. [...]

Das ist eine Schande, weil diesen Professoren doch eigentlich daran gelegen sein müsste, ihr Wissen an den Mann zu bringen. Es ist eine Schande, weil lernbegierige junge Menschen sich schnell von einem akademischen System abwenden, von dem sie sich verarscht fühlen. Und es ist eine Schande, weil Fachsimpelei immer auch als soziale Auslese fungiert. Wenn Inhalte leicht verständlich sind, hat jeder intelligente Student eine Chance. Wenn sie sich dagegen hinter unnötigem und oft unerklärtem Fachvokabular verstecken, haben Studenten aus bildungsfernen Schichten einen riesigen Nachteil. Auch ein Grund, warum die Quote an Studienabbrechern hierzulande so groß ist.

Professoren müssen also endlich Mut zur Klarheit zeigen. Unklarheit müssen sie endlich als intellektuelle Schwäche werten. Wirklich verändern werden sie sich nämlich erst, wenn es ihnen peinlich ist, sich

1 **Traktat** = Abhandlung

2 **Policy-Analyse** (dt.: Politikfeldanalyse) ist ein Teilgebiet der Politischen Soziologie.

Best.-Nr. 022727

unklar auszudrücken – so wie es ihnen jetzt schon peinlich ist, ein Datum zu verdrehen, eine Formel zu vergurken oder ihren Studenten im Sexshop über den Weg zu laufen. [...]
Irgendwann investieren wir vielleicht in die Kurse und die Einstellungen, die unsere Schreibkultur nachhaltig verbessern können. Bis dahin bleibt Studenten und Professoren, die für hochtrabende Sprachblasen keine Geduld mehr haben, nur eine Form des zivilen Ungehorsams übrig. Das Grundvertrauen, dass ein unverständlicher Text irgendwie tiefsinnig sein muss, sollten wir uns so schnell wie möglich abgewöhnen. Stattdessen schlage ich drei Faustregeln vor: Faustregeln, mit deren Hilfe wir die Werke anderer beurteilen können – und vor allem Faustregeln, an die wir selber uns beim Schreiben halten wollen:
Erstens: Wer ein fundiertes Argument verständlich ausdrückt, ist tiefsinnig. Zweitens: Wer ein einfaches Argument verständlich ausdrückt, ist zumindest ehrlich. Drittens: Wer aber ein einfaches, konfuses oder ungenügend durchdachtes Argument hinter unnötig komplizierten Formulierungen versteckt, ist nichts weniger als ein pseudointellektueller Scharlatan.

(2016)

www.zeit.de/2016/17/formulierung-schwadronieren-proferssoren-unitexte-argumentation (20.05.2018), veröffentlicht am 1. Mai 2016

Jens Jessen

Sie verpackt ganze Gedankengebäude in einem Wort, schützt vor Vereinfachung, führt uns zu Erkenntnissen – warum Wissenschaftssprache unverzichtbar ist. Eine Replik

Die Sprache der Wissenschaft ist oft hässlich, umständlich oder aufgeblasen; darin kann man Yascha Mounk nur zustimmen. Für den Studenten eines Faches besteht häufig die ärgerlichste (manchmal aber auch einzige) Hürde darin, die Ausdrucksweise dieses Faches zu erlernen; in der Abschlussarbeit wird dann geprüft, ob er Dinge, die er zuvor einfacher hätte sagen können, auch genauso abstrakt und verblasen formulieren kann, wie es Standard seines Faches ist. Wer das Glück oder das Pech hat, dass sich im Laufe seines Studiums die Theoriemode ändert (auch Wissenschaften unterliegen der Mode), kann sogar erleben, wie mühsam erarbeitete Begrifflichkeiten über Nacht entwertet und durch neue Sprachkleider ersetzt werden, die nunmehr den alten Erkenntnissen übergezogen werden müssen.
Ist also die Wissenschaftssprache nur ein albernes Gewand, das man statt der allgemein verständlichen Alltagssprache benutzt, um akademisch glaubwürdig auftreten zu können? Die Antwort ist leider anstrengender, als Mounk es wahrhaben will. Sie lautet: Das muss man erst herausfinden. Die Arbeit dieses Herausfindens oder auch Entzauberns kann man keinem Studenten abnehmen, es ist der eigentliche Kern wissenschaftlichen Arbeitens, dessen Voraussetzungen zu durchleuchten. Ob Erkenntnisse Bestand haben, hängt auch davon ab, mit welchen Instrumenten sie geschaffen wurden, und zu diesen Instrumenten gehören ebenso die Begriffe, mit denen man sie formuliert.
Natürlich gibt es Disziplinen, die besonders anfällig dafür sind, Allerweltseinsichten nur wissenschaftlich umzuformulieren. Was Handbücher der Betriebswirtschaft in ihrem hochtrabenden Denglisch vortragen, wird der bloß angelernte Einzelhandelskaufmann meistens eh schon und besser wissen. Das muss aber nicht so sein; manchmal besteht der zugegebenermaßen bescheidene Gewinn auch schon darin, konkrete Erfahrungen in abstrakte Muster zu übersetzen. Die Wissenschaft lässt die Praxis fremdartiger aussehen, als wir sie erleben – und erlaubt gerade dadurch, sie zu verstehen und zu durchleuchten. Was Mounk besonders ärgerlich vorkommt – die Verfremdung des Einfachen und Alltäglichen –, ist hier der erste und notwendige Schritt zur Wissenschaft.
Es müssen selbstverständlich weitere Schritte folgen (was nicht immer der Fall ist). Aber der Gebrauch seltsamer Begriffe, die in der Umgangssprache nicht vorkommen, ist keineswegs so lächerlich, wie Mounk glaubt – und zwar besonders dann nicht, wenn sie intuitiv[1] unzugänglich sind. Die Zurückweisung der Intuition, ihre Verweigerung und kritische Überprüfung, ist geradezu das Wesen von Wissenschaft. Wenn Wissenschaft nur sagen dürfte, was wir gleich verstehen, würde sie auch nur sagen können, was wir schon wissen.
Im Übrigen hängt von den Begriffen mehr ab, als es auf den ersten Blick scheinen mag; manchmal sind es ganze Weltbilder oder philosophische Systeme, die an einem Wort hängen. Es macht einen Riesenunterschied, ob ein Philosoph von einer (unveränderlichen) menschlichen „Existenz“ spricht – oder von (veränderlichen) menschlichen „Verhältnissen“. Der unbedachte Gebrauch solcher philosophisch aufgeladener Begriffe kann dazu führen, dass man sich ein ganzes Gedankengebäude einschleppt, das man vielleicht gar nicht in seiner Arbeit haben möchte. Auch um eine solche Infektion mit fremden Ideen zu vermeiden, treiben manche Wissenschaftler den sprachlichen Aufwand, der Anfänger abschreckt. [...]

1 **intuitiv** = hier im Sinne von „ohne längere Reflexion zugänglich“

Best.-Nr. 022727

Man kann darum selbst den genervtesten Studenten das Erlernen einer Wissenschaftssprache nicht ersparen; und sei es, dass sie diese erst beherrschen müssen, um sie später zu verwerfen. Es ist leider tatsächlich eine akademische, keine soziale Hürde; und es spricht auch nichts dafür, dass die familiäre Herkunft bei der Überwindung dieser Hürde eine Rolle spielt. Jeder Mensch kennt sonderbare Fachsprachen aus seiner Umgebung, und sei es nur vom Fußball oder von den Subgenres[1] der Popmusik. Vielleicht kann sogar der Student, der in einem Milieu von Auto-Tunern und illegalen Straßenrennen aufgewachsen ist, eher mit merkwürdigen Ausdrucksweisen umgehen als das verwöhnte Söhnchen.

(2016)

www.zeit.de/2016/19/wissenschaftssprache-studium-wissenschaft-studenten-yascha-mounk (20.05.2018), veröffentlicht am 15. Mai 2016

[1] **Genre** = hier im Sinne von „Klassifikation" gebraucht, deren Erscheinungsform in mehrere Unterklassen („Subgenres") weiter unterteilt werden kann

- *Erarbeiten Sie die beiden Texte zum Thema: „Wissenschaftsdeutsch – Verklausulierungswahnsinn oder Beitrag zur Klärung von Sachverhalten?" mithilfe der folgenden Fragestellungen:*
  - *Welche Position wird jeweils jeweils vertreten? Halten Sie sie in Form einer These fest.*
  - *Mit welchen Argumenten wird die Position begründet und gestützt? Markieren Sie entsprechende Passagen im Text und halten Sie sie stichwortartig in Form einer Tabelle fest.*
  - *Welche sprachlichen Mittel verwendet der Autor, um zu überzeugen? Machen Sie sich dazu zunächst klar, wie der Text auf sie wirkt (sachlich, ironisierend, polemisch, kritisch, auf- bzw. abwertend ... etc.). Markieren Sie dann Passagen, die möglicherweise zu der Wirkung des Textes beigetragen haben, und untersuchen sie diese unter sprachlichen Gesichtspunkten.*
- *Diskutieren Sie darüber, wie Ihre eigene Position in dieser Streitfrage ist. Formulieren Sie einen fiktiven Brief an einen der beiden Autoren, in dem Sie Ihre eigene Meinung argumentativ entfalten.*

Wissenschaftsdeutsch: Verklausulierungswahnsinn oder Beitrag zur Klärung von Sachverhalten? – Weitere Positionen im Diskurs erarbeiten

Bruno Strecker
Sprache in der Wissenschaft (Auszug)

Im wissenschaftlichen Alltag reduziert sich der systematische Unterschied zwischen Umgangssprache und Wissenschaftssprache auf eine fachspezifische Terminologie, die nicht verwechselt werden darf mit Fachjargon[1]. Fachjargon – soweit er nicht ohnedies allgemein bildungssprachlicher Natur ist – mag in Teilen verzichtbar sein, Fachterminologie ist es nicht, auch wenn sie prinzipiell auf einer Alltagssprache aufsetzt: in den eingeführten, fachweit akzeptierten Termini einer Wissenschaft hat sich zu einem guten Teil der Bestand an Erfahrung niedergeschlagen, der diese Wissenschaft entsprechendem Alltagswissen überlegen macht. Die Forderung, jeden Terminus im Dienste allgemeiner Verständlichkeit mit umgangssprachlichen Mitteln zu umschreiben, ist ungefähr so sinnvoll wie die Forderung, auf die Multiplikation zu verzichten, da diese doch auf die Addition zurückgeführt werden kann.

Dass Laien das Verstehen einer wissenschaftlichen Fachsprache Mühe bereitet, liegt vor allem daran, dass sie den mit der Klassifikations- und Definitionsgeschichte notwendig gewordenen Lernprozess – noch – nicht durchlaufen haben. [...]

https://ids-pub.bsz-bw.de/frontdoor/index/index/docId/7186 (26.07.2018)

[1] **Jargon** = laut dem Duden „Sondersprache bestimmter durch Beruf, Stand, Milieu geprägter Kreise mit speziellem Wortschatz", hier im Sinne eines sprachlichen Habitus in Abgrenzung zu einer echten Fachsprache gebraucht

Marc Scheloske
Wissenschaftssprache: Zwischen Verständlichkeit und Fachterminologie

Über die Sprache der Wissenschaft wird gerne gelästert. Die wissenschaftlichen Texte – zumal in Deutschland! – seien kaum zu verstehen. Und Wissenschaftler, die sich verständlich und ohne das lästige Fachchinesisch mitteilten, seien so rar wie Giraffen am Nordpol. Ist das so? Oder gibt es für die Komplexität des wissenschaftlichen Jargons vielleicht sogar gute Gründe?

[M]it der Kritik am Fachchinesisch macht man es sich nach meinem Empfinden deutlich zu einfach. Und vor allen Dingen ist man viel zu schnell. Zuerst stellt sich nämlich die Frage, von welchen Texten wir jeweils sprechen: Ist es ein soziologischer Fachaufsatz oder ein Text eines Soziologie-Professors im FAZ-Feuilleton? Im ersten Fall kann ich nichts Schlimmes daran finden, wenn der Bankkaufmann, die Physikerin und der Anwalt nach den ersten Absätzen aufgeben, weil sie eben kaum etwas verstehen. Wenn allerdings der FAZ-Artikel (der ja eben eine ganz andere Zielgruppe hat) die allermeisten Leser ratlos macht, dann ist wirklich etwas schiefgegangen.

Also noch mal: bevor pauschal an vermeintlich unverständlichen Texten von Wissenschaftlern rumgemäkelt wird, sollte man sich zuerst die Frage nach der Textgattung stellen. Geht es um die Wissenschaftskommunikation gegenüber einer allgemein interessierten Öffentlichkeit, dann sollte es für jeden Wissenschaftler selbstverständlich sein, selbst möglichst verständlich zu schreiben. Von Schachtelsätzen und Fachkauderwelsch ist dabei abzuraten.

Anders sieht es allerdings aus, wenn sowieso die Fachkollegen angesprochen sind. Hier gelten vollkommen andere Kriterien. Der Fachaufsatz des Linguisten darf den Archäologen ruhig überfordern! [...]

Es ließen sich an der Stelle noch viele Gedanken zum Sinn und Zweck von Fachbegriffen anstellen. Klar ist, dass die (scheinbar) hermetische[2] Sprache u. a. der Markierung von Zugehörigkeiten dient: Wer die Texte versteht (oder wenigstens so tut) gehört zur Familie, alle anderen sind folglich als Nicht-Fachkollegen markiert und für die weitere Diskussion irrelevant.

Und noch ein letzter Verweis sei mir erlaubt: Fachbegriffe müssen nicht zwingend in der Gestalt von Fremdwörtern daherkommen. Die vielgescholtene Soziologie ist (aus eben diesem Grund) ein gutes Beispiel dafür (und das Nicht-Erkennen von Fachbegriffen teilweise ein Grund für die Kritik an vermeintlich belanglosen soziologischen Texten). Für den nicht eingeweihten Leser sind manche soziologischen Texte nämlich durchaus lesbar. Begriffe wie „Macht", „Struktur", „Handlung" oder „Kommunikation" kennt man schließlich, oder?

[2] **hermetisch** = verschlossen

Best.-Nr. 022727

Das mag sein. Doch ohne Kenntnis der spezifisch soziologischen Bedeutungsebenen solcher Fachbegriffe kommt der Laie möglicherweise zum Schluss, dass hier nur viel Worte für wenig Inhalte bemüht werden. Für einen Soziologen jedoch war derselbe Text möglicherweise ein Erkenntnisgewinn. Man nehme nur einmal den Begriff „modern" oder „Moderne". Für den Laien mag „modern" heißen, dass etwas neu und technisch auf dem aktuellen Stand ist. Für Soziologen freilich verbergen sich hinter solchen Begriffen komplexe theoretische Positionen und Traditionen. Und während für einen Laien das Wort „Gestell" nur die Bezeichnung für eine Apparatur ist, so verbindet sich für den Heidegger[1]-Leser mit dem „Gestell" eine ganze Philosophie.

Womit ich mich zu guter Letzt als Soziologie und Heidegger-Fan geoutet hätte. Auch solche Sachen gibt's.

www.wissenswerkstatt.net/2012/11/04/wissenschaftssprache-zwischen-verstaendlichkeit-und-fachterminologie/(23.08.2018)

---

[1] **Martin Heidegger** (1889 – 1976), deutscher Philosoph

- *Unterstreichen Sie einen Satz, den Sie für zentral halten. Tauschen Sie sich dann mit Ihrem Sitznachbarn bzw. Ihrer Sitznachbarin über die Sätze aus und begründen Sie dabei auch Ihre Auswahl.*
- *Welche Argumente bringen die beiden Autoren neu mit in die Diskussion ein? Ergänzen Sie die bereits angelegte Tabelle um neue Punkte.*
- *Bruno Strecker verwendet in seinem Text den Begriff „Fachjargon" und grenzt ihn von dem Begriff der „Fachterminologie" ab. Versuchen Sie, daraus ein Verständnis des Begriffs „Fachjargon" abzuleiten. Welche Wertung erhält der Begriff durch die Gegenüberstellung? Beziehen Sie ggf. noch einmal die Karikatur mit ein und klären Sie, wer von den Personen Fachjargon benutzt.*
- *Diskutieren Sie, ob Sie den Autoren jeweils folgen würden oder in welchen Punkten Sie widersprechen möchten.*

Baustein 4

Sprachverwendung und soziale Wirklichkeit – Soziolekte

Im vierten Baustein geht es um die Frage nach dem Zusammenhang zwischen sozialer Schicht und Sprachverwendung. Zunächst erarbeiten die Lernenden dazu die Theorie von Basil Bernstein über die sprachlichen Unterschiede zwischen Personen aus verschiedenen sozialen Schichten, die für die Soziolinguistik eine entscheidende Rolle gespielt hat und auch in der Gegenwart eine Bedeutung im Zusammenhang mit dem Sozialprestige von Varietäten spielen kann. Sodann wird der wohl derzeit am meisten umstrittene Soziolekt „Kiezdeutsch" (mit einem anderen Begriff auch als „Kurzdeutsch" bezeichnet) in seinen Merkmalen und im Hinblick auf dessen Bewertung erarbeitet. Der Zusammenhang zwischen **Baustein 2**, S. 30 ff. und diesem Baustein ist darin zu sehen, dass es Teil der Diskussion ist, ob das „Kiezdeutsch" ein Dialekt oder ein Soziolekt ist.

4.1 Die Bernstein-Hypothese und die Frage nach dem Zusammenhang von sprachlichen Kompetenzen und Denkfähigkeiten

Die Erforschung der Sprachverwendung in bestimmten sozialen Zusammenhängen war in der frühen Soziolinguistik in Deutschland stark von der sogenannten „Bernstein-Hypothese" geprägt.[1] Insofern sie einen immensen Einfluss auf die Einteilung und die Wertung von Soziolekten, auf die in der Soziolinguistik verwendeten Begriffe und auch auf bildungspolitische Fragestellungen bis in die Gegenwart hinein hat, ist es von Vorteil, ihren inhaltlichen Kern der Erarbeitung eines exemplarischen Soziolekts voranzustellen. Basil Bernstein knüpft mit seiner Theorie an die sogenannte „Sapir-Whorf-Hypothese" von der sprachlichen Relativität (vgl. dazu **Baustein 5**, S. 95 ff.), in der es um den Zusammenhang von Sprache, Denken und Wirklichkeit geht, an. Zentral ist für Bernstein jedoch nicht wie bei Whorf die Frage nach dem durch unterschiedliche Sprachen beeinflussten Denken, sondern die nach den Unterschieden von Sprachverwendungsweisen verschiedener sozialer Milieus *einer* Sprachgemeinschaft.

Das zentrale Forschungsinteresse Bernsteins war gleichermaßen pädagogischer und sprachwissenschaftlicher Natur: Angesichts der für ihn evidenten Differenz in den schulischen Leistungen von Kindern aus der „Arbeiterschicht" und denen aus der „Mittelschicht" suchte er die Begründung in den jeweiligen sprachlichen Kontexten, in denen diese Kinder aufgewachsen waren und die sie in die Bildungsinstitutionen mitbrachten. Insofern er damit Verbindungen zwischen soziologischen und sprachwissenschaftlichen Diskursen herstellte, gilt er in der deutschsprachigen Forschung verschiedentlich auch als ein Begründer der Soziolinguistik.

Obwohl er selbst keine solche Wertung implizierte, wird seine Theorie heute teilweise als „Defizithypothese" bezeichnet. Bernstein unterscheidet grundsätzlich zwischen einem „elaborierten" und „restringierten Sprachcode" und weist diese beiden Sprachverwendungswei-

[1] Vgl. dazu: Handbuch Sprache in sozialen Gruppen. Hg. v. Eva Neuland und Peter Schlobinski. Berlin/Boston 2018, Kap. XVII.

sen einem höheren bzw. niedrigeren sozialen Milieu zu. Seiner Auffassung und seinen Forschungsergebnissen nach bedienten sich die Angehörigen der sozialen Mittel- und Oberschicht tendenziell eher eines elaborierten (gehobenen) Sprachcodes, während die Angehörigen der Unterschicht (working class) sich eines restringierten (eingeschränkten, begrenzten) Codes bedienten. Der restringierte Code kann als eine sprachökonomische Kommunikationsform interpretiert, allerdings auch als ein Hinweis auf mangelnde sprachliche Kompetenzen verstanden werden. Hieraus erklärt sich auch die Betitelung „Defizit-Hypothese" und die daran anknüpfende Kritik an Bernstein.
Um die Begrifflichkeiten „elaboriert" und „restringiert" mit Inhalten zu füllen, seien an dieser Stelle einige Textbeispiele aus Bernsteins Forschungsarbeiten zitiert, um daran anschließend zu klären, in welcher Weise Bernstein diese generalisiert. Bernstein legte Kindern im Grundschulalter dazu eine Bildfolge von vier Bildern von Jungen beim Fußballspielen vor und bat sie, eine Geschichte daraus zu entwickeln. Auf den Bildern war jeweils Folgendes zu sehen:

1. Bild 1 zeigt einige Jungen, die Fußball spielen.
2. Auf Bild 2 ist zu sehen, wie der Ball in das Fenster eines nebenstehenden Hauses fliegt.
3. Bild 3 zeigt einen Mann mit drohender Gebärde, und aus einem Fenster blickt eine Frau.
4. Auf Bild 4 ist zu sehen, wie die Kinder davonlaufen.

Um die Codes exemplarisch darzustellen, hat Bernstein in Anlehnung an die Erzählungen der Kinder in den Grundschulen folgende Texte konstruiert[1]:

> „Drei Jungen spielen Fußball und ein Junge schießt den Ball und er fliegt durch das Fenster der Ball zertrümmert die Fensterscheibe und die Jungen schauen zu und ein Mann kommt heraus und schimpft mit ihnen weil sie die Scheibe zerbrochen haben also rennen sie fort und dann schaut diese Dame aus ihrem Fenster und sie schimpft hinter den Jungen her."

> „Sie spielen Fußball und er schießt ihn und er fliegt rein dort zertrümmert er die Scheibe und sie schauen zu und er kommt raus und schimpft mit ihnen weil sie sie zerbrochen haben deshalb rennen sie weg und dann sieht sie raus und sie schimpft hinter ihnen her."

Die erste Erzählung nennt Bernstein „elaboriert". Zu diesem Sprachcode gehören ihm zufolge eine größere Expliziertheit und Kontextunabhängigkeit, eine logische bzw. argumentative Strukturierung und ein umfangreicherer Wortschatz. Um die Geschichte zu verstehen, benötigt der Leser bzw. die Leserin nicht die Bildtafeln, weil sie aus sich heraus verständlich ist. Anhand weiterer Untersuchungen des elaborierten Codes auch bei älteren Probanden leitet Bernstein zudem auch noch einen häufigeren Gebrauch von Nebensätzen und Fachwörtern, Passivkonstruktionen sowie eine höhere Frequenz von differenzierten Konjunktionen ab. Die Erzählung des zweiten Kindes nennt er dagegen „restringiert" und konstatiert einen vergleichsweise geringeren Wortschatz, Kontextabhängigkeit, kürzere, grammatikalisch einfache und häufig auch unvollständige Sätze sowie eine begrenzte Anzahl von Adjektiven und Adverbien. Aus weiteren Textbeispielen seien, seinen Erkenntnissen zufolge, zudem auch noch die Verwendung von traditionellen Wendungen wie Sprichwörtern und Verstärkungen am Ende von Sätzen sowie eine geringere Frequenz differenzierter Konjunktionen abzuleiten und zu ergänzen.
Andere Versuchsanordnungen sahen vor, dass die Kinder Lebensmittel nach selbst gewählten Ordnungsprinzipien sortieren sollten. Während Kinder aus der Arbeiterschicht (working class) eher kontextgebunden danach sortierten, zu welcher Mahlzeit sie die jeweiligen Le-

[1] Bernstein, Basil: Applied Studies Towards a Sociology of Language (Class, codes and control) 2, 2009, Kap. 3 – 4

bensmittel einzunehmen pflegten oder ob sie die Lebensmittel mochten oder nicht, suchten die Kinder aus der Mittel- oder Oberschicht eher nach kontextunabhängigen Prinzipien wie nach gemeinsamen Merkmalen der Lebensmittel. In seinen Versuchen kam es Bernstein darauf an, zu verdeutlichen, dass bei objektiv gleichem Kontext unterschiedliche sprachliche Realisierungen evident werden. Deshalb, so nahm Bernstein an, müsse der Grund für diese Unterschiede außerhalb des Kontextes der Aufgabenstellung liegen, nämlich in den gesellschaftlichen Klassenverhältnissen und den damit generierten unterschiedlichen Lebensverhältnissen. Bernstein zeigte hier, dass die Kinder aus der Mittel- und Oberschicht die Aufgabenstellungen über die jeweilige Aufgabenstellung hinaus interpretierten und in ihren entsprechenden Realisierungen Formen von Abstraktion verwendeten, während Kinder aus der Arbeiterschicht Realisierungen abriefen, die ihnen aus einem lokalen Kontext geläufig waren und im Konkreten verhaftet blieben. Diese Tatsache, so folgerte Bernstein weiter, habe Auswirkungen auf den Bildungserfolg.
Die Kritik an Bernsteins Hypothese setzt an der von ihm mitgedachten Folgerung im Hinblick auf die kognitiven Fähigkeiten der jeweiligen Sprechergruppen an: Dahinter steht der von ihm behauptete Zusammenhang zwischen dem elaborierten Code und damit einhergehenden besser ausgebildeten kognitiven Fähigkeiten als wesentliche Voraussetzungen für Schulerfolg und individuelle Zukunftsperspektiven. In einem weiteren Vorwurf an Bernstein wird kritisiert, dass er sich bei der Untersuchung und vor allem der Bewertung der Codes zu stark an der sprachlichen Norm orientiere, deren Maßgeblichkeit in der Folge als Kriterium für die Abwertung davon abweichender Codes führe. Hieran wird exemplarisch der gedankliche Zusammenhang zwischen den Beschreibungsversuchen von Soziolekten und dem Problem ihrer Bewertung deutlich. Dass dieser sich bis in die gegenwärtige Soziolinguistik gehalten hat, zeigt sich etwa auch an der kontroversen Auseinandersetzung mit dem sogenannten „Kiezdeutsch“. Während etwa die Sprachwissenschaftlerin Heike Wiese es als einen gleichrangigen Dialekt gelten lassen will und dessen geringes Sozialprestige auch an der aus ihren Augen falschen und einseitigen Orientierung an der sprachlichen Norm festmacht[1], werten andere Sprachwissenschaftler wie etwa Helmut Glück Kiezdeutsch als defizitären Sprachgebrauch ab (vgl. dazu **Arbeitsblatt 24**, S. 91 ff.). Hieran zeigt sich exemplarisch, dass die Erkenntnisse der Soziolinguistik – sei es durch Aufnahme oder Ablehnung – an den Grundsätzen der Bernstein-Hypothese ansetzen.
Die Erarbeitung der Hypothese mithilfe eines zusammenfassenden Textes wird auf dem Arbeitsblatt mit einer Verlautbarung zum Thema „Bildungssprache“ verbunden, um die bildungspolitischen Forderungen, um die es zuletzt im Text geht, zu konkretisieren und für die Schülerinnen und Schüler anschaulich zu machen.
Ein Einstieg in die Thematik kann ggf. auch mithilfe der beiden Beispieltexte von Grundschülern (s.o.) gelingen. So könnten diese den Lernenden mit dem Auftrag, sie zu vergleichen und zu bewerten, präsentiert werden, um auf die darauf aufsetzenden wissenschaftlichen Erkenntnisse vorzubereiten. Sodann erhalten die Schülerinnen und Schüler das **Arbeitsblatt 21**, S. 86 f. mithilfe folgender Aufgabenstellung:

- *Erschließen Sie den Inhalt des Textes, indem Sie ggf. noch unbekannte Begriffe markieren und aus dem Kontext zu erklären versuchen.*
- *Erläutern Sie die sogenannte „Bernstein-Hypothese“ und beziehen Sie dazu die Begriffe „elaborierter und restringierter Code“ mit ein.*

[1] Vgl. auch den Textauszug auf dem Arbeitsblatt 23, S. 90: Heike Wiese: Führt Mehrsprachigkeit zum Sprachverfall? Populäre Mythen vom „gebrochenen Deutsch“ bis zur „doppelten Halbsprachigkeit“ türkischstämmiger Jugendlicher in Deutschland. In: Seyda Ozil u. a. (Hrsg.): Türkisch-deutscher Kulturkontakt und Kulturtransfer. Kontroversen und Lernprozesse. Göttingen 2011, S. 73 – 84

- *Zeigen Sie auf, wie die Hypothese in der Linguistik aufgenommen wurde, indem Sie*
  - *benennen, von wem und mit welchen Argumenten sie kritisiert oder auch bestätigt wurde,*
  - *die Folgerungen kennzeichnen, die aus der These abzuleiten sind.*
- *Zeigen Sie einen Zusammenhang zwischen den wissenschaftlichen Erkenntnissen und den Forderungen zum Thema „Bildungssprache", wie sie unten formuliert werden. Erklären Sie in diesem Zusammenhang auch die beiden Abbildungen.*

Die „Bernstein-Hypothese" – Inhalt, Rezeption, Folgerungen

These: Die Sprachverwendung (der „Code") von niedrigeren sozialen Schichten unterscheidet sich von der der Mittel- und Obersicht im Hinblick auf Komplexität und Normbeherrschung.

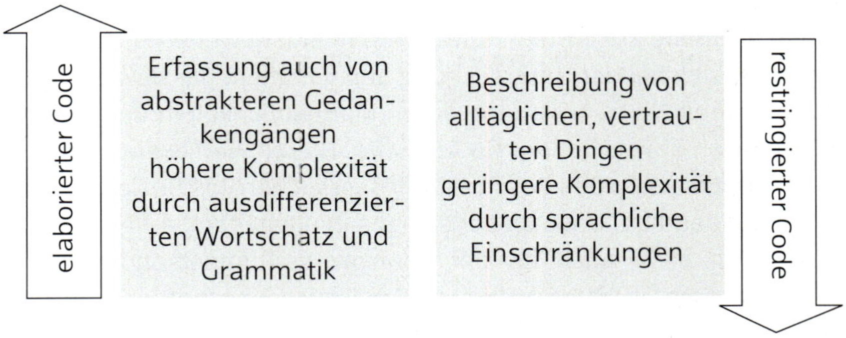

Rezeption (Kritik/Bestätigung): sprachlich komplexe Ausdrucksweisen auch bei Angehörigen einer niedrigen sozialen Schicht beobachtbar (Beispiel: Sprache auf den Straßen New Yorks), aber: neue Belege für tatsächliche Zusammenhänge zwischen sprachlichem Vermögen und mentalen Verarbeitungsprozessen

Fragen/Folgerungen:
Gibt es Einschränkungen kognitiver bzw. mentaler Fähigkeiten durch Sprache, die wiederum an die Zugehörigkeit zu einer sozialen Schicht gebunden ist?
Was bedeutet dies im Hinblick auf Chancengleichheit und die Rolle der Bildungsinstitutionen?

Die Ergebnisse können mithilfe eines Tafelbildes gesichert werden:
Im Anschluss daran ist eine Diskussion der Ergebnisse i. S. einer vorläufigen Bewertung wünschenswert:

- *Wie bewerten Sie die „Bernstein-Hypothese"? Stimmen Sie ihr eher zu oder lehnen Sie sie ab?*
- *Inwiefern bestimmt Ihrer Meinung nach die soziale Zugehörigkeit zu einer bestimmten Gruppe die Art und Weise des Sprechens? Mit welchen Folgen?*

Aufgrund der hohen Aktualität lässt sich an die Erarbeitung ein **Referat zum Thema „Leichte Sprache"** bzw. **„Einfache Sprache"** anschließen. Fußend auf der Beobachtung, dass nicht alle Personengruppen vollumfänglich standardsprachlich komplexe Sprache erlernen können (bzw. es noch nicht erlernt haben) und ihnen somit auch das Verständnis bestimmter Texte verschlossen ist, hat sich aus den Bemühungen um die Inklusion auch die Forderung

nach einer Vereinfachung von öffentlichen Verlautbarungen für Menschen mit Behinderungen oder auch Menschen, die Deutsch als Zweitsprache erst erlernen, ergeben. Aus der Praxis des Umformulierens von Texten mit dem Ziel gesellschaftlicher Teilhabe haben sich Regeln ergeben, die für die „Leichte Sprache" gelten und die unter anderem auch auf den Verzicht auf jene lexikalischen und grammatikalischen Elemente zielen, die bei Bernstein für den „elaborierten Code" kennzeichnend sind (z. B. das Passiv oder die Verwendung von Nebensätzen). Den Referierenden sollte an dieser Stelle neben der inhaltlichen Vorstellung des Konzepts auch die Aufgabe gegeben werden, Verlautbarungen in leichter und in standardsprachlicher Version miteinander unter dem Aspekt der inhaltlichen Entsprechung zu vergleichen. Die Frage, ob eine leichter formulierte Version den Sachverhalt in gleicher Qualität ausdrücken kann wie die andere Version, dürfte unterschiedlich beantwortet werden. Als eine direkte Möglichkeit des Vergleichs bieten sich etwa Nachrichtentexte an. Folgender Link führt zu entsprechenden Texten: www.nachrichtenleicht.de/(26.07.2018). Weiterführen lässt sich die Thematik außerdem mithilfe entsprechender Sachtexte, die sich teils für und teils gegen das Konzept der „Leichten" bzw. „Einfachen Sprache" wenden. Diese Texte sind unter den Schlagwörtern im Internet abrufbar. Exemplarisch seien an dieser Stelle einige Adressen aufgeführt (26.07.2018).
www.lebenshilfe.de/de/leichte-sprache/
www.bundesregierung.de/Webs/Breg/DE/LeichteSprache/leichteSprache_node.html
www.faz.net/aktuell/feuilleton/medien/leichte-sprache-informiert-nicht-ausreichend-15123489.html
http://bastiansick.de/kolumnen/zwiebelfisch/leichte-sprache-fuer-alle/
www.bpb.de/lernen/projekte/inklusiv-politisch-bilden/216356/inklusion-durch-leichte-sprache-eine-kritische-einschaetzung?p=all

4.2 Abscheulich oder erfreulich? Streit um das „Kiezdeutsch" bzw. „Kurzdeutsch"

Im Anschluss an die Erarbeitung grundlegender Fragen, die für die Erforschung und Beschreibung von Soziolekten prägend waren und sind, folgt die exemplarische Weiterarbeit an einem Soziolekt, der in der letzten Zeit verstärkt untersucht und kontrovers diskutiert worden ist. Es handelt sich um das von den Sprachwissenschaftlerinnen Heike Wiese und Diana Marossek untersuchte „Kiezdeutsch" bzw. „Kurzdeutsch", wie die zuletzt Genannte es gerne nennen würde. Dabei besteht in der Forschung Uneinigkeit darüber, mit welchem Varietätenbegriff das Kiezdeutsch zu benennen ist. Die Diskussion darüber zeigt den Lernenden exemplarisch, wie umstritten zuweilen auch neuere Erkenntnisse in der Forschung sind und mit welchem Engagement bis hin zur Polemik die Auseinandersetzung darüber öffentlich geführt wird.
Als einen Einstieg in die Thematik betrachten die Schülerinnen und Schüler die Abbildungen auf dem **Arbeitsblatt 22**, S. 88, welche auf die tatsächliche Verwendung des Soziolekts auch in der Werbe- und Alltagssprache hinweisen, und arbeiten mithilfe folgender Aufgabenstellung:

- *Beschreiben Sie die Abbildungen und benennen Sie Gemeinsamkeiten.*
- *Welche sprachlichen Trends lassen sich hier ableiten?*
- *Wie wirkt diese Sprachverwendung auf Sie?*

Im Text, der die Erkenntnisse beider Sprachwissenschaftlerinnen prägnant zusammenfasst, aber auch auf kleinere Meinungsverschiedenheiten eingeht, wird der Soziolekt unter Berücksichtigung der vielfältigen Einflüsse dargestellt. Dadurch haben die Schülerinnen und Schüler die Chance, die Berührungspunkte zwischen dem berlinerischen Dialekt und dem Soziolekt kennenzulernen und somit den Sprachtrend nicht einseitig als durch Migrationsprozesse und deren Sprecher beeinflusst zu betrachten. Zunächst jedoch soll eine Verknüpfung mit den durch die Abbildungen initiierten Hypothesen und dem Inhalt des Textes hergestellt werden. Den Abschluss der Bearbeitung bildet die Auseinandersetzung mit einem Zitat aus der wissenschaftlichen Arbeit Heike Wieses, die auf die Bewertung des Soziolekts von außen sowie auf das daraus resultierende Selbstwertgefühl der Sprecher eingeht.

Die Lernenden erhalten das **Arbeitsblatt 23**, S. 89 ff. und arbeiten mithilfe folgender Aufgaben:

- *Stellen Sie zwischen den zuvor erarbeiteten Abbildungen und dem Text einen Bezug her.*
- *Arbeiten Sie aus dem Text die Merkmale des „Kiezdeutsch" sowie die Einflüsse, denen dieser Soziolekt unterliegt, heraus.*
- *Im Text werden zwei verschiedene Linguistinnen und ihre wesentlichen Ergebnisse vorgestellt. Dabei ist die Forschung Heike Wieses der Diana Marosseks vorausgegangen. Zeigen Sie, welchen Annahmen Wieses Marossek widerspricht.*
- *Diana Marossek plädiert dafür, den Soziolekt lieber als „Kurzdeutsch" denn als „Kiezdeutsch" zu bezeichnen. Welche Gründe könnte sie dafür ins Feld führen?*
- *Klären Sie die im Text bereits angesprochene Wertung des Soziolekts mithilfe des folgenden Auszugs aus einer wissenschaftlichen Publikation Heike Wieses.*

„Kiezdeutsch" (bzw. „Kurzdeutsch")

Definition
Sprechweise zunächst verbreitet unter Jugendlichen mit Migrationshintergrund, wohnhaft in bestimmten, tendenziell eher schwächeren sozialen Milieus in Berlin („Kieze")

Merkmale
Vereinfachung der deutschen Sprache durch Weglassen der Artikel oder Präpositionen; Reduktion der Komplexität von Sätzen

Einflüsse
Grammatik der Muttersprachen der mehrsprachigen Jugendlichen; aber auch die Dialektgrammatik (des Berlinerischen oder des Ruhrdeutschen)

Uneinigkeiten zwischen Wiese und Marossek
a) bezüglich der Sprechergruppierungen: jugendliche Migranten (Wiese) oder tendenziell quer durch alle Schichten und Altersstufen (Marossek);
b) bezüglich der Fähigkeit der Sprecher und Sprecherinnen zum „Codeswitching" in ein formal korrektes Standarddeutsch: Fähigkeit vorhanden (Wiese); Unsicherheit im Hinblick auf tatsächliche Sprachkompetenzen (Marossek)

Die Ergebnisse können in Form eines Tafelbildes zusammengefasst und gesichert werden:
Der Auszug aus der wissenschaftlichen Publikation Wieses beleuchtet die Frage nach der Bewertung des „Kiezdeutsch" sowohl von außen als auch durch die Sprecherinnen und Sprecher selbst. Wiese beklagt, dass Sprechweisen, die generell von sprachlichen Normen abweichen, je nach dem sozialen Milieu, aus dem heraus sie stammten, entweder ein hohes oder niedriges Sozialprestige zugewiesen werde. Dies habe gravierende Folgen für das Selbstbewusstsein der Sprecherinnen und Sprecher, die im Falle einer Negativbewertung von außen dazu neigen würden, ihre eigene Sprachverwendung abzulehnen. Im Zusammenhang mit der Theorie von Basil Bernstein ist diese These interessant, da sie die Verquickung zwischen der Wertung einer Sprechweise von außen als defizitär – Wiese spricht von „schlechtem Deutsch" – und den sozialen Hintergründen der Sprecherinnen und Sprecher zu bestätigen scheint.
Für die Lernenden soll es in einem zweiten Schritt darum gehen, die kritische Rezeption der Thesen Wieses und Marosseks in der Fachwelt nachzuvollziehen. Dabei sind zwei negative Kritiken nicht nur aufgrund der inhaltlichen Aussagen, sondern auch im Hinblick auf die darin implizierte unterschiedliche Klassifizierung des Kiezdeutsch ausgewählt worden. Während Helmut Glück Wieses These von einem „neuen Dialekt" widerspricht und stattdessen von einer „transitorischen Sondersprache" schreibt, verwendet Matthias Heine den Begriff „Soziolekt". Er begründet seine Zuordnung mit dem Hinweis darauf, dass nicht der Migrationshintergrund der Sprecherinnen und Sprecher, sondern deren Zugehörigkeit zu einer bestimmten Schicht für diese sprachliche Varietät ausschlaggebend sei. Interessant ist in diesem Zusammenhang, dass Heine nicht nur die Terminologie Bernsteins („restringiert", Z. 59) verwendet, sondern auch die damit implizit verbundene Negativwertung übernimmt. Schon hieran wird deutlich, dass, je nach Blickwinkel und Beobachtungsschwerpunkt, durchaus verschiedene Begriffe gleichermaßen plausibel sind. Schon Heike Wiese und Diana Marossek selbst unterscheiden sich im Hinblick auf die Gruppe der Sprecherinnen und Sprecher klar voneinander, was eine eindeutige varietätenlinguistische Einordnung erschwert.
Beide Autoren kritisieren die Thesen Heike Wieses sehr stark, wenngleich auch aus unterschiedlichen Gründen. Während Glück auf die in seinen Augen schwache bis fehlerhafte wissenschaftliche Methodik und auf eine zu starke Politisierung der Linguistin selbst aufmerksam macht, problematisiert Matthias Heine den Versuch Wieses, das Kiezdeutsch als innovativ und dem Standarddeutschen gleichwertig darzustellen. Dadurch, so seine Argumentation, verkenne die Autorin die Tatsache, dass viele Aufsteiger mit Migrationshintergrund sehr wohl in der Lage seien, das Standarddeutsche korrekt zu erlernen, und dies auch beruflich und privat mit gutem Erfolg praktizierten. Zu verkennen, dass das Kiezdeutsch im Gebrauch massive Nachteile etwa im Hinblick auf den Beruf oder die öffentliche Wahrnehmung und Reputation haben könne, sei, wenn auch nicht sogleich erkennbar, in Wahrheit rassistisch.
Da die beiden Texte von ihrem Anspruch und Umfang her vergleichbar sind, lässt sich die Erarbeitung auch in Form einer arbeitsungleichen Partnerarbeit organisieren. Dabei erhält jedes Schülerpaar je einen anderen Text, aber dieselbe Aufgabenstellung. In einem zweiten Schritt stellen die Experten die Ergebnisse einander gegenseitig vor. Die Aufgabe für einen dritten Schritt besteht dann darin, kurz und prägnant die wesentlichen Kritikpunkte an der Arbeit von Heike Wiese und Diana Marossek schriftlich (etwa in Form einer Tabelle, einem Schaubild oder einem Text) zusammenzufassen.
Die Schülerinnen und Schüler erhalten zur Erarbeitung der kritischen Stimmen das **Arbeitsblatt 24**, S. 91 f. mit folgenden Aufgaben:

- *Erarbeiten Sie beide Texte, die sich mit den Thesen von Heike Wiese und Diana Marossek befassen, unter folgenden Fragestellungen:*
  - *Wie ordnet der Autor das Kiezdeutsch in die Varietäten der deutschen Sprache ein? Benennen Sie in diesem Zusammenhang auch die jeweilige Begründung.*

- *Was wird an den Forschungsergebnissen zum Kiezdeutsch jeweils kritisiert?*
- *Mit welchen sprachlichen Mitteln stützen die Autoren jeweils ihre Kritik?*

■ *Halten Sie Ihre Ergebnisse in Form von Stichworten fest.*

■ *Kann Sie der Autor von seiner Meinung überzeugen? Begründen Sie.*

Die Ergebnisse können mithilfe des folgenden Tafelbildes gesichert werden:

Heike Wiese und das „Kiezdeutsch" in der Kritik

	Helmut Glück	Matthias Heine
Bezeichnung des Kiezdeutsch	„transitorische Sondersprache": auf Fremdsprachengrammatik und sprachlichen Defiziten beruhend, zudem zeitlich begrenztes Phänomen	„Soziolekt": Sprechweise auf eine bestimmte soziale Schicht bezogen (hier: Unterschicht)
Kritikpunkte	unsachgemäße Methodik: zu geringe Zahlen für empirische Verwertbarkeit; falsche Terminologie („Dialekt")	unsachgemäße Behauptung einer Gleichwertigkeit zwischen Kiezdeutsch und Standardsprache; Verkennung der Realitäten im Hinblick auf das Prestige von Sprechweisen
	bewusste Täuschung durch den Gebrauch des Begriffs „Dialekt" zum Zwecke einer Aufwertung des Kiezdeutschen	fehlende Differenzierung zwischen dem Kiezdeutschen und der Standardsprache Deutsch bei Aufsteigern mit Migrationshintergrund
	fehlender Vergleich zu historisch vergleichbaren sprachlichen Phänomenen	Rassismus durch die Implikation, das Erlernen des korrekten Standarddeutschen sei Migranten nicht zuzumuten
	medienwirksame, aber unwissenschaftliche Inszenierung der Forschungsergebnisse	„Turkfacing": Imitation des Kiezdeutsch zur Erzeugung von Komik
Sprache	Polemik und Abwertung, z. B. „gequetsche Sprechweise" (Z. 11), „Großsprecherei" (Z. 76 f.), „Pippi-Langstrumpf-Methode" (Z. 84 f.)	Vergleiche und Neologismen, z. B. „Turkfacing" (Z. 87) in Analogie zum „Blackfacing"; Polemik, z. B. „Proletarierkneipe" (Z. 80)

Zur Konkretion der Kritik insbesondere von Matthias Heine kann eine „Übersetzung" des Märchens „Hänsel und Gretel" ins Kiezdeutsche – eine Version, die im Internet auf verschiedenen Seiten kursiert und auch schon Eingang in manche Schulbücher gefunden hat – herangezogen und diskutiert werden. Es handelt sich hierbei um eine Fassung, die eben nicht original von Kiezdeutschsprecherinnen und -sprechern verfasst wurde, sondern um einen zu Comedy-Zwecken hergestellten Text, von dessen Autor oder Autorin man annehmen muss, dass er oder sie korrektes Standarddeutsch beherrscht. Auch die Adressaten dürften nicht in erster Linie Kiez- bzw. Kurzdeutschsprecher und -sprecherinnen sein. Insofern handelt es

sich hier um eine mediale Inszenierung des Kiezdeutschen, das im Hinblick auf die von Heine genannten Gesichtspunkte durchaus „rassistische" Züge aufweist und unter diesem Aspekt kritisch betrachtet werden sollte.
Die Schülerinnen und Schüler erhalten das **Arbeitsblatt 25**, S. 94 und arbeiten unter folgenden Aufgabenstellungen:

- *Betrachten Sie die Illustration zum Märchen „Hänsel und Gretel" und erzählen Sie sich das Märchen in einer Ihnen bekannten Fassung.*
- *Lesen Sie dann die Fassung, die an das Kiezdeutsch angelehnt ist. Sprechen Sie über die Wirkung dieser Variante. Welche spontanen Gedanken ruft dieser Text hervor?*
- *Stellen Sie Überlegungen dahingehend an, von wem dieser Text verfasst wurde, welchem Zweck er dient und für welchen Adressatenkreis er gedacht ist.*
- *Stellen Sie einen Bezug zwischen diesem Text und der Kritik von Matthias Heine her.*
- *Beurteilen Sie: Besitzt ein solcher Text ihrer Meinung nach rassistische Tendenzen?*

Notizen

Anatol Stefanowitsch: Elaborierter und restringierter Code

In dem folgenden Text befasst sich der Sprachwissenschaftler Anatol Stefanowitsch mit der sogenannten „Bernstein-Hypothese“, die im deutschsprachigen Raum immer wieder für die Erforschung der Soziolekte herangezogen wurde. Dabei stellt er nicht nur die These in ihren Grundzügen knapp dar, sondern zeigt auch schlaglichtartig auf, wie diese rezipiert wurde.

Wir verwenden Sprache in verschiedenen Situationen und zu verschiedenen Zwecken – von der zwanglosen Plauderei im Treppenhaus, der hauptsächlich der guten Nachbarschaft dient, bis zum fachsprachlichen Austausch über neueste wissenschaftliche Erkenntnisse oder komplexe politische Entscheidungen. Dass Vokabular und grammatische Strukturen sich in ihrer Komplexität Situation und Zweck anpassen, scheint so offensichtlich, dass Basil Bernsteins kontroverse Hypothese vom „restringierten“ und „elaborierten“ Code zunächst fast trivial erscheint.

Bernstein formuliert zunächst nur das Offensichtliche: Die Sprache, die wir in familiären, informellen Situationen verwenden, ist durch ein vergleichsweise eingeschränktes Vokabular und eine eingeschränkte Auswahl grammatischer Strukturen gekennzeichnet. Sie kann sich diese Einschränkungen (wegen derer sie als „restringiert“ bezeichnet wird) leisten, weil sie hauptsächlich dazu dient, beschreibend über alltägliche, allen Beteiligten vertraute Dinge zu sprechen. In Situationen, in denen eher analytisch über abstrakte und aus dem alltäglichen Umgang nicht vertraute Dinge gesprochen wird, kommt dagegen eine Sprache zum Einsatz, deren Wortschatz und Grammatik stark ausdifferenziert („elaboriert“) sind.

Dass diese Idee bis heute kontrovers diskutiert wird, hat zwei Gründe. Erstens verknüpfte Bernstein sie mit der Idee schichtenspezifischer Sprachgemeinschaften: Er nahm an, dass Angehörige der „Working Class“ (also „bildungsfernen“ Schichten) in ihrem sprachlichen Repertoire auf einen restringierten Code beschränkt sind und nicht lernen, den elaborierten Code zu beherrschen. Zweitens verknüpfte er die sprachliche Ebene mit dem Denken: Er nahm an, dass ein restringierter Code abstraktes Denken erschwert oder sogar unmöglich macht.

Die Kritik an Bernstein richtet sich zum einen auf eine (von ihm nie beabsichtigte) Festschreibung gesellschaftlicher Bewertungen von Sprache. Sprache dient ja nicht nur der Kommunikation, sondern auch der Identifikation, und wer die prestigeträchtigen Varietäten einer Sprache nicht beherrscht, dem bleibt allein deshalb (also auch ohne kommunikative oder gar kognitive Konsequenzen) der Zugang zu vielen gesellschaftlichen Bereichen versperrt. Bernsteins Äußerungen zum „elaborierten“ Code wurden häufig als Rechtfertigung dieser Praxis in dem Sinne interpretiert, dass der „elaborierte“ Code objektiv „besser“ sei.

Zum anderen richtet sich die Kritik gegen die Idee eines restringierten Codes an sich. Man wies darauf hin, dass bildungsferne Schichten zu sehr komplexem Diskursverhalten in der Lage seien; am bekanntesten sind hier wohl die Studien des Soziolinguisten William Labov, der die sprachlichen Rituale von New Yorker Gangs untersuchte und zeigen konnte, dass diese äußerst subtilen Regeln folgen. Ob er damit tatsächlich Bernsteins Ideen widerlegt, ist aber fraglich: Erstens dienen diese sprachlichen Rituale vorrangig der Aushandlung sozialer Beziehungen innerhalb der Gang, sind also trotz ihrer Komplexität auf konkrete Aspekte des unmittelbaren Umfelds ausgerichtet; zweitens sagt ihre soziale Komplexität nichts über die Komplexität des Wortschatzes und der Grammatik aus.

Neuere Forschungen der Psycholinguistin Ewa Dabrowska deuten auf einen tatsächlichen Zusammenhang zwischen sprachlicher Komplexität und Bildung hin: Sie konnte in einer Reihe von Experimenten zeigen, dass die korrekte Interpretation komplexer grammatischer Strukturen (etwa des Passivs) vom Grad der formalen Bildung und der damit einhergehenden Erfahrung mit komplexer Sprache (dem, was die Bildungsforscherin Ingrid Gogolin mit einem Begriff von Jürgen Habermas als „Bildungssprache“ bezeichnet) abhängt.

Da in der Zwischenzeit außerdem eine solide Forschungslage geschaffen wurde, die zeigt, dass sprachliche Strukturen einen Einfluss auf unsere Denkprozesse haben können, stellt sich mit Dabrowskas Forschungsergebnissen auch erneut die Frage nach einem Zusammenhang zwischen sprachlicher und gedanklicher Komplexität. Hier liegen bislang keine neueren Forschungsergebnisse vor. Es ist zu hoffen, dass sich das bald ändert, denn gäbe es einen solchen Zusammenhang, würde sich daraus ein dringender und emanzipatorischer sprachlicher Bildungsauftrag ergeben.

www.bpb.de/apuz/179343/leichte-sprache-komplexe-wirklichkeit?p=all (27.07.2018)

- *Erschließen Sie den Inhalt des Textes, indem Sie ggf. noch unbekannte Begriffe markieren und aus dem Kontext zu erklären versuchen.*
- *Erläutern Sie die sogenannte „Bernstein-Hypothese“ und beziehen Sie dazu die Begriffe „elaborierter und restringierter Code“ mit ein.*
- *Zeigen Sie auf, wie die Hypothese in der Linguistik aufgenommen wurde, indem Sie*
  - *benennen, von wem und mit welchen Argumenten sie kritisiert oder auch bestätigt wurde,*
  - *die Folgerungen kennzeichnen, die aus der These abzuleiten sind.*
- *Zeigen Sie einen Zusammenhang zwischen den wissenschaftlichen Erkenntnissen und den Forderungen zum Thema „Bildungssprache“, wie sie unten formuliert werden. Erklären Sie in diesem Zusammenhang auch die beiden Abbildungen.*

Ziel: Bildungssprache (Verlautbarung auf dem Landesbildungsserver BW)

Bildungsinhalte und Bildungssprache

Das bildungssprachliche Register zeichnet sich unter anderem durch Präzision und Abstraktheit im Ausdruck und komplexe grammatische Strukturen aus, die notwendig sind, die zunehmende Komplexität der Bildungsinhalte abzubilden und zu kommunizieren. Zentrales Ziel schulischer Bildung ist, die Schülerinnen und Schüler in die Lage zu versetzen, sich Bildungsinhalte anzueignen und damit produktiv umzugehen. Es kann nicht davon ausgegangen werden, dass sich das dafür nötige sprachliche Register von alleine entwickelt. Das gilt besonders für bildungsbenachteiligte Kinder und Jugendliche, die im außerschulischen Umfeld wenig bis gar nicht mit Bildungssprache in Berührung kommen. Die Beherrschung der Bildungssprache korreliert nachweislich mit dem Schulerfolg (s. PISA-Studie 2015). Fehlen bildungssprachliche Kompetenzen, so leidet auch die mentale Durchdringung und Aneignung und damit die erfolgreiche produktive Anwendung unterrichtlicher Inhalte.

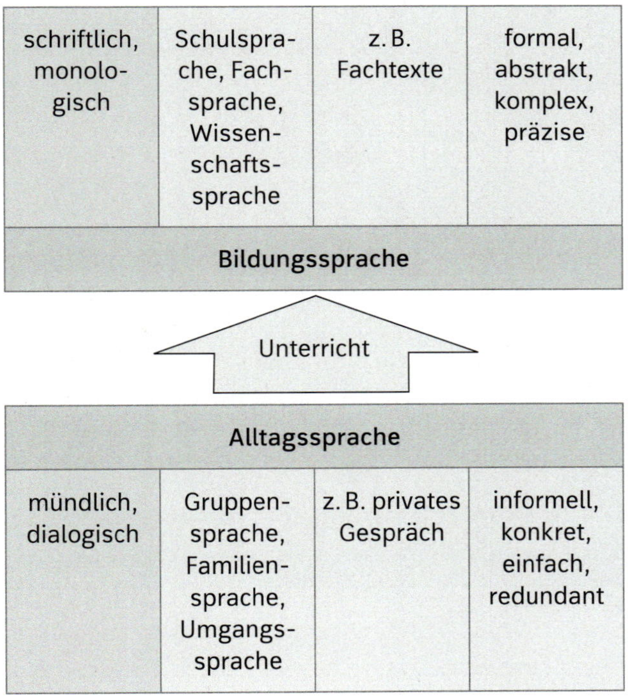

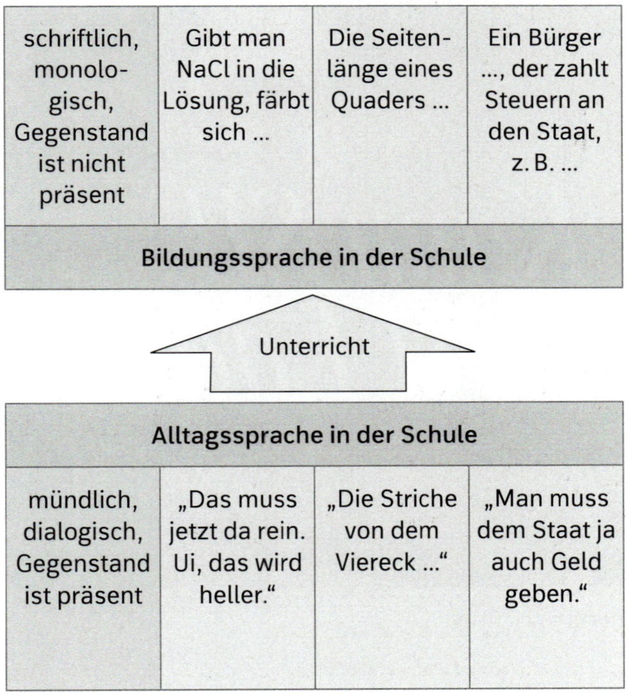

www.schule-bw.de/themen-und-impulse/migration-integration-bildung/bildungssprache (27.07.2018)

Best.-Nr. 022727

Ein neuer Sprachtrend? – Bilder aus dem öffentlichen Leben

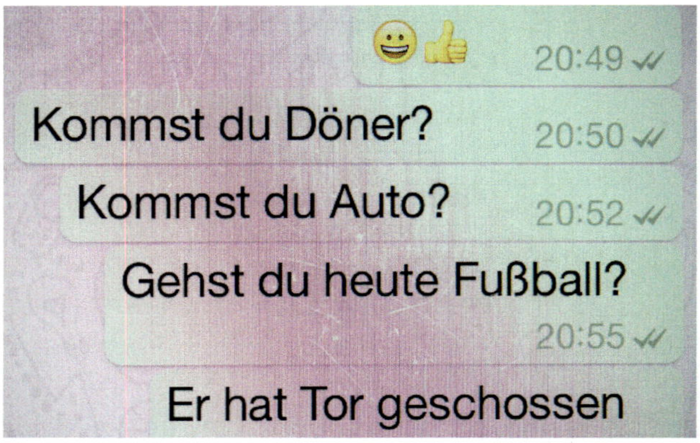

Picture-Alliance GmbH/ZB/Pleul, Patrick

Auszug aus der GALA

o.: Picture-Alliance GmbH/dpa/Gabbert, Klaus-Dietmar; u.: Gruner + Jahr GmbH & Co. KG/GALA

Carl Hanser Verlag/Diana Marossek, Kommst du Bahnhof oder hast du Auto? Warum wir reden, wie wir neuerdings reden © 2016 Hanser Berlin im Carl Hanser Verlag GmbH & Co. KG, München

- *Beschreiben Sie die Abbildungen und benennen Sie Gemeinsamkeiten.*
- *Welche sprachlichen Trends lassen sich hier ableiten?*
- *Wie wirkt diese Sprachverwendung auf Sie?*

Ulrike von Leszczynski: „Gehst du Bus?" – Kiezdeutsch gibt's bald ohne Kiez

„Kommst du mit Klo?" oder „Ich war Fußball" – solche Sätze sind an manchen Berliner Schulen Alltag. Eine neue Umgangssprache entsteht, sagen Sprachforscher und glauben: Bald könnten wir alle so reden.

Der neue Sprachtrend bei Jugendlichen klingt noch gewöhnungsbedürftig. „Ich komm mit Fahrradmahrrad" oder „Ich bring Colamola". Das heißt so viel wie: Ich komme mit dem Fahrrad. Und ich bringe dann auch Cola mit, erklärt Heike Wiese, Sprachwissenschaftlerin an der Universität Potsdam.

Ihre Germanistikstudenten haben Teenagern diese Sätze in türkisch geprägten Stadtvierteln Berlins abgelauscht. Das spielerische Wiederholen eines Wortes mit einem „m" davor habe seinen Ursprung im Türkischen, ergänzt Wiese. Für sie sind die Jugendlichen in Berlins Migrantenvierteln wie Kreuzberg und Wedding sprachlich sehr kreativ.

Die Meinungen über das „Kiezdeutsch" (Kieze nennt man in Berlin einzelne Stadtviertel), das bei mehrsprachigen Jugendlichen besonders dynamisch und wandlungsfähig ist, gehen aber noch immer weit auseinander. Als Wiese vor zwei Jahren ein Buch zur Dialektgrammatik in Kreuzberg veröffentlichte und Sätze wie „Machst du rote Ampel?" nicht verwerflich, sondern eher innovativ fand, kochte die Volksseele hoch. Gelegt haben sich die Anfeindungen immer noch nicht ganz, berichtet sie. „Sprache ist wohl einer der wenigen Bereiche, in dem man noch offen rassistisch sein kann." Gettosprech oder Türkendeutsch sind dann noch die netteren Bezeichnungen.

Kiezdeutsch sprechen nicht nur Migranten

Dabei hat Kiezdeutsch weder in Berlin noch in anderen deutschen Städten automatisch etwas mit Migration zu tun. Das hat jüngst die Berliner Soziolinguistin Diana Marossek in ihrer Doktorarbeit[1] belegt, die nun für den Deutschen Studienpreis nominiert ist. Marossek, die in Berlin einen Kinderbuchverlag leitet, war dafür ein Jahr lang in 30 Berliner Schulen zu Gast. Als Referendarin getarnt saß sie hinten im Klassenzimmer. Von ihrer Sprachforschung ahnten die Schüler nichts.

In allen Berliner Bezirken hörte die Doktorandin zu, wie insgesamt rund 1400 Acht- und Zehntklässler miteinander redeten. Sie notierte zum Beispiel, wie oft Teenager mit Deutsch als Muttersprache „zum" oder „beim" wegließen. Ob im tiefbürgerlichen Zehlendorf oder in den Migrantenvierteln Neuköllns – sie fand keine großen Unterschiede. Überall fielen Sätze wie „Kommst du mit Klo?" oder „Ich war Fußball".

„Auf das Thema Kiezdeutsch bin ich gekommen, als ich gehört habe, wie seltsam meine jüngere Schwester und ihre Freunde miteinander geredet haben", erinnert sich die Linguistin. „Heute weiß ich, dass es auch die Sprache von Schülern ohne Migrationshintergrund ist."

Auch das Berlinerische lässt Artikel weg

Nur von türkischen Klassenkameraden hätten diese Teenager ihr Kiezdeutsch dabei nicht abgekupfert, ist Marossek überzeugt. Denn auch die „Berliner Schnauze" liebe das Verkürzen und Weglassen von Artikeln und Präpositionen. „Auf Schicht sein" kennt aber auch das Ruhrgebiets-Deutsch. Dort sind Grammatikkonstruktionen wie „Tu ma die Mama winken" oder „Meine Oma ihre Tasche" nicht nur ein Fall fürs Kabarett. Für Marossek haben sich damit zwei ähnliche Trends – deutsche Dialektgrammatik und Übernahmen aus der Muttersprache von Migranten – gefunden und verbunden.

„Kiezdeutsch verstärkt, was ohnehin schon da war", sagt auch Forscherin Heike Wiese. Im gesprochenen Deutsch gebe es schon seit Langem den Trend, Artikel und Präpositionen zu verkürzen oder wegzulassen. „Darüber haben sich die Leute schon in den 1930er-Jahren aufgeregt", sagt sie. Gebremst hat das die Entwicklung nicht. Mit Bildung hat es auch nichts zu tun. Haltestellen-Sprache wie „Ich bin jetzt Zoo" brüllen in der U-Bahn und S-Bahn auch Akademiker ungeniert in ihr Handy.

Kiezdeutsch könnte neue Umgangssprache werden

Und es gibt noch eine Erkenntnis. Heike Wiese geht davon aus, dass der Einfluss des Türkischen auf das Deutsche weit weniger stark ist als umgekehrt. Wissenschaftler beobachteten seit einer Weile, dass sich in Deutschland das Türkische stark verändert – es übernehme deutsche Ausdrücke und auch Konstruktionen aus der deutschen Grammatik, berichtet sie. Einfluss hier, Einfluss dort: Diana Marossek geht davon aus, dass Sätze wie „Gehst du Bus oder bist du mit Auto?" in Zukunft zur ganz normalen Hauptstadtsprache gehören werden.

Forscherin Wiese meint, Kiezdeutsch stehe bei vielen Jugendlichen für das entspannte Plaudern unter Freunden – und manchmal auch für Provokation. Schüler wüssten dabei meist genau, wie ein Satz im Standard-Deutsch laute. Das glaubt Diana Marossek nicht. „Am Gymnasium ja, aber an anderen Schulen war ich mir da nicht immer sicher", sagt sie.

[1] Diana Marossek: Kommst du Bahnhof oder hast du Auto? Warum wir reden, wie wir neuerdings reden. Berlin: Hanser 2016

Doch selbst Lehrer, die sich zuerst über Kiezdeutsch amüsierten, hätten später unwillkürlich Artikel weggelassen. Dazu gibt es Kostproben in der Doktorarbeit. Schüler Sebastian sagt: „Ich brauche Locher!" Und seine Lehrerin antwortet: „Ist Locher nicht vorne drin?"

(2014)

www.welt.de/vermischtes/article129589372/Gehst-du-Bus-Kiezdeutsch-gibt-s-bald-ohne-Kiez.html (27.07.2018)

- *Stellen Sie zwischen den zuvor erarbeiteten Abbildungen und dem Text einen Bezug her.*
- *Arbeiten Sie aus dem Text die Merkmale des „Kiezdeutsch" sowie die Einflüsse, denen dieser Soziolekt unterliegt, heraus.*
- *Im Text werden zwei verschiedene Linguistinnen und ihre wesentlichen Ergebnisse vorgestellt. Dabei ist die Forschung Heike Wieses der Diana Marosseks vorausgegangen. Zeigen Sie, welchen Annahmen Wieses Marossek widerspricht.*
- *Diana Marossek plädiert dafür, den Soziolekt lieber als „Kurzdeutsch" denn als „Kiezdeutsch" zu bezeichnen. Welche Gründe könnte sie dafür ins Feld führen?*
- *Klären Sie die im Text bereits angesprochene Wertung des Soziolekts mithilfe des folgenden Auszugs aus einer wissenschaftlichen Publikation Heike Wieses.*

Wie soziolinguistische Studien gezeigt haben, weisen Sprecher von Nicht-Standardvarietäten [...] oft eine höhere „linguistic insecurity" auf [...], eine verringerte Selbstsicherheit zum eigenen Sprachgebrauch. [...] Wenn Mitglieder niedriger sozialer Schichten eine besondere sprachliche Variante sprechen, z.B. einen Arbeiterklassedialekt [...], dann wird diese Variante eher negativ, als „falsch" oder als Hinweis auf mangelnde Sprachkompetenz u.Ä. bewertet als ein Dialekt, der sich in bestimmten höheren sozialen Schichten ausgebildet hat. [...] Wenn man die sozioökonomische Verteilung in Deutschland ansieht, sieht man, dass die negative Bewertung von Kiezdeutsch in dieses Bild passt. Multiethnische Wohngebiete, wie sie für Kiezdeutsch charakteristisch sind, sind in Deutschland heute typischerweise auch sozial benachteiligte Wohngebiete mit niedrigem Einkommen, hoher Arbeitslosenquote, hoher Abhängigkeit von staatlichen [L]eistungen und entsprechend niedrigem Sozialprestige. [...] Kiezdeutsch wird als Sprechweise sozial Schwächerer wahrgenommen, und eine solche soziale Wahrnehmung führt typischerweise zu einer Abwertung des Sprachgebrauchs als „schlechtes Deutsch".

Heike Wiese: Führt Mehrsprachigkeit zum Sprachverfall? Populäre Mythen vom „gebrochenen Deutsch" bis zur „doppelten Halbsprachigkeit" türkischstämmiger Jugendlicher in Deutschland. In: Seyda Ozil u. a. (Hrsg.): Türkisch-deutscher Kulturkontakt und Kulturtransfer. Kontroversen und Lernprozesse. Göttingen: V&R Unipress 2011, S. 73 – 84

„Kiezdeutsch" in der Kritik

Helmut Glück
Sachtemang mit dit Kiezdeutsche

Heike Wieses Thesen über Jugendsprache gründen sich auf Sozialarbeit, haben aber keinen Halt in der Linguistik

„Kiezdeutsch" heißt eine Sprechweise Jugendlicher, die auf Berliner Schul- und Hinterhöfen zu hören ist. Anderswo nennt man sie weniger freundlich „Kanak Sprak" – nach einem Buch von Feridun Zaimoglu – oder „Türkendeutsch". Durch Filme und einige Rap-Texte gewann diese Art zu sprechen, die als krass, geil oder auch brutal gilt, Ansehen unter eher bildungsfernen Jugendlichen. Die Potsdamer Linguistik-Professorin Heike Wiese hat „Kiezdeutsch" zu einem Medienereignis gemacht. Sie gibt sich große Mühe, diese gequetschte Sprechweise als fröhliche, beachtenswerte und nützliche Neuerung des Deutschen darzustellen.

Wiese hat ihre Daten an zwei Berliner Schulen bei 24 Jugendlichen erhoben. Das ist nicht viel, für Verallgemeinerungen reicht das nicht aus. Diese Daten hat sie von ungeschulten Jugendlichen sammeln lassen, was methodisch bedenklich ist. [...] Ihre Qualität ist deshalb auch nicht kontrollierbar. Wieses Hypothesen stehen im Empirischen auf schwachen Beinen. Im Terminologischen sind diese Beinchen nicht stämmiger. „Kiezdeutsch" sei ein „neuer, dynamischer Dialekt" des Deutschen, behauptet sie und wiederholt es ständig. Sie missachtet die geltende linguistische Terminologie. Dort ist „Dialekt" definiert als eine Sprechweise, die eine Region charakterisiert im Gegensatz zur Hoch- und Schriftsprache, die ein ganzes Sprachgebiet abdeckt. Ein weiteres betrifft den Umstand, dass „Kiezdeutsch" – wie ein Dialekt – eine spezielle Grammatik und einen eigenen Wortschatz besitze. Das ist trivial: Jede sprachliche Äußerung folgt grammatischen Regeln und verwendet Wörter.

Wiese kapert den Terminus „Dialekt" für eine jugendliche Sprechweise, in der Angeberei eine große Rolle spielt. Warum? Sie möchte an seinem Prestige schnorren, denn Dialekte genießen Ansehen. Wenn „Kiezdeutsch" kein Dialekt ist, ist es dann vielleicht ein Soziolekt? Soziolekte sind Sprechweisen, die in einer bestimmten sozialen Schicht verbreitet sind, etwa Missingsch[1] in Hamburg oder das Ruhrdeutsche[2]. Soziolekte sind jedoch nicht auf eine bestimmte Altersgruppe beschränkt.

„Kiezdeutsch" ist weder ein Dialekt noch ein Soziolekt, sondern eine transitorische Sondersprache, die auf Einflüssen anderer Sprachen und auf Fehlern im Deutschen beruht. Mit „transitorisch" ist gemeint, dass eine Sprechweise in einem bestimmten Lebensalter verwendet und dann wieder abgelegt wird. „Kiezdeutsch" ist eine sozial, bezüglich des Lebensalters und im Hinblick auf den Verwendungsradius markierte, kommunikativ beschränkte Sondersprache. Es ist kein Fall für die Dialektologie, sondern für die Sprachpsychologie und die Fehleranalyse [...]

„Kiezdeutsch" ist natürlich nicht der erste Fall, in dem das Deutsche in Kontakt zu anderen Sprachen geriet. Dabei entstanden immer wieder Sprachmischungen, die mitunter eigene Namen bekamen, z. B. [...] Mönchslatein [und] Rotwelsch[3]. Manche von ihnen waren gebrochene Sprechweisen von Lernenden, andere waren verbale Angeberei, wieder andere Geheimsprachen. [...] Aus dem Französisch der besseren Kreise entwickelte sich das halbgebildete „Berlinfranzösisch", das Spuren im Berlinerischen hinterließ, z. B. einige Adverbien mit der Endung -mang (französisch -ment) wie mittenmang und sachtemang. [...] Alle diese Mischsprachen könnte man mit „Kiezdeutsch" vergleichen. Doch für die historische Dimension ist Wieses „Kiezdeutsch"-Prosa blind. [...]

Wiese geht es nicht um die Beschreibung und Analyse; dafür sind die Daten, die sie vorlegt, zu schmal. Es geht ihr um Krawall. Sie möchte „Kiezdeutsch" sozial aufwerten, aus der Schmuddelecke holen. In den einschlägigen Kiezen mag man das als sozialpädagogische Maßnahme schätzen. Man kann die „Kiezdeutsch"-Kampagne aber auch als Großsprecherei einstufen. Hier wird eine Kleinigkeit zu einer weltbewegenden Neuigkeit aufgeblasen: Ein neuer Dialekt wird geboren, und wir dürfen dabei zusehen! Wiese verfolgt, wie sie laufend betont, sozialintegrative Absichten. Einwände denunziert sie als Mythen, Unsinn, Irrtümer, Mangel an Sachargumenten, Fehleinschätzung usw. [...] Wie Wissenschaft geht, be-

1 **Missingsch** = Eine Mischsprache, die durch den Versuch niederdeutscher Muttersprachler, Standarddeutsch zu sprechen, entstand. Diese haben den niederdeutschen Satzbau beibehalten und volkstümliche Lehnübersetzungen niederdeutscher Wendungen ins Standarddeutsche verwendet.

2 **Ruhrdeutsch** = der mündliche Sprachgebrauch im Ruhrgebiet, der durch alte niederdeutsche Dialekte am Niederrhein und in Westfalen entstand und daneben Einflüsse aus slawischen Sprachen durch Arbeitsmigranten enthält

3 **Mönchslatein** = schlechtes Latein, so wie es in mittelalterlichen Klöstern in Deutschland gesprochen wurde; **Rotwelsch** = Sammelbegriff für sondersprachliche Soziolekte gesellschaftlicher Randgruppen auf der Basis des Deutschen

Best.-Nr. 022727

stimmt sie selbst nach der Pippi-Langstrumpf-Methode: Ich mach mir meine Welt, so wie sie mir gefällt. Das mag im Kiez und im Privatfernsehen funktionieren. In der Wissenschaft funktioniert es nicht. Heike Wiese hat die Sozialarbeit zur Leitschnur für die Sprachforschung gemacht. Sie möchte dem Fortschritt dienen, die Wissenschaft politisieren, die Bildungsbürger erschrecken. Sie ist offen parteilich. Schon deshalb sind ihre Erkenntnisse über „Kiezdeutsch" wissenschaftlich wertlos.

(2012)

Matthias Heine
In Wahrheit ist Kiezdeutsch rassistisch

Zwei Germanistinnen versuchen, uns einzureden, Kiezdeutsch sei der Standardsprache gleichrangig und jeder, der auf korrektem Deutsch beharre, sei ein Rassist. Türkische Aufsteiger wissen es besser.

Die Potsdamer Germanistin Heike Wiese hat Menschen, die Kiezdeutsch für eine defizitäre Sprache halten, als Rassisten bezeichnet. „Kiezdeutsch" ist ein Begriff, den Frau Wiese erfunden hat, um den die deutsche Standardgrammatik ignorierenden Jargon von Migrantenkindern aufzuwerten. Für die Wissenschaftlerin ist diese Sprechweise ein akzeptables Deutsch unter vielen möglichen Varianten. Seitdem die Professorin vor zwei Jahren in einem Buch für die Anerkennung von Kiezdeutsch plädiert hat, wird sie teilweise heftig kritisiert. Jetzt hat sie ihre Fassungslosigkeit darüber zu Protokoll gegeben: „Sprache ist wohl einer der wenigen Bereiche, in dem man noch offen rassistisch sein kann."

Offenbar dämmert es Heike Wiese keine Sekunde, dass der wahre Rassismus darin bestehen könnte, Jugendlichen mit türkischem oder arabischem Migrationshintergrund die Fähigkeit abzusprechen, korrektes Standarddeutsch zu lernen. Aber wenn die Professorin Sätze wie „Machst du rote Ampel?" für „innovativ" erklärt und nahelegt, solche Konstruktionen, die auf Präpositionen und Artikel verzichten, stünden gleichwertig neben schulgrammatisch korrekten Formulierungen, dann verfolgt sie damit eine klassische linke Onkel-Tom-Strategie[1]. Im Bildungsbereich besteht in diesem politischen Lager nämlich immer die Tendenz, alles, was für ihre marginalisierte Klientel zu schwierig sein könnte, als überflüssiges Herrschaftswissen zu diffamieren, dessen geheimer Zweck darin besteht, die Klassenunterschiede auch sprachlich zu zementieren. Im Grunde ihres Herzens hält Frau Wiese offenbar Migranten für zu dumm und zu verweichlicht, um die Härte eines traditionellen Deutschunterrichts aushalten zu können. Sie erniedrigt die so Geschützten aber allesamt zu sprachlichen „Onkel Toms", also zu lustigen Zurückgebliebenen, auf die die Mehrheitsgesellschaft wohlwollend herabsieht.

Kiezdeutsch – ein neuer Dialekt? Da ist was dran

Frau Wieses ursprüngliche Theorie, Kiezdeutsch sei ein neuer Dialekt, ist durchaus plausibel. Denn auch viele alte Dialekte sind entstanden, als im Mittelalter massenhaft Zuwanderer in die vorher von Slawen besiedelten Gebiete des späteren Mittel- und Ostdeutschland zogen und sich dort ihre aus der Heimat mitgebrachten Sprachen zu etwas ganz Neuem mischten.

Fatal ist nur, wenn dieser theoretische Ansatz zu einer zwanghaften Nivellierung[2] führt. Weil Kiezdeutsch in Wirklichkeit kein Dialekt ist, sondern ein Soziolekt, die Sprache einer bestimmten Schicht. Kreativ an ihr ist allenfalls, wie diese Schicht mit ihren grammatischen Defiziten spielerisch umgeht. Bundestagsabgeordnete, Professoren oder Architekten mit Migrationshintergrund kämen aber nie auf die Idee, ein breites Publikum in Kiezdeutsch anzusprechen. In diesen Kreisen ist man sich bewusst, dass man sich damit zu einer Witzfigur machen und sich dem Verdacht aussetzen würde, genauso restringiert zu denken, wie man spricht.

Nichts provoziert die Eltern zuverlässiger

Denn darin besteht das Missverständnis von Professor Wiese und anderen Sprachwissenschaftlern, die sich der Kampagne für die Emanzipation des Kiezdeutsch angeschlossen haben: Nur weil es mittlerweile auch deutschstämmige Deutsche gibt, die Kiez-

---

[1] Die Formulierung bezieht sich auf den Roman „Onkel Toms Hütte" (1852) von Harriet Beecher Stowe (1811 – 1896). Darin geht es um das Schicksal eines farbigen Sklaven in Amerika, dessen innere Stärke im Angesicht der Unterdrückung die Inhumanität der Sklaverei offenlegen soll. In der heutigen Rezeption wird die Konzeption der Figur des „Onkel Tom", der alles erträgt und vergibt, anstatt aufzubegehren, aber auch kritisch gesehen. Die Figur verkörpere demnach eine sozialromantische Haltung, die durch die Aufwertung von Menschen aus sozial benachteiligten Schichten charakterisiert ist, der allerdings der Vorwurf gemacht wird, die Realität zu verkennen und in Wirklichkeit nichts zu realen Verbesserungen Benachteiligter beizutragen.

[2] **Nivellierung** = Versuch, Unterschiede auf ein gleiches Niveau zu bringen und sie zu glätten

deutsch sprechen, heißt das noch lange nicht, dass wir in einigen Jahrzehnten alle so reden. Die Beispiele, die Frau Wiese und ihre ähnlich argumentierende Linguistenkollegin Diana Marossek belauscht haben, teilen sich ganz offensichtlich in zwei Gruppen: Einerseits gibt es Deutsche aus bildungsfernen Schichten, die sich sprachlich den Migrantenkindern, die auf ihrer Schule die Mehrheit bilden, angepasst haben und tatsächlich gar nicht anders reden können. Andererseits sind da diejenigen, die die Standardsprache durchaus beherrschen, aber gelegentlich aus Laune in den Kiez-Code wechseln, so wie sich der Bürger ja gelegentlich mal aus Jux und für den Nervenkitzel in eine Proletarierkneipe begibt. Frau Wiese glaubt, bei diesen Jugendlichen stünde Kiezdeutsch für das entspannte Plaudern unter Freunden und manchmal auch für Provokation – denn die Jugendlichen wissen, dass keine Nazi-CD und keine Gesichtstätowierung ihre Eltern zuverlässiger in Panik geraten lässt als Kiezdeutsch.

Kiezdeutsch ist „Turkfacing"

Beide Motive spielen bestimmt tatsächlich eine Rolle. Aber zuallererst imitieren deutsche Gymnasiasten oder Studenten doch den (echten oder vermeintlichen) Jargon türkischer Altersgenossen, um sich darüber zu belustigen. Je höher die Bildung, desto eher besteht der paradoxe Trick darin, Kiezdeutsch zu sprechen und sich gleichzeitig von dessen originären Sprechern zu distanzieren. Im Grunde ist das wie „Blackfacing". So nennt man in Amerika die lange von Weißen verübte rassistische Humorpraxis, sich das Gesicht schwarz anzumalen, um über die Schwarzen und ihre kulturellen Besonderheiten zu spotten. Wenn Deutsche, die es besser können, Kiezdeutsch reden, ist das oft „Turkfacing" – man schminkt sich sprachlich als Türke, um unter den biodeutschen Freunden ein paar leichte Humorpunkte zu machen.

(2014)

www.welt.de/kultur/article129622721/In-Wahrheit-ist-Kiezdeutsch-rassistisch.html (27.07.2018)

- *Erarbeiten Sie beide Texte, die sich mit den Thesen von Heike Wiese und Diana Marossek befassen, unter folgenden Fragestellungen:*
  - *Wie ordnet der Autor das Kiezdeutsch in die Varietäten der deutschen Sprache ein? Benennen Sie in diesem Zusammenhang auch die jeweilige Begründung.*
  - *Was wird an den Forschungsergebnissen zum Kiezdeutsch jeweils kritisiert?*
  - *Mit welchen sprachlichen Mitteln stützen die Autoren jeweils ihre Kritik?*
- *Halten Sie Ihre Ergebnisse in Form von Stichworten fest.*
- *Kann Sie der Autor von seiner Meinung überzeugen? Begründen Sie.*

„Hänsel und Gretel" auf Kiezdeutsch

Illustration von Ludwig Richter, 19. Jahrhundert

Murat und Aische gehen dursch Wald, auf Suche nach korrekte Feuerholz.

Aische fragt Murat: „Hast Du Kettensäge, Murat?"

Murat: „Normal! Hab isch in meine Tasche, oder was!?"

Auf der Suche nach korrekte Baum, verirrten sie sisch krass in de Wald.

Murat: „Ey scheissse, oder was!? Hast du konkrete Plan, wo wir sind, oder was!?"

Aische: „Ne scheissse, aber isch riesche Dönerbude!"

Murat: „Ja feeeett!"

Aische: „Normal, da vorn an den Ecke!"

So fanden schließlich dursch Aisches korrekte siebte Döner-Such-Sinn den Dönerbude. Sie probierten von jede Döner.

Plötzlich kamm voll den krasse Frau und fragt: „Was geht, warum beißt ihr in meine Haus?"

Als Strafe sperrte den Hexe Murat in krass stabilen Kafig. Zu Aische sagte sie: „Du Frau, du kochen fur misch! Und verkaufen die Döner an den Theke."

Murat wurde gemästet bis korrekt fett für Essen.

Doch ein Tag hatte Aische einen fixe Idee.

Sie fragte: „Wie geht den mit den Dönerbrotofen?"

Hexe: „Was geht? Bist du scheissse im Kopf, oder was?"

Aische: „Normal, isch hab kein Plan, zeigen mal, wie geht!"

Hexe: „Machen das! Komm her und mach den Augen auf!"

Aische: „Gut!"

Den Hexe bückte sisch, um den Dönerofen anzuschmeissen. In den Augenblick Aische kickte mit korrekten Kick-Box-Kick in die fette Arrsch.

Den Hexe sagte: „Aaaahhh, scheissse, was geht? Isch fall direkt in die Scheisendreck Ofen! Oder was!? Aaaahhh isch hab krasse Schmerzen!"

Aische freute sisch und sagte: „Korrekt, den Alte is konkret Tod!"

Murat: „Ey Aische, krasse Idee!"

Aische: „Normal! Oder was!?"

Murat: „Lass misch aus die scheisss Kafig. Alder!"

Aische: „Gut, warte!"

Die Geschichte von „Aische und Murat", www.daburna.delaische.shtml (27.07.2018), © Copyright 2000 by Sönke Magens, Bodo Wilken, Oliver Wunder; Abb.: alamy images/The Picture Art Collection

- *Betrachten Sie die Illustration zum Märchen „Hänsel und Gretel" und erzählen Sie sich das Märchen in einer Ihnen bekannten Fassung.*
- *Lesen Sie dann die Fassung, die an das Kiezdeutsch angelehnt ist. Sprechen Sie über die Wirkung dieser Variante. Welche spontanen Gedanken ruft dieser Text hervor?*
- *Stellen Sie Überlegungen dahingehend an, von wem dieser Text verfasst wurde, welchem Zweck er dient und für welchen Adressatenkreis er gedacht ist.*
- *Stellen Sie einen Bezug zwischen diesem Text und der Kritik von Matthias Heine her.*
- *Beurteilen Sie: Besitzt ein solcher Text Ihrer Meinung nach rassistische Tendenzen?*

Baustein 5

Die Aktualität der Sapir-Whorf-Hypothese

In dem folgenden Baustein steht die Auseinandersetzung mit der sogenannten „Sapir-Whorf-Hypothese" im Mittelpunkt. Diese beinhaltet eine spezifische Antwort auf die komplexe Frage nach dem Zusammenhang von Sprache, Denken und Wirklichkeit und ist seit ihrem Erscheinen heftig umstritten. Die Bearbeitung erfolgt in mehreren Schritten, die einerseits den historischen Verlauf des Diskurses erhellen und andererseits die darin enthaltenen kontroversen Positionen klären sollen. Zunächst soll der Inhalt der „Sapir-Whorf-Hypothese" durch eine Textanalyse geklärt und dieser auf die darin enthaltenen sprachphilosophischen Implikationen hin befragt werden. Die Aktualität der Hypothese wird daraufhin mithilfe von Schlaglichtern aus neueren linguistischen Untersuchungen vor Augen geführt und im Verlauf unter verschiedenen Vorzeichen diskutiert.
Um die Positionen einordnen zu können, erarbeiten die Schülerinnen und Schüler Grundzüge der Rezeptionsgeschichte und lernen die beiden „Denkschulen" der **Relativisten** und der **Universalisten** um Noam Chomsky kennen. Am Text von Steven Pinker erhalten sie sodann exemplarisch Einblick in eine universalistische Position. Anschließend werden an einem kontinuierlichen Sachtext von Lera Boroditsky deren eigene Erkenntnisse sowie die der in ähnlicher Weise forschenden Kolleginnen und Kollegen systematisch erarbeitet, um auf dieser Grundlage differenziert beurteilen zu können, in welcher Weise Whorf aus gegenwärtiger Sicht zuzustimmen ist oder nicht. Abgerundet wird der Baustein mit einem Beitrag von Paul Ibbotson und Michael Tomasello zur Frage nach dem Spracherwerb, bei dem es im Kern darum geht, welche Alternativen es aus heutiger Sicht zum Konzept einer „Universalgrammatik" (Noam Chomsky) gibt.

5.1 Das „linguistische Relativitätsprinzip"

Die nach Benjamin L. Whorf und Edward Sapir benannte „Sapir-Whorf-Hypothese" gleicht den bereits von Wilhelm von Humboldt im 19. Jahrhundert formulierten Überlegungen zum Verhältnis von Sprache, Denken und Wirklichkeit. Von Humboldts These, dass in jeder Sprache eine „eigentümliche Weltansicht" liege, zeigt exemplarisch auf, wie sich in der europäischen Auffassung eine Tendenz entwickelt hat, die in die Richtung der sprachlichen Relativität weist. Seinen Untersuchungen lagen dabei empirische Ergebnisse aus der historisch-vergleichenden Sprachwissenschaft zugrunde.
Der Diskurs im amerikanischen Raum ist geprägt durch Franz Boas (1858–1942), einem aus Deutschland stammenden US-Ethnologen und -Sprachwissenschaftler. Die Begegnung mit ihm und seinen Ideen gilt in der Forschung als Grund dafür, dass sich Edward Sapir (1884–1939) mit den Sprachen der amerikanischen Indianer befasste, sie beschrieb und klassifizierte, bevor viele von ihnen ausstarben. In der Forschung ist umstritten, ob Sapir als einer der Ersten, die im amerikanischen Raum das sprachliche Relativitätsprinzip formulierten, gelten darf oder ob seine Forschungen zwar Züge in die Richtung Whorf aufweisen, seine Position insgesamt aber als schwächer eingeschätzt werden muss. Er vertrat eine schwache Determinationshypothese: Ein Denken ohne Sprache sei nicht möglich und die

Sprache weise dem Denken seine Wege – allerdings könne das Denken seinerseits wieder über die Sprache hinausführen und sie verändern.[1]
Wie auch Sapir beschäftigte sich Benjamin Lee Whorf (1897 – 1941), dessen Name wie kein anderer faktisch gleichgesetzt wird mit dem Prinzip der sprachlichen Relativität, mit amerikanischen Indianersprachen. Als studierter Chemieingenieur und Angestellter einer Feuerversicherung befasste er sich mit der Linguistik zunächst aus eigenem Interesse. Seine Schriften und Vorträge wurden schließlich so populär, dass er unter Linguisten als Spezialist für amerikanische Indianersprachen angesehen wurde und auch Gelegenheiten zu deren Erforschung erhielt. Als Schüler Sapirs schrieb er sich in dessen Vorlesungen ein und erhielt 1937/38 aufgrund seiner Kompetenzen und trotz fehlender formaler Voraussetzungen in Form eines linguistischen Abschlusses einen Lehrauftrag für uto-aztekische Sprachen.
In der Folgezeit ist für Whorf die Arbeit mit Ernest Naquayouma, einem Hopi, der in New York lebte und mit dem er offenbar mehrere Jahre zusammenarbeitete, zentral. Die Erforschung der Hopi-Sprache[2] widersprach gängigen linguistischen Annahmen, wie sie aus der Arbeit mit indoeuropäischen Sprachen bekannt waren, und veranlasste Whorf zu der These, dass ein Sprecher unter anderem durch die Klassifikationen sowie andere grammatikalische Strukturen, die ihm seine Sprache vorgebe, in seiner Wahrnehmung der Welt geprägt werde. Whorf formuliert sein „linguistisches Relativitätsprinzip" bewusst an Einsteins „Relativitätstheorie" angelehnt. In dieser geht es um Beobachter des Universums, für die Zeit und Raum von einem Koordinatensystem relativ zu ihrem Standpunkt abhängig sind. Analog dazu operiert Whorf mit verschiedenen Variablen: Mensch, Welt, Sprache, Wahrnehmung und Bild der Welt (oder allgemeiner: Denken). Entgegen den üblichen Erwartungen nimmt Whorf angesichts seiner sprachwissenschaftlichen Untersuchungen an, dass Beobachter desselben physikalischen Sachverhalts nicht zum gleichen Bild der Welt gelangen. Er konkretisiert diese Annahme dahingehend, dass nicht indoeuropäische Sprachen Kategorien bereitstellen, die zu einem anderen Verständnis grundlegender physikalischer oder alltagstheoretischer Begriffe wie etwa Zeit, Raum, Masse oder Stoff führen.
Damit werden die letzten drei der insgesamt vier Annahmen, die für ein naives (i. S. von „vorwissenschaftliches") Alltagsverständnis prägend sind, infrage gestellt[3]:

1. Es existiert eine wirkliche Welt außerhalb des wahrnehmenden Individuums.
2. Das Individuum nimmt diese Welt so wahr, wie sie wirklich ist.
3. Das durch die Wahrnehmung vermittelte Bild der Welt ist bei allen Individuen gleich.
4. Die Sprache dient dem Individuum dazu, die Inhalte seines Denkens anderen Individuen mitzuteilen.

Damit diese fundamentale Erkenntnis für die Schülerinnen und Schüler nachvollziehbar wird, werden bei der Erarbeitung des Textes diese Grundannahmen präsentiert und sollen durch die Lernenden im Sinne Whorfs umformuliert werden. Ein solcher Zugang schärft das Textverständnis der Schülerinnen und Schüler, die die Aufgabe nur dann erfolgreich bewältigen können, wenn sie den Gedankengang intensiv durchdrungen haben. Dabei sollte in der Umformulierung deutlich werden, dass die Sprache nicht auf die Mitteilungsfunktion beschränkt ist, sondern beim Denken selbst beteiligt ist, also viel früher in der „Abfolge" der beschriebenen Prozesse berücksichtigt werden muss.
Die Wahrnehmung der Wirklichkeit ist Whorf zufolge wesentlich durch sprachliche und grammatische Strukturen – Whorf spricht hier vom „linguistischen System in unserem Geist" (Z. 58 f.) – beeinflusst. Vor diesem Hintergrund seien alle Klassifikationen und begrifflichen

---

1 Vgl. dazu: Werlen, Iwar: Sprachliche Relativität. Tübingen und Basel: UTB 2002, S. 194

2 Die Tatsache, dass Whorf zunächst nur mit einem einzigen (in New York lebenden) Informanten gearbeitet und daraus Thesen für seine Forschung abgeleitet hat, gilt im Hinblick auf die Methodologie als durchaus fragwürdig.

3 Vgl. dazu: Werlen, Iwar: Sprachliche Relativität. Eine problemorientierte Einführung. Tübingen und Basel: UTB 2002, S. 3

Systeme, mit denen die Welt durch den Menschen sprachlich geordnet werde, relativ, da sie jeweils von der spezifischen Sprache abhingen, die eine Sprachgemeinschaft spreche (linguistischer Relativismus). Whorf geht noch einen Schritt weiter, denn für ihn ist Sprache nicht nur ein Instrument zur Formung von Gedanken, sondern sie sei es, die „vielmehr selbst die Gedanken formt" (Z. 41). Die oben genannten Annahmen müssten demzufolge so umformuliert werden, dass die besondere Rolle der Sprache hinsichtlich der Sinneswahrnehmung und in der Folge des Bildes von der Welt betont würde.
Inwieweit eine Sprache mit ihren spezifischen Strukturen das Weltbild, Denken und Verhalten ihrer Sprecher beeinflusst bzw. sogar determiniert, wird bis heute kontrovers diskutiert.[1] Im Verlauf ihrer Rezeptionsgeschichte hat die „Sapir-Whorf-Hypothese" dabei unterschiedliche Ausprägungen erfahren. Je nachdem, ob die (Mit-)Bestimmung der Sprache im Hinblick auf das Weltbild als vollständig oder als bedingt angesehen wird, spricht man von einer stark deterministischen (d.h. vollständig bestimmenden) und einer schwach deterministischen Version der Hypothese. Bei einer kritischen Lesart des gesamten Whorf'schen Werkes muss man nach dem Urteil des Linguisten Iwar Wehrlen[2] festhalten, dass Whorf kein Vertreter des sprachlichen Determinismus in der sogenannten starken Form war, aber dennoch eine deutliche Position des sprachlichen Relativismus vertreten habe: Die Welt stelle sich in der sinnlichen Wahrnehmung allen Beobachterinnen und Beobachtern gleich dar, werde von ihnen aber aufgrund ihrer unterschiedlichen sprachlichen Hintergründe verschieden interpretiert. Dabei seien diese Hintergründe hintergeh- und hinterfragbar.
Um die Frage zu klären, ob die „Sapir-Whorf-Hypothese" überprüfbar ist, müsste bewiesen werden, dass die Unterschiede zwischen natürlichen Sprachen sich kognitiv auswirken. Bevor hierauf jedoch im Einzelnen eingegangen werden soll, steht die intensive Auseinandersetzung mit dem Originaltext von Whorf im Mittelpunkt.

Vor der Erarbeitung ist es sinnvoll, das Verständnis der Lernenden von dem Zusammenhang zwischen den Grundbegriffen, um die es auch bei Whorf geht, abzurufen. Dazu kann folgender Auftrag erteilt werden:

- *Welche grundsätzliche Position vertreten Sie zu der Frage, wie Sprache und Denken zusammenhängen?*
- *Formulieren Sie zusammenfassend Ihre Meinung und verwenden Sie dabei die Begriffe Welt, Mensch, Sprache und Denken.*

Erwartet werden können verschiedene Sätze, in etwa:
- Der Mensch erschließt sich die Welt durch das Denken. Die Sprache hilft ihm, das Erkannte mitzuteilen.
- Denken ist inneres Sprechen des Menschen über die Welt.
- Der Mensch bewältigt seine Existenz in der Welt durch das Denken. Denken und Sprechen sind voneinander zu unterscheidende Vorgänge. Der Mensch braucht als soziales Wesen Sprache, um in Gemeinschaft leben zu können.
- Der Mensch erfasst die Welt mithilfe der Sprache, die wiederum die Voraussetzung zum Denken ist.

Im Vergleich der Schülerlösungen können die unterschiedlichen Akzente benannt und Widersprüche kenntlich gemacht werden.
Im Anschluss daran erarbeiten die Lernenden Whorfs Ansatz. Dazu erhalten Sie das **Arbeitsblatt 26**, S. 110f. und arbeiten mit folgenden Aufgaben weiter:

[1] Vgl. dazu auch 5.3 „Der Streit der Linguisten"
[2] Werlen, Iwar: Sprachliche Relativität. Eine problemorientierte Einführung. Tübingen und Basel: UTB 2002, S. 238

- *Lesen Sie den Text, gliedern Sie ihn in Sinnabschnitte und stellen Sie die Hauptthesen heraus.*
- *Schließen Sie sich mit einem Mitschüler oder einer Mitschülerin zusammen und erklären Sie sich gegenseitig Whorfs Ansatz mit eigenen Worten.*
- *Welche der folgenden Annahmen aus unserem Alltagsverständnis müssen umformuliert werden, sodass sie den Annahmen Whorfs entsprechen. Nehmen Sie die Umformulierung entsprechend vor.*
  - *Es existiert eine wirkliche Welt außerhalb des wahrnehmenden Individuums.*
  - *Das Individuum nimmt diese Welt so wahr, wie sie wirklich ist.*
  - *Das durch die Wahrnehmung vermittelte Bild der Welt ist bei allen Individuen gleich.*
  - *Die Sprache dient dem Individuum dazu, die Inhalte seines Denkens anderen Individuen mitzuteilen.*
- *Erläutern Sie die Betitelung seiner Theorie als „linguistisches Relativitätsprinzip".*
- *Vergleichen Sie Ihren eigenen Ansatz zur Bestimmung des Verhältnisses der Grundbegriffe Mensch, Welt, Sprache, Denken mit dem Ansatz Whorfs.*

Folgende Ergebnisse sind hinsichtlich der Textgliederung[1] zu erwarten:

1. Sinnabschnitt (Z. 1 – 30); Hauptthese: **Eine Regel ist nur aufgrund ihrer Ausnahme erkennbar und formulierbar**
   Einleitung durch ein hypothetisches Beispiel, das den engen Zusammenhang von Wahrnehmung, Denken und Sprache verdeutlicht. Durch ein Gedankenexperiment veranschaulicht Whorf seine These, dass die Formulierung einer Regel („wir sehen nur Blau", Z. 12) eine Differenzerfahrung voraussetzt, eine Regel also nur aufgrund ihrer Ausnahme erkennbar und formulierbar sei. Für seine sprachwissenschaftlichen Forschungen ergab sich daraus die Konsequenz, vor allem Sprachsysteme zu untersuchen, die sich hinsichtlich ihrer Strukturen gravierend von der eigenen Sprache unterschieden.

2. Sinnabschnitt (Z. 31 – 71); Hauptthese: **Die Grammatik formt den Gedanken**
   Entwicklung und Darlegung der zentralen These, „dass das linguistische System [...] jeder Sprache [...] die Gedanken formt" (Z. 38 ff.), da die Wahrnehmung der Wirklichkeit „von dem linguistischen System in unserem Geist" (Z. 58 f.) organisiert werde

3. Sinnabschnitt (Z. 72 – 87); Hauptthese: **Es gibt eine Relation zwischen einer Sprache und der Welterschließung (linguistisches Relativitätsprinzip)**
   Schlussfolgerung bezogen auf die Relativität naturwissenschaftlicher Welterschließung: Die Beobachtung gleicher physikalischer Sachverhalte führe in Abhängigkeit von der jeweiligen Sprache der Beobachter zu unterschiedlichen Interpretationen und Weltbildern (vgl. Z. 82 ff.).

4. Sinnabschnitt (Z. 88 – 106); Hauptthese: **Verwandtschaft und Divergenz zwischen Sprachen**
   Weiterführung und Stützung der These unter Berücksichtigung der mehr oder weniger großen Divergenzen zwischen verschiedenen Sprachen. Whorf behauptet, dass die „Divergenz in der Analyse der Welt" (Z. 95 f.) deutlicher werde, wenn man nicht indoeuropäische Sprachen gegenüberstelle, sondern z. B. „die Eingeborenensprachen Amerikas"

[1] Siehe: P.A.U.L D. Oberstufe. Lehrerband. Paderborn 2014, S. 683

(Z. 98 f.) mit den modernen europäischen Sprachen vergleiche. Damit kehrt Whorf gewissermaßen zum Beginn seines Textes zurück. Die Ergebnisse dieser Gegenüberstellung offenbare „[d]ie Relativität aller begrifflichen Systeme [...] und ihre Abhängigkeit von der Sprache“ (Z. 104 ff.). Mit seinen abschließenden Aussagen kehrt er zu seiner zentralen These zurück, die er gleichsam als bewiesen darstellt.

Eine Umformulierung der Aussagen könnte in etwa lauten:

1. Es existiert eine wirkliche Welt außerhalb des wahrnehmenden Individuums.
2. Das Individuum nimmt diese Welt so wahr, wie es das linguistische System in seinem Geist (seine Sprache) vorgibt.
3. Das durch die Wahrnehmung vermittelte Bild der Welt ist bei den Sprechern innerhalb einer Sprache ähnlich, unterscheidet sich jedoch von dem Weltbild der Sprecher anderer Sprachen.
4. Die Sprache prägt und formt die Art und Weise, wie das Individuum die Welt wahrnimmt und somit auch sein Bild der Welt. Sprecher unterschiedlicher Sprachen konstruieren die Wirklichkeit anders und kommen entsprechend zu einem anderen Bild der Welt, das nur bedingt Sprechern anderer Sprachen vermittelt werden kann.

Ein wesentlicher Grundgedanke des Textes kann in folgendem Schaubild visualisiert werden:

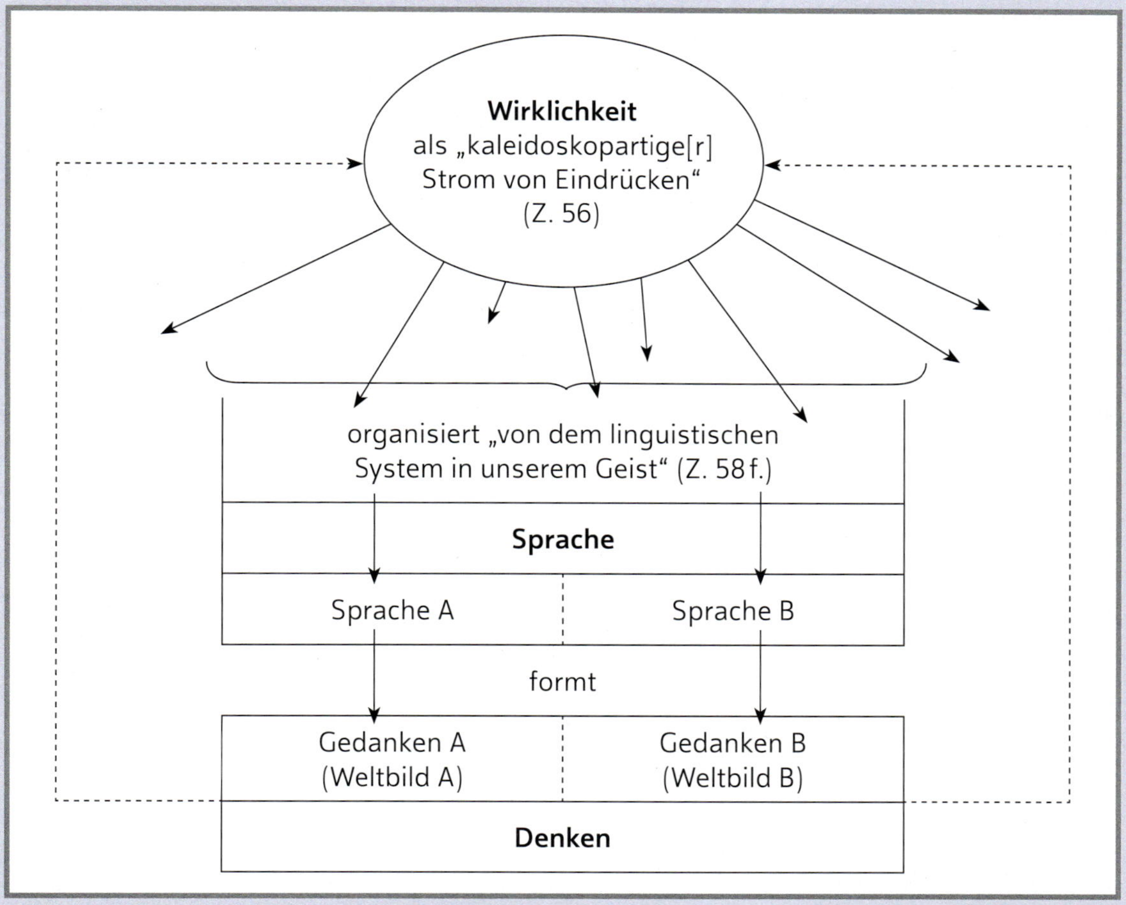

5.2 Der Zusammenhang von Sprache, Denken und Wirklichkeit – Fragen und Antworten aus der gegenwärtigen empirischen Sprachforschung

Durch eine Vielzahl anthropologischer und sprachwissenschaftlicher Untersuchungen ist Bewegung in die linguistische Diskussion um die Frage nach dem Zusammenhang von Sprache, Denken und Wirklichkeit gekommen. Dabei hat sich der zunächst eher sprachphilosophisch geführte Diskurs in seiner Methodik und auch im Hinblick auf die beteiligten Disziplinen verändert. Neben Sprachphilosophen und Linguisten sind es heute auch Psychologen, Psycholinguisten und Hirnforscher, die bereits formulierten Hypothesen über das Wesen der menschlichen Sprache entweder das empirische Fundament zu deren Bestätigung geben oder diese mithilfe eben dieser Daten falsifizieren.
Besonders bedeutsam ist in diesem Zusammenhang, dass die bereits als überholt geltende sogenannte „Sapir-Whorf-Hypothese“ durch vielfältige Ergebnisse der Sprachforschung neue Nahrung bekommen hat – mit der Folge, dass viele der gegnerischen Annahmen, die von Linguisten rund um Noam Chomsky formuliert worden waren, eingeschränkt, korrigiert und teilweise auch vollständig aufgegeben werden mussten. Diesen Paradigmenwechsel gilt es im Unterricht nachzuzeichnen, um die Schülerinnen und Schüler zu befähigen, sich im aktuellen linguistischen Diskurs zu orientieren und dabei Wesentliches über die Natur der menschlichen Sprache zu lernen.
Die aktuellen Ergebnisse aus der Linguistik sind vielfach faszinierend, manchmal überraschend und auf jeden Fall interessant und sollten deshalb Eingang in die schulische Auseinandersetzung finden. Eine Herausforderung dabei besteht jedoch angesichts einer Fülle von möglichen Autoren und wissenschaftlichen Studien in der Frage nach der Auswahl der Inhalte. Um die Auseinandersetzung nicht auf eine bestimmte Forschungsrichtung zu beschränken, sondern vielmehr einen Eindruck von den verschiedenen Fragestellungen, die derzeit erforscht werden, zu vermitteln, wird hier vorgeschlagen, einen Einstieg mithilfe von Schlaglichtern aus der wissenschaftlichen Forschung zu wählen. Um die Schülerinnen und Schüler in die Forschungszusammenhänge einzuführen und sie zugleich zum eigenen Nachdenken anzuregen, beginnen die Lernenden mit einer eigenen Einschätzung.

Die Lernenden erhalten das **Arbeitsblatt 27**, S. 112 mit den Einschätzungsfragen und arbeiten mithilfe folgender Fragestellung:

- *Die Fragen stammen aus verschiedenen Studien über die menschliche Sprache und den Zusammenhang mit dem Denken. Prüfen Sie Ihre eigenen Vorstellungen, indem Sie jede dieser Fragen spontan beantworten. Schreiben Sie dazu jeweils „ja“, „nein“ oder „teilweise“ hinter die Fragestellungen.*
- *Tauschen Sie sich mit Ihrem Sitznachbarn bzw. Ihrer Sitznachbarin über Ihre Einschätzungen aus. Waren Sie sich einig? Diskutieren Sie ggf. über einzelne Fragen, bei deren Beantwortung Sie sich nicht einigen konnten.*

Im Anschluss daran erfolgt eine zweite Auswertung mithilfe eines Arbeitsblattes, auf dem die einzelnen Studien in ihrer Anlage und ihrem Ergebnis kurz vorgestellt werden. Die Schülerinnen und Schüler erhalten das **Arbeitsblatt 28**, S. 113 f. mit folgenden Aufgabenstellungen:

- *Lesen Sie die Ergebnisse aus den einzelnen Studien und besprechen Sie mit Ihrem Sitznachbarn bzw. Ihrer Sitznachbarin, was Sie dabei besonders überraschend fanden.*

- *Überprüfen Sie Ihre bisherigen Annahmen zum Zusammenhang von Sprache und Denken. Bestätigen die Ergebnisse Ihre Meinung oder würden Sie sie nun revidieren? Formulieren Sie ggf. Ihr Statement unter Rückgriff auf die gewonnenen Erkenntnisse erneut.*

Schon jetzt kann sich der Effekt, der sich in der Wissenschaft eingestellt hat, auch im Kursverband darin zeigen, dass einige der Schülerinnen und Schüler, die zwischen Sprache und Denken keinen Zusammenhang vermuten, ihre Voreinstellung korrigieren bzw. weniger pauschal formulieren. Dies könnte in einem darauf folgenden Unterrichtsgespräch mit dem Hinweis, dass sich ähnliche Prozesse auch in der gegenwärtigen Linguistik abspielen und diese Gegenstand der weiteren Auseinandersetzung sein werden, aufgegriffen werden.

5.3 Der Streit der Linguisten: Universalismus gegen Relativismus

Im nächsten Erarbeitungsschritt lernen die Schülerinnen und Schüler mit Noam Chomsky (geb. 1928) eine Gegenposition zu Whorf kennen. Die besondere Bedeutung Chomskys für die Linguistik ist in seinem Ansatz, bei welchem er die Disziplinen Informatik, Linguistik und Kognitionswissenschaften miteinander verband, zu sehen. Entgegen der bis dahin geltenden Auffassung aus dem Behaviourismus, wonach jeder Mensch eine Sprache durch einen Lernprozess (verbunden mit den Prinzipien der Konditionierung und Nachahmung) erwerbe, vertrat Chomsky die Idee von einer dem Menschen angeborenen „Universalgrammatik", die es erst ermögliche, eine Einzelsprache zu erlernen. Es ging dabei um die These, wonach jeder einzelnen Sprache eine „Tiefenstruktur" zugrunde liegt, deren Gesetzmäßigkeiten Chomsky zu beschreiben versuchte.
Diesem Unterfangen liegt unter anderem die Annahme zugrunde, dass ein Sprecher mit einem begrenzten Instrumentarium grammatischer Regeln und einem endlichen Wortschatz eine unbegrenzte Menge von Sätzen bilden kann. Dieses Prinzip nennt Chomsky in Anlehnung an einen mathematischen Begriff „Rekursion". Der Begriff hebt auf die formale Eigenschaft von Grammatiken ab und bezeichnet grundsätzlich den abstrakten Vorgang, dass Regeln auf ein Produkt, das sie hervorgebracht haben, von Neuem angewandt werden. Hierdurch entstehen potenziell unendliche Schleifen. Nach Ansicht Chomskys sind die Grammatiken natürlicher Sprachen rekursiv aufgebaut. In der Zerlegung einer grammatischen Einheit, die mit einer Kategorie etikettiert wird, kann demnach dieselbe Kategorie erneut auftauchen. Dies zeige sich am Phänomen der Nebensätze, etwa, wenn die Einbettung von Nebensätzen zu ineinander verschachtelten Strukturen führe.
Um zu beweisen, dass jeder Mensch über eine dem Lernen einer Einzelsprache vorgeschaltete „Universalgrammatik" verfügt, müssten deren Eigenschaften zwangsläufig für sämtliche Sprachen gelten. In der weiteren empirischen Sprachforschung tauchten allerdings immer wieder Einzelsprachen auf, deren Strukturen gewissen Annahmen Chomskys, welcher sich bei seinen Studien zunächst vor allem auf die indoeuropäische Sprachfamilie bezogen hatte, widersprachen. In der Folge veränderte Chomsky selbst wiederholt die Fassung seiner Universalgrammatik (vgl. dazu Arbeitsblatt 31). Zunächst jedoch galten Chomskys Thesen als Meilenstein in der Linguistik und wurden auf breiter Basis rezipiert und weiterentwickelt.
Aufgrund der Tatsache, dass sich bei Chomsky und seinen Anhängern gegenüber den Ideen des sogenannten „linguistischen Relativitätsprinzips" widersprechende Gedanken finden, wird diese Richtung demnach auch als eine konkurrierende „Denkschule" bezeichnet und mit dem Begriff des „Universalismus" zusammengefasst.

Um sicherzustellen, dass die Lernenden die Voraussetzungen für das Verständnis gegenwärtiger Diskussionen erwerben, indem sie sich grundlegend in dem schon der Vergangenheit angehörenden Streit zwischen Relativisten und Universalisten orientieren können, wird hier ein Lernangebot gemacht, das diesen Streit knapp und anschaulich zusammenfasst. In dem Text von Claudia Wüstenhagen und Stefanie Schramm wird dieser Streit in einer verständlichen und erhellenden Form dargestellt. Dabei werden neben den wesentlichen Kontrahenten auch weitere Forscher, die in die Diskussion eingestiegen sind und Wesentliches dazu beigetragen haben, genannt, sodass die Lernenden hierdurch das gedankliche Gerüst zur Einordnung der Positionen erwerben.
Sie erhalten das **Arbeitsblatt 29**, S. 115f. und gehen mithilfe folgender Aufgabenstellung vor:

- *Stellen Sie die unterschiedlichen Positionen der Relativisten und der Universalisten einander gegenüber, indem Sie deren jeweiligen Grundannahmen in unterschiedlichen Farben im Text markieren. Halten Sie Ihre Ergebnisse in Form einer Tabelle fest.*

Folgende Ergebnisse sind zu erwarten und können in Form eines Tafelbildes festgehalten werden:

Der Streit der Linguisten über den Zusammenhang zwischen Sprache und Denken

Relativismus	Universalismus
Die Grammatik und der Wortschatz jeder Einzelsprache prägen das Weltbild und das Denken der Menschen.	Jeder Mensch verfügt über eine angeborene „Universalgrammatik“, die jeder Einzelsprache vorgeschaltet ist. Denken und Sprache sind voneinander unabhängig.
Wilhelm von Humboldt, Ludwig Wittgenstein, **Benjamin Lee Whorf**	Samuel Johnson, **Noam Chomsky**, Jerry Fodor, Steven Pinker

5.4 Die Stimme einer „Neo-Whorfianerin“ – Lera Boroditsky über wegweisende linguistische Erkenntnisse

Der Text von Lera Boroditsky beinhaltet eine Zusammenstellung ihrer eigenen linguistischen Forschung und der vieler in ähnlicher Weise arbeitender Kolleginnen und Kollegen. Daher ist er geeignet, um wesentliche neue Erkenntnisse, die die Aktualität der Sapir-Whorf-Hypothese mithilfe empirischer Befunde bestätigen wollen, zu vermitteln. Boroditsky geht es dabei

weniger um eine geschlossene philosophische Argumentation als vielmehr um die Darstellung von einzelnen sprachwissenschaftlichen Studien und den daraus abzuleitenden Thesen hinsichtlich des Zusammenhangs von Sprache und Denken. Dass es einen solchen gibt, ist für Boroditsky eine erkenntnisleitende These, die sie bei ihren verschiedenen Studien, teilweise in Kooperation mit Kolleginnen oder Kollegen, zu verifizieren versucht. Dabei setzt sie allerdings die Begriffe keineswegs gleich, sondern betrachtet das Denken differenziert als eine „Ansammlung linguistischer und nicht linguistischer Prozesse" (Z. 214f.). Dennoch wurde ihr, etwa vonseiten der Linguistin Lila Gleitman[1], der Vorwurf gemacht, sie unterschätze die Komplexität des menschlichen Denkens: „Sprache ist nur ein kleiner Teil gemessen am großen Reichtum unserer Gedanken." Die Debatte zeigt exemplarisch, wie sehr in diesen und ähnlichen Fragestellungen, bei denen es um die Natur des menschlichen Geistes geht, noch immer hart gerungen wird. Boroditskys Forschungsergebnisse sowie die ihrer ähnlich arbeitenden Kolleginnen und Kollegen stellen jedoch einen so bedeutsamen Beitrag in diesem Diskurs dar, dass sie in diesem Zusammenhang Erwähnung finden sollten.
Für die Schülerinnen und Schüler besteht die Herausforderung bei der Erschließung des Textes vor allem darin, sich innerhalb der Fülle der zitierten Beispiele zurechtzufinden. Deshalb wird ein methodisches Vorgehen vorgeschlagen, bei dem die Lernenden sich zunächst zu einer Illustration des Textes äußern und anschließend eine differenzierte Erarbeitung unter Berücksichtigung der Einzelergebnisse erfolgt. Das Bild von Jan Neuffer verdeutlicht den im Text dargestellten Zusammenhang zwischen der Raum-/Zeitvorstellung der Sprecherinnen und Sprecher verschiedener Sprachen und der darin enthaltenen linguistischen Besonderheiten. Konkret geht es unter anderem um die Frage, ob und wie unterschiedliche Sprachen eine unterschiedliche Vorstellung von Vergangenheit, Gegenwart und Zukunft hervorrufen bzw. begünstigen. Dabei spielt nach neuerer Erkenntnis die Schreibrichtung oder der sprachliche Ausdruck von Richtungen eine Rolle. Rechts befindet sich ein australischer Ureinwohner mit einer „Windrose" um den Kopf, was auf den Befund verweist, dass sich Sprecher der Sprachen, die Richtungen mithilfe von Himmelsrichtungen ausdrücken, besser orientieren können. Links weisen die arabischen Schriftzeichen auf den Befund hin, dass sich Personen je nach Schreibrichtung die Zukunft und Vergangenheit anders vorstellen. Oben ist eine englischsprachige Person zu sehen. Im Zentrum befindet sich das menschliche Gehirn, das das Denken symbolisiert. Die „Sapir-Whorf-Hypothese", wonach dieses von unterschiedlichen Sprachen geprägt ist, wird somit in dem Bild unter Rückgriff auf neuere linguistische Erkenntnisse veranschaulicht.

Zur Vorentlastung des Textes kann das Experiment, das die Linguistin und Psychologin Lera Boroditsky mit den Sprechern unterschiedlicher Sprachen gemacht hat, auch mit den Schülerinnen und Schülern gemacht werden:

- *Schließen Sie bitte die Augen und zeigen Sie nach Norden.*

Es ist anzunehmen, dass es den Lernenden so ergeht wie Boroditskys englischsprachigen Studierenden und sie Schwierigkeiten haben, diese Aufgabe zu erfüllen. Eine Überleitung zur Texterarbeitung kann unter dem Hinweis, dass es woanders auf der Welt sechsjährige Kinder gibt, die diese Aufgabe mühelos meistern, und sich Linguisten die Frage nach den Gründen für diese sehr unterschiedlich ausgeprägte Kompetenz stellen, erfolgen.

Die Schülerinnen und Schüler erhalten sodann das **Arbeitsblatt 30**, S. 117ff. und arbeiten mithilfe folgender Aufgaben:

[1] Vgl. hierzu: Klaus Wilhelm: Gedacht wie gesprochen. In: Gehirn und Geist. Sprache und Denken. 11/2015, S. 80

- *Beschreiben Sie das Bild von Jan Neuffer und erläutern Sie dessen Aussageabsicht unter Rückgriff auf den Text. Inwiefern wird hierin bereits die „Denkschule“ (Universalismus vs. Relativität), in dessen Tradition sich Boroditsky bewegt, deutlich?*
- *Zeigen Sie auf, welche wissenschaftlichen Erkenntnisse im Text jeweils angeführt werden. Halten Sie diese in Form von Aussagesätzen fest.*
- *Welche Folgerungen lassen sich aus den Erkenntnissen hinsichtlich*
  - *der Möglichkeit, Texte von einer Sprache in eine andere zu übersetzen,*
  - *der Weltsicht einsprachiger und mehrsprachiger Personen,*
  - *der Kommunikation zwischen Personen mit unterschiedlichen Sprachen ableiten?*

Bezüglich der zweiten Aufgabenstellung können die Schülerinnen und Schüler zu folgenden Ergebnissen kommen:

Namen der Forscher	Erkenntnisse
Lera Boroditsky	Eine Sprache, die Richtungen mithilfe von absoluten Himmelsrichtungen anstatt relativer Bezeichnungen („links“, „rechts“) ausdrückt, führt zu andersartigen kognitiven Fähigkeiten hinsichtlich des Orientierungssinns.
Stephen C. Levinson, John B. Haviland	Sprecher, die Richtungen absolut (mithilfe von Himmelsrichtungen) ausdrücken, können sich besser auch in unbekannten Gegenden und Gebäuden orientieren.
Lera Boroditsky, Alice Gaby	Es gibt einen Zusammenhang zwischen der Sprache und der Schreibrichtung und der räumlichen Vorstellung der jeweiligen Sprecher über die Zeit.
Lynden Miles, Raphael Núñez	Menschen passen ihre Körperhaltung entsprechend ihrer sprachlich bedingten Raum-Zeit-Organisation an.
Alexander Guiora	Sprachen und ihre Besonderheiten (z. B. hinsichtlich des Geschlechts) beeinflussen, wie schnell Kinder entsprechende Sachverhalte lernen.
Lera Boroditsky und Kollegen	Kognitive Leistungen sinken in dem Maße, in dem sprachliche Ausdrucksmöglichkeiten weggenommen werden.

Als Fazit kann festgehalten werden, dass nach Boroditsky das Denken als Zusammenspiel linguistischer und nicht linguistischer Prozesse gesehen werden kann und dass ein wesentlicher Einfluss der Sprache auf die Wahrnehmung, Konstruktion und Deutung von Wirklichkeit erkennbar ist.

Aus diesen Erkenntnissen lässt sich im Hinblick auf Mehrsprachigkeit und das „Übersetzen“ von Texten schließen, dass Personen mit diesen Fähigkeiten auch über mehrere Zugriffsweisen auf die Welt verfügen und die Wirklichkeit je nach verwendeter Sprache anders konstruieren. Tatsächlich konnte in einem anderen Versuch von Sylvia Chen nachgewiesen werden, dass bilinguale Personen auch über andere Persönlichkeitsmerkmale verfügen, je nachdem, welcher Sprache sie sich gerade bedienen: „Bei Befragungen gaben sich gebürtige Chinesen durchsetzungsfähiger, extrovertierter und offener, wenn sie englisch sprachen statt kantonesisch. Die Forscher führen das auf kulturelle Normen zurück, die wir beim Lernen einer Sprache ebenfalls erwerben und immer dann abrufen, wenn wir sie benutzen.“[1]

[1] Chen, S. X., Bond. M. H.: Two languages, Two Personalities? Examining Language Effects on the Expression of Personality in a Bilingual Context. In: Per.Sox. Psychol. Bull 36, S. 1514 – 1528, 2010

Möglicherweise lässt sich hierüber auch ein gewinnbringendes Unterrichtsgespräch führen, in dem bilinguale Schülerinnen und Schüler ihre Erfahrungen mit mehreren Sprachen benennen und reflektieren können:

- *Wie beurteilen Sie die Tatsache, dass in einer Studie herausgefunden wurde, dass gebürtige Chinesen, wenn Sie englisch sprechen, sich durchsetzungsfähiger, offener und extrovertierter verhalten, als wenn sie ihre Muttersprache Kantonesisch sprechen?*
- *Vielleicht sind einige von Ihnen selbst zweisprachig. Kennen Sie dieses Phänomen, dass mit der Verwendung der einen Sprache Sie eine andere Wahrnehmung Ihrer Persönlichkeit erleben, als wenn Sie mit der anderen Sprache agieren?*

Neben den vielen empirischen Hinweisen darauf, dass es Korrelationen zwischen Sprache und Denken gibt, zeigt der Text von Boroditsky jedoch auch, dass eine einfache Gleichung ebenso falsch wäre wie auch eine streng deterministische Position, wonach Sprache das Denken in eine Art Gefängnis zwänge. Beides hieße, die Komplexität des Problems zu verleugnen. Um die Schülerinnen und Schüler vor solch absoluten und vereinfachenden Schlüssen zu bewahren, gilt es, darauf aufmerksam zu machen, dass derlei leichte Lösungen in eine gedankliche Sackgasse führen können.

Folgende Impulse können helfen, ein Gespräch darüber im Unterricht zu führen:

- *Beurteilen Sie auf der Grundlage der Erkenntnisse aus dem Text folgende Thesen:*
  - *Sprache und Denken sind miteinander identisch.*
  - *Die Sprache determiniert den Menschen in seinem Denken und wird damit zu einer Art „Gefängnis" für das Denken.*
  - *Es gibt Zusammenhänge von Sprache und Denken nur in einigen Bereichen, die die Sprecher bzw. Sprecherinnen stellenweise in ihrer Wahrnehmung und Deutung der Wirklichkeit leiten.*

Es ist zu hoffen, dass die Lernenden die beiden ersten Thesen als zu pauschal bewerten und dadurch selbst erfassen, dass das Forschungsergebnis am ehesten mithilfe der dritten Formulierung bündelnd ausgedrückt werden kann.

5.5 Sprache – Eine instinktive Kunst? Eine universalistische Position

Eine der wohl berühmtesten Stimmen aus dem Lager der Universalisten im Gefolge Noam Chomskys ist der Sprachwissenschaftler Steven Pinker. In seinem Werk, das auch schon ausdrücklich von Claudia Wüstenhagen und Stefanie Schramm (siehe **Arbeitsblatt 29**, S. 115 f.) erwähnt wird, betont er die genetische Veranlagung, die für die menschliche Sprachfähigkeit verantwortlich sei. Um den Schülerinnen und Schülern einen Einblick in die Kontroverse zu ermöglichen, wird hier vorgeschlagen, die Gegenposition zu den „Neo-Whorfianern" anhand von Pinkers Text zu erarbeiten.
An diesem sind insbesondere der gedankliche Aufbau sowie der Umgang mit der gegnerischen Position auffällig, weshalb bei der Bearbeitung diese beiden Aspekte berücksichtigt werden sollten. Pinker beginnt seinen Text, dessen einleitender Charakter auch mit der An-

kündigung weiterer Ausführungen erkannt werden kann, mit einer Beschreibung der Sprache, die er als „Wunder der Natur“ (Z. 2) bezeichnet. Damit betont er einerseits bereits, dass er natürliche (und nicht etwa kulturelle) Prozesse als für das Begreifen von Sprache maßgeblich betrachtet, und preist andererseits deren immense Leistungen.
In einem zweiten Schritt beruft er sich auf die „jüngsten Erkenntnisse über das Sprachvermögen“ (Z. 19), die, so legt es der Gedankenaufbau nahe, seine These über die Sprache stützen, in seinen Augen althergebrachte, gleichsam aber gängige Vorstellungen jedoch offenbar widerlegen. Zum Zwecke der Distanzierung referiert er sodann einige Annahmen „gebildete[r] Leute“ (Z. 23), deren Ansichten er mit seinen Forschungsergebnissen zu widersprechen gedenkt. Im Einzelnen geht es um die Thesen, wonach Sprache ein kulturelles Produkt sei:

- Von ihr hingen unsere Weltwahrnehmungen und Konstruktionen von Wirklichkeit ab.
- Kleinkinder lernten durch Imitation und Vorbild Sprache.
- Die gegenwärtige Sprachverwendung komme einem Verfallsprozess gleich.

Damit eröffnet er eine sehr breite Diskussion rund um die Frage nach dem Spracherwerb, dem Zusammenhang von Sprache, Denken und Wirklichkeit sowie der Frage nach der Wertung von Sprachprodukten im Kontext des Sprachwandels.
Im nächsten Abschnitt formuliert Pinker das für ihn zentrale Argument, das alle diese Annahmen entkräften soll: Seiner Meinung nach handele es sich bei der Sprache nicht um ein „kulturelles Artefakt“ (Z. 46 f.), sondern um einen „Instinkt“ (Z. 64), vergleichbar mit der Webkunst einer Spinne. Gemeinsam sei beiden Vorgängen, dass sie der biologischen Natur und dem Drang der sie produzierenden Wesen entstammten. Auch andere Analogien zu tierischen Fähigkeiten (wie etwa dem Sonarsystem der Fledermäuse) stützen die Grundthese und fungieren als Leserlenkung. Als Argument führt Pinker an, dass bereits dreijährige Kinder „grammatische[] Genie[s]“ (Z. 87) seien, obwohl ihnen jedes andere kulturelle Produkt nicht zugänglich sei. Sprache werde somit nicht erlernt, sondern sei „Teil unseres biologischen Geburtsrechts“ (Z. 109 f.). Deshalb, so seine Folgerung, sollte die Erforschung von Sprache den Biologen (und nicht etwa den Soziologen oder Geisteswissenschaftlern) überlassen werden.
Die Ansicht Pinkers steht im Gegensatz zu den Thesen der „Neo-Whorfianer“, denen es ja gerade um den Nachweis geht, dass nicht jeder Sprecher und jede Sprecherin über eine gleiche, angeborene genetische Veranlagung verfüge, sondern im Gegenteil in ein je unterschiedliches sprachliches System hineinwachse, das ihr und ihm einen spezifischen Zugriff auf die Wirklichkeit eröffne. Nicht nur grundlegende Thesen über das Wesen von Sprache, sondern auch Einzelbefunde wie etwa die mathematisch geringen Fähigkeiten der Pirahã oder der in manchen Sprachen angelegte ausgeprägte Orientierungssinn widersprechen Pinkers These von einer alle Menschen gleichermaßen betreffenden Sprachfähigkeit und von gleichermaßen entwickelten kognitiven Fähigkeiten.

Die Schülerinnen und Schüler erhalten das **Arbeitsblatt 31**, S. 120 f. und erarbeiten den Text unter folgenden Fragestellungen:

- *Erklären Sie, warum Pinker die Sprache als ein „Wunder der Natur“ bezeichnet. Inwiefern zeigt diese Titulierung bereits, in welcher „Denkschule“ (Relativisten, Universalisten) Pinker zu verorten ist?*
- *Zeigen Sie am Aufbau des Textes dessen Gedankenführung. Gliedern Sie dazu den Text in Sinnabschnitte und befragen Sie die einzelnen Abschnitte auf deren Funktion hin.*
- *Untersuchen Sie die rhetorische Gestaltung des Textes, zeigen Sie diesbezügliche Auffälligkeiten und stellen Sie Überlegungen zur Wirkungsabsicht an.*

- *Vergleichen Sie Pinkers Vorstellungen von Sprache mit denen von Lera Boroditsky. Worin bestehen die Unterschiede, die beide Konzepte letztlich als nicht miteinander vereinbar ausweisen?*

Die Ergebnisse können mithilfe eines Tafelbildes festgehalten und gesichert werden:

Steven Pinker: Sprache als „instinktive Kunst“

Kernthese: Auffassung von Sprache nicht als kulturelles Produkt, sondern als biologische Anlage des Menschen (vgl. Z. 1 – 18)

↓

Abweisung und Versuch der Widerlegung allgemeiner Auffassungen über den Zusammenhang zwischen Einzelsprachen und Konstruktion der Wirklichkeit (Sapir-Whorf-Hypothese); über das Erlernen von Sprache mittels Imitation und Vorbild und bezüglich der Sorge über einen möglichen Sprachverfall (vgl. Z. 19 – 42)

↓

Argument: unbewusste grammatische Kenntnisse von Dreijährigen bei gleichzeitig mangelndem Verständnis für kulturelle Produkte oder Zeichen (vgl. Z. 43 – 107)

↓

Sprache nicht erlernbar, sondern angeboren (vgl. Z. 108 – 127)

5.6 Die sogenannte „gebrauchsbasierte Linguistik“ als ein Alternativmodell zu universalistischen Positionen

Der hier folgende Text kann bei Bedarf und ausreichend Zeit eingesetzt werden, um die Diskussion um den Aspekt der Spracherwerbstheorien zu erweitern und das bereits Erarbeitete zu vertiefen. Im Zusammenhang mit der Vielzahl linguistischer Erkenntnisse, die der Position der Universalisten widersprechen, wird gegenwärtig die von Pinker als zentrales Argument angeführte These, wonach jeder Mensch über universale grammatische Kenntnisse verfüge und anders gar nicht in so jungen Jahren hätte sprechen lernen können, infrage gestellt. Ohne die Annahme von „unbewussten grammatischen Strukturen“ jedoch konnte bislang noch nicht geklärt werden, wie Menschen zu der komplexen Fähigkeit der Sprache kommen. Um diese Forschungslücke, die aufgrund von Zweifeln an dem Vorhandensein einer „Universalgrammatik“ und dessen scheinbarer Alternativlosigkeit entstanden ist, zu schließen, forschen Linguisten wie Michael Tomasello und Paul Ibbotson unter Rückgriff auf empirische Daten zur Frage nach dem Spracherwerb und damit zugleich auch zum Wesen der menschlichen Sprache an sich.
Die Autoren verfolgen in ihrem Text zwei Strategien: Auf der einen Seite werden linguistische Phänomene aufgeführt, die die Theorien der „Universalisten“ widerlegen. Außerdem wird gezeigt, wie diese sich unter diesem Einfluss zunächst in einer revidierten Fassung mit weniger Komponenten zum „gemeinsamen Nenner“ aller Sprachen verändert hat und schließlich nun völlig infrage gestellt wird. Auf der anderen Seite führen die Autoren Schritt für Schritt in ihre eigene Denkrichtung, die sie die „gebrauchsbasierte Linguistik“ nennen, ein. Beide unterscheiden sich in ihren Prämissen grundsätzlich voneinander. So geht Chomsky – inspiriert durch die Computertechnologie – auch nach der Revision vieler anderer Annahmen weiter davon aus, dass das Wesen der Sprache durch die sogenannte „rechnerische Rekursion“ geprägt ist und die Fähigkeit dazu angeboren sei. „Rechnerische Rekursion“ ist in diesem Sinne so zu verstehen, dass jede Sprache Nebensätze bilden bzw. Sätze verschachteln kann, wodurch unendlich vieles ausgesagt werden kann.

Dagegen halten Ibbotson und Tomasello die Entwicklung der Sprache beim Kleinkind für einen Lernprozess, den dieses mithilfe verschiedener kognitiver Strategien (die nicht alle sprachspezifisch sein müssen) und sozialer Fähigkeiten erfolgreich durchlaufen könne. Dabei würden Kleinkinder auf kognitive Fähigkeiten zurückgreifen, die im Laufe der Evolution im menschlichen Gehirn entstanden seien, allerdings nicht zwingend zum Zweck der Entwicklung von Sprache. Um diesen Gedanken metaphorisch zu veranschaulichen, verwenden die Autoren den Begriff der „mentalen Mehrzweckmodule[] für Kategorienbildung, Deutung kommunikativer Absichten und Erfassen von Analogien“ (Z. 114 ff.). Diese in unterschiedlichen Bereichen erforderlichen Fähigkeiten fänden auch bei der Entwicklung der Sprache Anwendung, was sich auch in der Kennzeichnung „gebrauchsbasiert“ niederschlägt. Um den Gedanken der Kategorienbildung zu veranschaulichen, kann an dieser Stelle nochmals auf den Text von Dieter E. Zimmer, in welchem es auch um den Vorgang der Kategorienbildung im Zusammenhang mit der sprachlichen Erfassung der Welt geht (siehe **Arbeitsblatt 18**, S. 70 ff.) verwiesen werden.
Dem gebrauchsbasierten Zweig der Linguistik zufolge sprächen Kinder zunächst nur mithilfe sehr konkreter und simpler grammatischer Konstruktionen, die auf bestimmten Wortmustern beruhten. Die komplexeren Fähigkeiten, etwa im Bereich des Satzbaus, erwürben sie durch ihre Fähigkeit zur Analogiebildung. Wenn sie einen Satz hörten, der nach einem bestimmten Muster gebaut sei, würden sie – so die Theorie – analog dazu einen neuen Satz bilden. Eine angeborene Universalgrammatik ist demzufolge keine zwingende Voraussetzung, um Sätze bilden zu können. Um diesen Gedanken zu veranschaulichen, nutzen die Autoren eine von zwei Infografiken, die eine solche Analogiebildung im Bereich der Syntax exemplarisch darstellt. In der anderen findet sich eine Darstellung, die die Theorie der Satzbildung nach dem Konzept von Chomsky abbildet.
Daneben nutzen die Autoren auch vielfach konkrete Beispiele, die ihre These bzw. ein Argument veranschaulichen. Insbesondere das Beispiel, in denen der Prozess, wie aus einfachen parataktischen Phrasen ein Relativsatz wird, aufgezeigt wird, verweist auf die Annahme, dass es sich sowohl um evolutions- und sprechergruppenbezogene als auch um individuelle Lernprozesse handelt. Dies erklärt auch, warum Ibbotson und Tomasello meinen, die Grammatik sei das „Ergebnis von Geschichte und Psychologie“ (Z. 101 f.). Tradition einerseits und kognitive sowie soziale Fähigkeiten andererseits würden erklären, wie der Mensch zur Sprache kommt.
Die Schülerinnen und Schüler erhalten das **Arbeitsblatt 32**, S. 122 ff. und gehen mithilfe folgender Fragestellungen an die Erschließung des Textes heran:

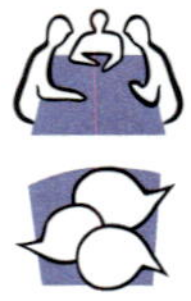

- *Erläutern Sie mithilfe des Schaubildes Kernthesen aus Chomskys Theorie von einer angeborenen „Universalgrammatik“.*
- *Stellen Sie dar, welche Einwände die Autoren gegen die These vom Vorhandensein einer „Universalgrammatik“ vorbringen.*
- *Arbeiten Sie heraus, wie den Autoren zufolge der Spracherwerb ohne ein Vorhandensein von angeborenen Grammatikkenntnissen vonstattengeht. Erklären Sie in diesem Zusammenhang auch das zweite Schaubild.*
- *Beurteilen Sie, welche der Theorien Sie selbst für plausibler halten. Begründen Sie Ihre Meinung.*

Die Ergebnisse können im folgenden Tafelbild gesichert werden.

Die „gebrauchsbasierte Linguistik" – „Ein neues Bild von Sprache?" nach Ibbotson und Tomasello

Kernthese:
Das Erlernen von Sprache funktioniert ohne eine spezielle Veranlagung des Menschen zur Grammatik. Stattdessen spielen mentale und soziale Fähigkeiten eine wichtige Rolle.

Argumente:
Widerlegung von Chomskys Annahmen (etwa zur Rekursion) an konkreten Beispielen; Aufzeigen einer schrittweisen Entwicklung grammatischer Kenntnisse bei Kleinkindern

Konkretisierung der These:
Kategorienbildung, Deutung kommunikativer Absichten und Erfassen von Analogien wirken im Prozess des Spracherwerbs zusammen.

Notizen

Benjamin Lee Whorf: Das „linguistische Relativitätsprinzip“

Die amerikanischen Anthropologen und Sprachforscher Benjamin Lee Whorf (1897 – 1941) und Edward Sapir (1884 – 1939) stellten die sogenannte Sapir-Whorf-Hypothese auf, die erst nach Whorfs Tod in den 1950er-Jahren bekannt wurde. In ihrem Zentrum steht das sogenannte „linguistische Relativitätsprinzip“.
Später beschäftigte Whorf sich intensiv mit der Sprache der Hopi und erforschte den Zusammenhang von Sprache und Weltsicht bzw. von Sprache, Denken und Wirklichkeit.

Nehmen wir zum Beispiel einmal an, es gebe eine menschliche Art, die aufgrund eines physiologischen Defekts nur die blaue Farbe sehen kann. Die Menschen dieser Art würden wohl kaum in der Lage sein, die Regel zu erkennen und zu formulieren, dass sie nur Blau sehen. Der Terminus „Blau“ hätte für sie keinen Sinn. Ihre Sprache würde gar keine Termini für Farben enthalten. Und die Wörter, mit denen sie ihre verschiedenen Blauempfindungen bezeichnen würden, entsprächen unseren Wörtern „hell, dunkel, weiß, schwarz“ etc., nicht aber unserem Wort „blau“. Um die Regel oder Norm, „wir sehen nur Blau“, erfassen zu können, müssten sie gelegentlich und ausnahmsweise auch Momente haben, in denen sie andere Farben sehen. Das Gesetz der Schwerkraft beherrscht unser Leben als eine Regel ohne Ausnahme, und es bedarf eigentlich keiner besonderen Feststellung, dass ein physikalisch völlig unvorgebildeter Mensch von dieser Tatsache keinerlei Bewusstsein hat. Der Gedanke eines Universums, in dem sich Körper anders verhalten als auf der Oberfläche der Erde, käme ihm gar nicht. Wie die blaue Farbe für jene angenommenen Menschen, so ist das Gravitationsgesetz für den unvorgebildeten Menschen Teil seines Hintergrundes und nicht etwas, das er von diesem isolierend abhebt. Das Gesetz konnte daher erst formuliert werden, als man die fallenden Körper unter dem Aspekt einer weiteren astronomischen Welt sah, in der sie sich auf orbitalen Bahnen oder da und dorthin bewegen.
Als die Linguisten so weit waren, eine größere Anzahl von Sprachen mit sehr verschiedenen Strukturen kritisch und wissenschaftlich untersuchen zu können, erweiterten sich Vergleichsmöglichkeiten. Phänomene, die bis dahin als universal galten, zeigten Unterbrechungen, und ein ganz neuer Bereich von Bedeutungszusammenhängen wurde bekannt. Man fand, dass das linguistische System (mit anderen Worten, die Grammatik) jeder Sprache nicht nur ein reproduktives Instrument zum Ausdruck von Gedanken ist, sondern vielmehr selbst die Gedanken formt, Schema und Anleitung für die geistige Aktivität des Individuums ist, für die Analyse seiner Eindrücke und für die Synthese dessen, was ihm an Vorstellungen zur Verfügung steht. Die Formulierung von Gedanken ist kein unabhängiger Vorgang, der im alten Sinne dieses Wortes rational ist, sondern er ist beeinflusst von der jeweiligen Grammatik. Er ist daher für verschiedene Grammatiken mehr oder weniger verschieden. Wir gliedern die Natur an Linien auf, die uns durch unsere Muttersprache vorgegeben sind. Die Kategorien und Typen, die wir aus der phänomenalen Welt herausheben, finden wir nicht einfach in ihr – etwa weil sie jedem Beobachter in die Augen springen; ganz im Gegenteil präsentiert sich die Welt in einem kaleidoskopartigen Strom von Eindrücken, der durch unseren Geist organisiert werden muss – das aber heißt weitgehend: von dem linguistischen System in unserem Geist. Wie wir die Natur aufgliedern, sie in Begriffen organisieren und ihnen Bedeutungen zuschreiben, das ist weitgehend davon bestimmt, dass wir an einem Abkommen beteiligt sind, sie in dieser Weise zu organisieren – einem Abkommen, das für unsere ganze Sprachgemeinschaft gilt und in den Strukturen unserer Sprache kodifiziert ist. Dieses Übereinkommen ist natürlich nur ein implizites und unausgesprochenes, aber sein Inhalt ist absolut obligatorisch; wir können überhaupt nicht sprechen, ohne uns der Ordnung und Klassifikation des Gegebenen zu unterwerfen, die dieses Übereinkommen vorschreibt.
Diese Tatsache ist für die moderne Naturwissenschaft von großer Bedeutung. Sie besagt, dass kein Individuum Freiheit hat, die Natur mit völliger Unparteilichkeit zu beschreiben, sondern eben, während es sich am freiesten glaubt, auf bestimmte Interpretationsweisen beschränkt ist. Die relativ größte Freiheit hätte in dieser Beziehung ein Linguist, der mit sehr vielen äußerst verschiedenen Sprachsystemen vertraut ist. Bis heute findet sich noch kein Linguist in einer solchen Position. Wir gelangen daher zu einem neuen Relativitätsprinzip, das besagt, dass nicht alle Beobachter durch die gleichen physikalischen Sachverhalte zu einem gleichen Weltbild geführt werden, es sei denn, ihre linguistischen Hintergründe sind ähnlich oder können in irgendeiner Weise auf einen gemeinsamen Nenner gebracht werden. […]
Dieser ziemlich überraschende Schluss wird nicht so deutlich, wenn wir nur unsere modernen europäischen Sprachen miteinander vergleichen und viel-

leicht zur Sicherheit noch Latein und Griechisch dazunehmen. Unter diesen Sprachen herrscht eine Einstimmigkeit der Grundstrukturen, die auf den ersten Blick der natürlichen Logik recht zu geben scheint. [...] Deutlicher wird die Divergenz in der Analyse der Welt, wenn wir das Semitische, Chinesische, Tibetanische oder afrikanische Sprachen unseren eigenen gegenüberstellen. Bringen wir gar die Eingeborenensprachen Amerikas hinzu, wo sich einige Tausend Jahre lang Sprachgemeinschaften unabhängig voneinander und von der alten Welt entwickelt haben, dann wird die Tatsache, dass Sprachen die Natur in vielen verschiedenen Weisen aufgliedern, unabweisbar. Die Relativität aller begrifflichen Systeme, das unsere eingeschlossen, und ihre Abhängigkeit von der Sprache werden offenbar. [...]

(1963)

Benjamin Lee Whorf: Das „linguistische Relativitätsprinzip". In: Sprach – Denken – Wirklichkeit. Beiträge zur Metalinguistik und Sprachphilosophie. Rowohlt: Reinbek bei Hamburg 1963. Übersetzung: Peter Krausser

- *Lesen Sie den Text, gliedern Sie ihn in Sinnabschnitte und stellen Sie die Hauptthesen heraus.*
- *Schließen Sie sich mit einem Mitschüler oder einer Mitschülerin zusammen und erklären Sie sich gegenseitig Whorfs Ansatz mit eigenen Worten.*
- *Formulieren Sie folgende Annahmen aus unserem Alltagsverständnis so um, dass die Annahmen Whorfs berücksichtigt werden:*
  - *Es existiert eine wirkliche Welt außerhalb des wahrnehmenden Individuums.*
  - *Das Individuum nimmt diese Welt so wahr, wie sie wirklich ist.*
  - *Das durch die Wahrnehmung vermittelte Bild der Welt ist bei allen Individuen gleich.*
  - *Die Sprache dient dem Individuum dazu, die Inhalte seines Denkens anderen Individuen mitzuteilen.*
- *Erläutern Sie die Betitelung seiner Theorie als „linguistisches Relativitätsprinzip".*
- *Vergleichen Sie Ihren eigenen Ansatz zur Bestimmung des Verhältnisses der Grundbegriffe Mensch, Welt, Sprache, Denken mit dem Ansatz Whorfs.*

Best.-Nr. 022727

Das Verhältnis von Sprache, Denken und Wirklichkeit – Eine Annäherung

Können Sie sich vorstellen, dass ...

a. ... es Sprachen gibt, die keine Zahlwörter kennen? Und dass man ihren Sprechern das Zählen in einer anderen Sprache auch kaum beibringen kann?

b. ... Menschen einen anderen Umgang mit dem Thema Verbrechen vorschlagen, wenn dieses mithilfe verschiedener Metaphern („Bestie", „Virus") umschrieben wird?

c. ... Kinder Sprachen lernen, weil sie mit einer genetischen Anlage auf die Welt kommen, die ihnen die Anwendung bestimmter grammatischer Regeln ermöglicht?

d. ... es in jeder Sprache Mythen und Märchen gibt, die über Jahrhunderte weitererzählt wurden?

e. ... Sprecher, die die Wörter für Farbwahrnehmungen in ihrer Sprache nicht kennen, auch keine Farben sehen können?

f. ... dass das grammatische Geschlecht in einer bestimmten Sprache (z.B. die Rose, die Gabel, die Brücke) auch das Denken der jeweiligen Sprecher im Hinblick auf den bezeichneten Gegenstand beeinflusst?

g. ... Menschen mit höherem sozialen Status häufiger Pronomen der 1. Person Singular („ich", „mein", „mir") benutzen, also häufiger von sich selbst sprechen als Menschen aus niedrigen sozialen Schichten?

- *Die Fragen stammen aus verschiedenen Studien über die menschliche Sprache und den Zusammenhang mit dem Denken. Prüfen Sie Ihre eigenen Vorstellungen, indem Sie jede dieser Fragen spontan beantworten. Schreiben Sie dazu jeweils „ja", „nein" oder „teilweise" hinter die Fragestellungen.*
- *Tauschen Sie sich mit Ihrem Sitznachbarn bzw. Ihrer Sitznachbarin über Ihre Einschätzungen aus. Waren Sie sich einig? Diskutieren Sie ggf. über einzelne Fragen, bei deren Beantwortung Sie sich nicht einigen konnten.*

Best.-Nr. 022727

Das Verhältnis von Sprache, Denken und Wirklichkeit – Wissenschaftliche Erkenntnisse

a. Ja: die Pirahã, ein Amazonas-Volk, spricht eine Sprache ohne Zahlwörter, Nebensätze und der Konjugation der Verben in verschiedene Zeiten. Der Missionar Daniel Everett, der ihnen das Zählen bis zehn auf Portugiesisch beibringen wollte, hatte damit trotz intensiver Bemühungen keinen Erfolg. Und auch andere Forscher wie der Psycholinguist Peter Gordon, der ihre mathematischen Fähigkeiten mithilfe einfacher Zählaufgaben (z.B. Nachlegen von Reihen mit einer bestimmten Anzahl von Gegenständen; überlegen, wie viele Nüsse in eine Dose gesteckt worden sind) prüfte, bestätigte, dass „ein Volk ohne Begriffe für Zahlen nicht die Fähigkeit entwickelt, exakte Anzahlen zu erkennen".[1]

b. Ja: Ein Experiment zur Wirkung von Metaphern durch die Psychologen Paul Thibodeau und Lera Boroditsky hat ihre Probanden in einem empirischen Versuch folgenden Text lesen lassen: *„Das Verbrechen ist eine Bestie (bzw. ein Virus), die die Stadt Addison heimsucht. Vor fünf Jahren war Addison in gutem Zustand, ohne offensichtliche Schwachstellen. In den vergangenen fünf Jahren jedoch sind die Abwehrsysteme der Stadt schwächer geworden, und die Stadt ist dem Verbrechen erlegen. Heute gibt es mehr als 55 000 kriminelle Zwischenfälle im Jahr, ihre Zahl hat um mehr als 10 000 zugenommen. Es besteht die Befürchtung, dass noch ernstere Probleme entstehen, wenn die Stadt ihre Stärke nicht bald zurückgewinnt."*
Diejenigen Probanden, die die Metapher „Bestie" lasen, neigten tendenziell (71 Prozent) dazu, das Problem dadurch zu lösen, die Verbrecher zu jagen, zu inhaftieren und generell härtere Strafen durchzusetzen. Die anderen, die den Text mit der Metapher „Virus" lasen, empfahlen dagegen nur zu 54 Prozent Verbrechensverfolgung und härtere Strafen. 46 Prozent der Teilnehmer machten stattdessen Vorschläge, die Gründe für das Anwachsen der Kriminalität zu untersuchen, die Armut zu bekämpfen und die Bildung zu verbessern. Dies hatten in der Gruppe mit der Metapher „Bestie" nur 29 Prozent als die richtige Strategie beurteilt. Die Metapher hat die Personen offenbar stark in ihrer Wertung des Sachverhalts beeinflusst, ohne dass sie dies bemerkt haben – die meisten erinnerten sich im Anschluss an den Test nicht einmal mehr daran, welche Metapher verwendet worden ist.

c. Die Frage, ob Grammatik angeboren ist, ist letztgültig noch nicht entschieden, jedoch nach neuerer Forschung immer unwahrscheinlicher: Die These entspricht der Denkrichtung der sogenannten „Universalisten" um den Linguisten Noam Chomsky, der eine genetisch bedingte „Universalgrammatik" annahm, welche unabhängig von einer bestimmten Sprache in jedem Menschen existiert und ihn zur Sprache befähigt.

d. Nein: Die Pirahã, deren Sprache keine Zahlwörter kennt, kennt auch keine Vergangenheitsform für Verben. Dies führe laut dem Forscher Daniel Everett zu einem Leben im Hier und Jetzt: „Alle Ereignisse sind verankert im Moment des Sprechens." Die Pirahã kennen keinen Schöpfungsmythos, die Mamas erzählen den Kleinen keine Märchen, niemand erfindet Geschichten, niemand malt – Kunst gibt es nicht.[2]

e. Nein: Die Psychologin Eleanor Rosch konnte unter Beweis stellen, dass auch Menschen wie die Dani[3], deren Sprache keine Farbwörter kennt, Farben sehen können. Allerdings konnte in anderen Studien zur Farbwahrnehmung von Personen mit der Muttersprache Russisch, deren Sprache zwei Bezeichnungen für „blau" (sinyi für Hellblau und goluboy für Dunkelblau), sowie der Muttersprache Setswana, die eine Kategorie „grue" (für Grünblau) aufweist, gezeigt werden, dass es geringfügige Unterschiede bei der Kategorisierung von Farben durch die Testpersonen gibt, die offenbar mit ihrer Muttersprache zusammenhängen.

f. Teilweise: In Experimenten von Lera Boroditsky wählten die Versuchspersonen, als sie aufgefordert wurden, Dingen wie etwa Äpfeln oder Brücken Vornamen zu geben, solche aus, die zum grammatischen Geschlecht des Gegenstandes in ihrer Muttersprache passten. Bei einem anderen Experiment wurde danach gefragt, welche Synchronstimme die Probanden Gegenständen, die in lebendiger Version in einem Film auftreten sollten, geben würden. Sie wählten dabei tendenziell eher Stimmen, die dem grammatischen Geschlecht entsprachen. Auffällig war, dass diese Tendenz bei Franzosen und Spaniern ausgeprägter war als bei Deutschen, die sich in ihrer Vorstellung offen-

[1] Vgl. dazu: Rafaela von Bredow: Leben ohne Zahl und Zeit, www.spiegel.de/spiegel/print/d-46707709.html (27.07.2018)

[2] Vgl. dazu: ebd.

[3] **Dani** = indigenes Volk (Eingeborenenvolk) auf Neuguinea, dessen Sprache lediglich jeweils einen Sammelbegriff zur Unterscheidung zwischen hellen/warmen Farbtönen und dunklen/kalten Farbtönen kennt und keine weitere Differenzierung der Einzelfarben vornimmt

Best.-Nr. 022727

sichtlich weniger vom grammatischen Geschlecht leiten ließen.
Die Assoziationen von Muttersprachlern zu „Brücke“ war bei jenen, in deren Sprache sie weiblich ist, zudem eher „elegant“, „schön“, „schlank“ und „friedfertig“, während sie bei jenen, in deren Sprache sie männlich ist, eher „groß“, „stark“, „robust“ und „gefährlich“ war. Die Deutschen assoziierten bei dem Wort „Schlüssel“ auch eher die Adjektive „hart“, „metallisch“, „zackig“, während den Spaniern, in deren Sprache „Schlüssel“ weiblich ist, eher „klein“, „glänzend“ und „hübsch“ in den Sinn kam. Lera Boroditsky sieht die Ergebnisse als Indiz dafür, dass das grammatische Geschlecht in die Gedanken hineinwirkt.

g. Nein: Tatsächlich verhält es sich genau umgekehrt. Der Psychologe und Psycholinguist James Pennebaker konnte aus Computeranalysen mit großen Datenmengen über die Verwendung von Pronomina erkennen, dass Personen aus niedrigen gesellschaftlichen Schichten häufiger Pronomen der 1. Person Singular („ich“, „mein“, "mir“) verwenden, also häufiger von sich selbst reden. Das weist darauf hin, dass Menschen aus einer untergeordneten sozialen Position mehr auf sich selbst achten: In Gesprächen schauen sie Höhergestellte an, solange diese reden; wenn sie selbst sprechen, schauen sie weg. Personen mit höherem sozialen Status verhalten sich genau andersherum. Das könnte erklären, warum sie häufiger „Sie“ und „du“ sagen. Pennebaker analysierte mithilfe seiner Methode auf Anfrage des FBI auch Aussagen von Terroristen (konkret: Osama bin Laden). Er konnte feststellen, dass sich sein extremes Selbstbewusstsein durch einen geringen Gebrauch des Wortes „ich“ und einen häufigen Gebrauch der Worte „wir“ und „du“ sprachlich manifestierte. Außerdem fand er heraus, dass sich dessen Sprache kurz vor einem Anschlag verändert hat: Die Mitteilungen wurden einfacher, wütender, weniger komplex. Exakt dieselben Veränderungen fanden sich jedoch auch in der Sprache dessen, der die Terroristen der al-Qaida bekämpfen wollte, nämlich George W. Bush vor dem Afghanistan- und Irakkrieg.

nach: Stefanie Schramm und Claudia Wüstenhagen: Das Alphabet des Denkens. Wie Sprache unsere Gedanken und Gefühle prägt. Rowohlt: Reinbek bei Hamburg: Rowohlt 2015

- *Lesen Sie die Ergebnisse aus den einzelnen Studien und besprechen Sie mit Ihrem Sitznachbarn bzw. Ihrer Sitznachbarin, was Sie dabei besonders überraschend fanden.*
- *Überprüfen Sie Ihre bisherigen Annahmen zum Zusammenhang von Sprache und Denken. Bestätigen die Ergebnisse Ihre Meinung oder würden Sie sie nun revidieren? Formulieren Sie ggf. Ihr Statement unter Rückgriff auf die gewonnenen Erkenntnisse erneut.*

Stefanie Schramm/Claudia Wüstenhagen: Der Streit der Linguisten

Wie hängen Sprache und Denken zusammen? Können wir ohne Worte überhaupt denken? Darüber sinnen Philosophen bereits seit Jahrhunderten nach – und streiten darüber, bis heute.
„Worte sind bloß die Zeichen der Gedanken", behauptete der englische Dichter und Gelehrte Samuel Johnson im 18. Jahrhundert, und „Sprache ist die Kleidung der Gedanken". Völlig anders sah das Wilhelm von Humboldt Anfang des 19. Jahrhunderts: „So ist die Sprache ein nothwendiges Erforderniß zur ersten Erzeugung des Gedankens, und zur fortschreitenden Ausbildung des Geistes." Der Mensch, so war der Gelehrte überzeugt, denke nur „vermittelst der Sprache". Doch er ging noch weiter, und das ist für die aktuelle Diskussion höchst interessant: „Das Denken ist nicht bloß abhängig von der Sprache überhaupt, sondern bis auf einen gewissen Grad auch von jeder einzelnen bestimmten [Sprache]". Noch drastischer formulierte es Anfang des 20. Jahrhunderts der Philosoph Ludwig Wittgenstein: „Die Grenzen meiner Sprache bedeuten die Grenzen meiner Welt."
In diesen wenigen Aussagen [...] stecken schon all jene Argumente, die in den Sechziger- und Siebzigerjahren den Streit der Linguisten befeuern sollten. Da steht die Ansicht, dass wir Sprache lediglich brauchen, um Gedanken auszudrücken, gegen die Überzeugung, dass wird Sprache brauchen, um Gedanken überhaupt erst zu denken. Im ersten Fall würden wir nicht in Worten denken, im zweiten schon. [...]
Diese widerstreitenden Ansichten kristallisierten sich zu zwei Denkschulen, deren Anhänger sich erbittert bekämpften: die Relativisten und die Universalisten. [...] Die Hypothese der Relativisten, Sprachen hätten ihre ganz speziellen Eigenarten und beeinflussten damit das Denken auf unterschiedliche Art und Weise, wird heute vor allem mit einem Namen verbunden: Benjamin Lee Whorf. Er studierte in den Dreißigerjahren die Sprachen der amerikanischen Ureinwohner, unter anderem bei dem Linguisten Edward Sapir, auf dessen Arbeiten er sich in seiner weiteren Forschung stützte. Besonders interessierte er sich für die Abweichungen der indianischen Sprachen vom Englischen, berühmt sind die Beispiele der Hopi und der Inuit. Die Hopi, meinte Whorf, verfügten nicht über Wörter oder grammatische Formen, die sich auf die Zeit bezögen. Die Inuit wiederum hätten viel mehr Wörter für Schnee, als es im Englischen gebe. Diese beiden Befunde gelten inzwischen als widerlegt. Der Schluss aber, den Whorf daraus zog, wirkt bis heute nach: Weil die Hopi keine Wörter für Zeit hätten, hätten sie auch einen ganz anderen Begriff von der Zeit als englischsprachige Menschen, und die Inuit dächten wegen ihres reichen Schnee-Wortschatzes über Schnee völlig anders. Damit war eine Idee in der Welt, die als Sapir-Whorf-Hypothese bekannt wurde: Wie jemand denkt, werde vom Wortschatz und von der Grammatik seiner Muttersprache beeinflusst – die Sprache wäre somit Prägestempel des Denkens. Extreme Vertreter dieser Denkrichtung sind gar der Ansicht, die Sprache bestimme das Denken vollkommen – sie sehen die Sprache als „Grenze der Welt".
Zunächst stieß der Relativismus auf breite Akzeptanz, aber in den Sechzigerjahren propagierte Noam Chomsky, der zu dieser Zeit gerade zum Übervater der Linguistik avancierte, das krasse Gegenteil, den linguistischen Universalismus. Allen Menschen sei dasselbe Sprachvermögen, dieselbe Universalgrammatik angeboren, als Teil ihres genetischen Codes.
Der Philosoph und Kognitionsforscher Jerry Fodor erweiterte diese Idee um den Aspekt des Denkens: Allen Menschen sei nicht nur dasselbe Sprachprogramm angeboren, sondern auch dasselbe Denkmedium – „Mentalese", die Sprache der Gedanken. Dieses Schlagwort sollte die weitere Debatte befeuern. Fodor ging davon aus, dass wir eben nicht in einer natürlichen Sprache denken – Englisch, Deutsch oder Chinesisch –, sondern in einem eigenen, universellen Medium, einer Meta-Sprache, die sich in neuronalen Aktivitätsmustern niederschlägt. Diese beherrsche jedes Kind von Geburt an: Wenn es seine Muttersprache lerne, sei das eigentlich bereits seine zweite Sprache.
Damit war der Streit der Linguisten entbrannt. Am Ende triumphierten die Universalisten, vor allem, weil einige der wichtigsten Belege der Relativisten entkräftet wurden. [...] Die Sapir-Whorf-Hypothese wurde daraufhin so heftig verdammt, wie sie einst gefeiert worden war. Doch das Kriegsbeil ist keineswegs begraben, ganz im Gegenteil, die Feindseligkeiten halten bis heute an. Einer der vehementesten Verfechter der „Kleidungs-"Hypothese ist zurzeit der Psychologe Steven Pinker. In seinem Buch „The Language Instinct" rechnete er mit Deterministen und Relativisten gleichermaßen ab: „Die berühmte Sapir-Whorf-Hypothese [...] ist falsch, komplett falsch." Und er schimpfte weiter: „Die Idee, dass Denken dasselbe ist wie Sprache, ist ein Beispiel für etwas, das man eine konventionelle Absurdität nennen kann: eine Behauptung, die jedem gesunden Menschenverstand widerspricht, die aber jeder glaubt, weil er sich dunkel daran erinnert, sie irgendwo gehört zu haben,

Best.-Nr. 022727

und weil sie absolut bedeutungsschwanger ist." Pinker ist absolut überzeugt davon, dass wir nicht in Worten denken (sondern in Metalesisch) und Sprache das Denken nicht beeinflusst. Später nannte er seine Abrechnung einen „Nachruf" auf die Sapir-Whorf-Hypothese. Doch die ist alles andere als tot, junge Forscher beleben die alte Debatte neu.

Stefanie Schramm, Claudia Wüstenhagen: Das Alphabet des Denkens. Wie Sprache unsere Gedanken und Gefühle prägt. Reinbek bei Hamburg: Rowohlt 2015, S. 108 ff.

■ *Stellen Sie die unterschiedlichen Positionen der Relativisten und der Universalisten einander gegenüber, indem Sie deren jeweilige Grundannahmen in unterschiedlichen Farben im Text markieren. Halten Sie Ihre Ergebnisse in Form einer Tabelle fest.*

Universalisten	**Relativisten**

Best.-Nr. 022727

Lera Boroditsky: Wie die Sprache das Denken formt

Menschen leben in unterschiedlichen Kulturen und sprechen die verschiedensten Sprachen. Deren Strukturen prägen in ungeahntem Ausmaß die Art und Weise, wie wir die Welt wahrnehmen.

Pormpuraaw ist eine kleine Siedlung der Aborigines am Westrand der Halbinsel Cape York in Nordaustralien. Ich bitte ein fünf Jahre altes Mädchen, nach Norden zu zeigen. Ohne zu zögern, deutet sie in eine bestimmte Richtung. Mein Kompass bestätigt: Sie hat recht. Nach meiner Rückkehr in die USA stelle ich dieselbe Frage in einem Hörsaal der Stanford University. Vor mir sitzen angesehene, mehrfach ausgezeichnete Gelehrte; manche besuchen seit 40 Jahren Vorträge in diesem Saal. Ich bitte sie, die Augen zu schließen und nach Norden zu zeigen. Viele weigern sich, weil sie keine Ahnung haben, wo Norden liegt. Die Übrigen denken eine Weile nach und deuten dann in alle möglichen Richtungen. Ich habe diesen Versuch nicht nur in Harvard und Princeton wiederholt, sondern auch in Moskau, London und Peking – stets mit demselben Resultat.

Eine Fünfjährige aus einer bestimmten Kultur bringt ohne Weiteres etwas fertig, was angesehene Forscher einer anderen Kultur überfordert. Was ist der Grund für die höchst unterschiedliche kognitive Fähigkeit? Die überraschende Antwort lautet: die Sprache. [...]

Der Einfluss der Wörter

Rund um den Globus kommunizieren Menschen miteinander auf vielfältige Weise, und jede der schätzungsweise 7000 Sprachen verlangt von denen, die sie verwenden, ganz unterschiedliche Leistungen. Angenommen, ich möchte Ihnen mitteilen, dass ich Anton Tschechows Drama „Onkel Wanja" auf einer Bühne in der 42. Straße New Yorks gesehen habe. Auf Mian, das in Papua-Neuguinea gesprochen wird, würde das Verb aussagen, ob das Stück soeben, gestern oder vor langer Zeit gespielt wurde. Das Indonesische dagegen gibt damit nicht einmal preis, ob die Aufführung bereits stattfand oder noch bevorsteht. Auf Russisch enthüllt das Verb mein Geschlecht. Wenn ich Mandarin verwende, muss ich wissen, ob Onkel Wanja ein Bruder der Mutter oder des Vaters ist und ob er blutsverwandt oder angeheiratet ist, denn für jeden dieser Fälle gibt es einen speziellen Ausdruck.

Tatsächlich besagt die chinesische Übersetzung eindeutig, dass Wanja ein Bruder der Mutter ist. Und mit Pirahã, einer in Amazonien beheimateten Sprache, könnte ich „42. Straße" gar nicht ausdrücken, weil es darin keine exakten Zahlwörter gibt, sondern nur Bezeichnungen für „wenige" und „viele". Sprachen unterscheiden sich auf unzählige Arten voneinander, aber das muss nicht automatisch heißen, dass die Sprecher auch unterschiedlich denken. Lange war unklar, ob der Gebrauch von Mian, Russisch, Indonesisch, Mandarin oder Pirahã wirklich zu jeweils eigenen Wahrnehmungen, Erinnerungen und Überlegungen führt. Doch zahlreiche Forschungen – unter anderem in meinem Labor – haben inzwischen gezeigt, dass die Sprache sogar die grundlegenden Dimensionen menschlicher Erfahrung prägt: Raum, Zeit, Kausalität und die Beziehung zu anderen.

Kehren wir nach Pormpuraaw zurück. Anders als Englisch oder Deutsch enthält die dort gesprochene Sprache Kuuk Thaayorre keine relativen Raumausdrücke wie links und rechts. Wer Kuuk Thaayorre spricht, gebraucht absolute Hauptrichtungen wie Norden, Süden, Osten, Westen und so weiter. Zwar geschieht das auch im Deutschen, aber nur bei großen Entfernungen. Wir würden beispielsweise nie sagen: „Diese Banausen platzieren die Suppenlöffel südöstlich von den Gabeln!" Doch auf Kuuk Thaayorre werden immer Himmelsrichtungen verwendet. Darum sagt man etwa „Die Tasse steht südöstlich vom Teller" oder „Der südlich von Maria stehende Knabe ist mein Bruder". Um sich in Pormpuraaw verständlich auszudrücken, muss man daher immer die Windrose im Kopf haben.

Raum- und Zeitvorstellungen

In den vergangenen zwei Jahrzehnten haben Stephen C. Levinson vom Max-Planck-Institut für Psycholinguistik in Nimwegen und John B. Haviland von der University of California in San Diego nachgewiesen, dass Menschen, die Sprachen mit absoluten Richtungen[1] verwenden, auffallend gut in unbekannten Gegenden oder Gebäuden zurechtkommen. Sie orientieren sich besser als Personen, die dort zu Hause sind, aber nicht solche Sprachen sprechen – ja sogar besser, als die Forscher dies für menschenmöglich gehalten hatten.

Die Erfordernisse dieser Sprachen erzwingen und trainieren demnach eine erstaunliche kognitive Fertigkeit. Wer anders über den Raum denkt, hat vielleicht auch eine andere Zeitvorstellung. Meine Kollegin Alice Gaby von der University of California in Berkeley und ich legten daher Kuuk Thaayorre sprechenden Aborigines Bildfolgen vor, die Zeitabläufe zeigten: Ein Mann altert, ein Krokodil wächst, eine Banane wird verspeist. Dann baten wir sie, die durchmischten Fotos zeitlich zu ordnen. Wir führten den

1 **absolut** = meint in diesem Falle Norden, Osten, Westen, Süden ... usw.

Best.-Nr. 022727

Test je zweimal durch, wobei die Person jedes Mal in eine andere Himmelsrichtung schaute. Jemand, der englisch oder deutsch spricht, ordnet die Bilder so, dass die Zeit von links nach rechts fortschreitet. Hebräisch oder arabisch Sprechende legen die Karten eher von rechts nach links.

Dies zeigt, dass die Schreibrichtung beeinflusst, wie wir Zeit organisieren. Doch die Aborigines sortierten die Karten weder grundsätzlich von links nach rechts noch umgekehrt, sondern stets von Osten nach Westen. Wenn die Testperson so saß, dass sie nach Süden schaute, verliefen die Karten von links nach rechts. Schaute sie nach Norden, ordnete sie die Bilder von rechts nach links. Hatte die Person Osten vor sich, lief die Kartenfolge auf den Körper zu, und so weiter. Dabei sagten wir den Probanden nie, welche Himmelsrichtung sie vor sich hatten – die Aborigines wussten das ohnehin.

Zeit wird je nach Kultur ganz unterschiedlich dargestellt: Wir zum Beispiel betrachten die Zukunft als „vorn“ und die Vergangenheit als „hinten“. Im Jahr 2010 entdeckte Lynden Miles von der University of Aberdeen (Schottland), dass englisch Sprechende unwillkürlich ihren Körper vorwärtsneigen, wenn sie an die Zukunft denken, und rückwärts bei Gedanken an die Vergangenheit. Aymara, eine in den Anden verbreitete indigene[1] Sprache, verlegt die Vergangenheit dagegen nach vorne und die Zukunft nach hinten. Dem entspricht auch die Körpersprache: Wie Raphael Núñez von der University of California in San Diego und Eve Sweeter von der University of California in Berkeley 2006 feststellten, deuten die Aymara vor sich, wenn sie über die Vergangenheit reden, und hinter sich, wenn sie die Zukunft meinen.

Facetten der Erinnerung

Die Sprache beeinflusst auch, wie Menschen Ereignisse beschreiben – und wie gut sie sich daran erinnern, wer was getan hat. Vorgänge darzustellen ist stets kompliziert, selbst wenn sie nur Sekundenbruchteile dauern, denn wir müssen sie rekonstruieren und deuten. Nehmen wir als Beispiel den Jagdunfall, bei dem der frühere US-Vizepräsident Dick Cheney seinen Freund Harry Whittington verletzte. Man könnte sagen „Cheney schoss auf Whittington“, wobei Cheney die unmittelbare Ursache ist, oder „Whittington wurde von Cheney angeschossen“, wodurch Cheney etwas in den Hintergrund tritt, oder „Whittington bekam eine Schrotladung ab“, wobei Cheney ganz aus dem Spiel bleibt. Der Vizepräsident selbst sagte: „Letztlich bin ich derjenige, der den Abzug betätigte, welcher die Ladung abfeuerte, die Harry traf.“ Damit stellte er eine lange Ereigniskette zwischen sich und das Resultat.

Eine noch raffiniertere Reinwaschung gelang dem ehemaligen US-Präsidenten George Bush mit dem Ausspruch: „Er hörte eine Wachtel auffliegen, drehte sich um, drückte ab und sah, dass sein Freund verwundet war.“ Der Satz verwandelt Cheney vom Täter zum bloßen Zeugen. Unsere Öffentlichkeit lässt sich von solchen sprachlichen Tricks allerdings kaum beeindrucken, denn Passivkonstruktionen wirken ausweichend – typisch für Drückeberger und Politiker. Wir bevorzugen sogar für ein Missgeschick meist aktive Transitivkonstruktionen[2] wie „Hans zerbrach die Vase“. Hingegen erwähnt man im Japanischen oder Spanischen den Verursacher eher ungern. Auf Spanisch sagt man lieber „Se rompió el florero“, was übersetzt heißt: „Die Vase zerbrach sich.“ [...]

[...] Von der Sprache hängt sogar ab, wie schnell Kinder herausfinden, ob sie Jungen oder Mädchen sind. Im Jahr 1983 verglich Alexander Guiora von der University of Michigan in Ann Arbor drei Gruppen von Kindern, die Hebräisch, Englisch oder Finnisch als Muttersprache hatten. Das Hebräische bezeichnet das Geschlecht ausgiebig – sogar das Wort „du“ variiert dementsprechend –, Finnisch macht keine solchen Unterschiede, und Englisch liegt dazwischen. Dementsprechend finden hebräische Kinder ihr eigenes Geschlecht rund ein Jahr früher heraus als finnische; englische nehmen diesbezüglich einen Mittelplatz ein.

Was formt was?

Aber rufen nun Sprachunterschiede unterschiedliches Denken hervor – oder ist es eher umgekehrt? Wie sich zeigt, trifft beides zu: Unsere Denkweise prägt die Art, wie wir sprechen, aber der Einfluss wirkt auch in der Gegenrichtung. Bringt man Menschen zum Beispiel neue Farbwörter bei, verändert dies ihre Fähigkeit, Farben zu unterscheiden. Lehrt man sie, auf eine neue Weise über Zeit zu sprechen, so beginnen sie, anders darüber zu denken. Man kann sich der Frage auch anhand von Menschen nähern, die zwei Sprachen fließend sprechen. Nachweislich ändern bilinguale Personen ihre Weltsicht je nachdem, welche Sprache sie gerade verwenden. Wie zwei Studien 2010 zeigten, hängen sogar grundlegende Vorlieben und Abneigungen von der Sprache ab, in der danach gefragt wird. [...] Selbst wenn Menschen einfache Aufgaben lösen – etwa Farbflecken unterscheiden, Punkte auf einem Bildschirm zählen oder sich in einem kleinen Raum orientieren –, brauchen sie die Sprache. Wie meine Kollegen und ich herausgefunden haben, sinkt die Fähigkeit, solche Aufgaben auszuführen, wenn man den Zugriff auf die Sprachfertigkeit einschränkt. Dies lässt sich bewerkstelligen, indem man die Versuchsperson zugleich mit einer anspruchsvollen verbalen Aufgabe wie dem Wiederholen einer Nachrichtensendung konfrontiert.

1 **indigen** = eingeboren, einheimisch

2 **transitiv** = Verben, die ein direktes Objekt benötigen

All diesen Forschungsergebnissen zufolge wirken die Kategorien und Unterscheidungen, die in speziellen Sprachen existieren, stark auf unser geistiges Leben ein. Was die Forscher „Denken“ nennen, ist offenbar in Wirklichkeit eine Ansammlung linguistischer und nicht linguistischer Prozesse. Demnach dürfte es beim Erwachsenen kaum Denkvorgänge geben, bei denen die Sprache keine Rolle spielt. Ein Grundzug menschlicher Intelligenz ist ihre Anpassungsfähigkeit – die Gabe, Konzepte über die Welt zu erfinden und so abzuändern, dass sie zu wechselnden Zielen und Umgebungen passen. Eine Folge dieser Flexibilität ist die enorme Vielfalt der Sprachen. Jede enthält eine Art und Weise, die Welt wahrzunehmen, sie zu begreifen und mit Bedeutung zu füllen – ein unschätzbarer Reiseführer, den unsere Vorfahren entwickelt und verfeinert haben. Indem Wissenschaftler erforschen, wie die Sprache unsere Denkweise formt, enthüllen sie, wie wir Wissen erzeugen und die Realität konstruieren. Diese Erkenntnis wiederum hilft uns zu verstehen, was uns zu Menschen macht.

www.spektrum.de/news/wie-die-sprache-das-denken-formt/1145804 (30.07.2018)

Neuffer, Jan

Sprache und Denken | Sprache und Zeit: Für Europäer, die von links nach rechts zu schreiben gewohnt sind, liegt „früher“ links von „später“; Araber ordnen die Zeit von rechts nach links; für australische Aborigines liegt „früher“ im Osten.

www.spektrum.de/news/wie-die-sprache-das-denken-formt/1145804 (30.07.2018)

- *Beschreiben Sie das Bild von Jan Neuffer und erläutern Sie dessen Aussageabsicht unter Rückgriff auf den Text. Inwiefern wird hierin bereits die „Denkschule“ (Universalismus vs. Relativität), in dessen Tradition sich Boroditsky bewegt, deutlich?*
- *Zeigen Sie auf, welche wissenschaftlichen Erkenntnisse im Text jeweils angeführt werden. Halten Sie diese in Form von Aussagesätzen fest.*
- *Welche Folgerungen lassen sich aus den Erkenntnissen hinsichtlich*
  - *der Möglichkeit, Texte von einer Sprache in eine andere zu übersetzen,*
  - *der Weltsicht einsprachiger und mehrsprachiger Personen,*
  - *der Kommunikation zwischen Personen mit unterschiedlichen Sprachen ableiten?*

Steven Pinker: Eine instinktive Kunst (1996)

Steven Pinker, 1954 in Kanada geboren, arbeitet als Professor für Psychologie an der Universität in Harvard. In seiner Forschung befasst er sich u. a. mit dem Spracherwerb und der Sprachentwicklung von Kindern.

Wenn Sie diese Worte lesen, vollzieht sich in Ihnen eines der Wunder der Natur. Sie und ich gehören nämlich zu einer Spezies mit einer bemerkenswerten Fähigkeit: Wir können im Geist unseres Gegenübers mit höchster Präzision ganz bestimmte Bilder entstehen lassen. Dabei denke ich nicht an Telepathie oder Gedankenkontrolle oder andere fixe Ideen aus den Grenzwissenschaften. Selbst nach deren eigenen Darstellungen handelt es sich dabei nur um grobschlächtige Mechanismen im Vergleich zu jener Fähigkeit, die unwiderlegbar jedem von uns eigen ist. Diese Fähigkeit heißt Sprache. Indem wir nichts weiter tun, als mit dem Mund Geräusche zu produzieren, können wir im Gehirn anderer Personen neue und präzise Gedankenkombinationen erzeugen. Diese Fähigkeit kommt uns so selbstverständlich vor, dass wir nur allzuleicht vergessen, welch ein Wunder sie ist. [...]

Die jüngsten Erkenntnisse über das Sprachvermögen sind von revolutionärer Bedeutung für unser Verständnis von Sprache und ihrer Rolle im menschlichen Leben sowie für unser Verständnis vom Menschen an sich. Die meisten gebildeten Leute besitzen bereits bestimmte Ansichten über Sprache. Sie wissen, dass sie die bedeutendste kulturelle Erfindung des Menschen ist, dass sich in ihr die Vervollkommnung der menschlichen Fähigkeit zur Verwendung von Symbolen manifestiert und dass sie ein in der Biologie einmaliges Ereignis markiert, mit dem sich der Mensch unwiderruflich von den anderen Tieren abgesondert hat. Sie wissen, dass die Sprache die Welt der Gedanken beherrscht und dass verschiedene Sprachen ihre Sprecher die Wirklichkeit auf unterschiedliche Art und Weise wahrnehmen lassen. Sie wissen, dass Kinder das Sprechen von Vorbildern und Bezugspersonen lernen. Sie wissen, dass in den Schulen früher die Feinheiten der Grammatik gehegt und gepflegt wurden, dass aber das sinkende Bildungsniveau und die Niederungen der Popkultur den Durchschnittsmenschen in beängstigender Weise immer mehr der Fähigkeit berauben, einen grammatisch korrekten Satz zu bilden. [...]

Auf den folgenden Seiten versuche ich, Sie zu überzeugen, dass jede dieser allgemein verbreiteten Ansichten falsch ist! Und überdies sind sie alle aus ein und demselben Grunde falsch. Sprache ist kein kulturelles Artefakt[1], das wir auf dieselbe Art und Weise erlernen wie das Lesen einer Uhr oder den Aufbau der Bundesregierung. Sie bildet vielmehr einen klar umrissenen Teil der biologischen Ausstattung unseres Gehirns. Sprache ist eine komplexe, hoch entwickelte Fertigkeit, die sich ohne bewusste Anstrengung oder formale Unterweisung beim Kind ganz spontan entwickelt und sich entfaltet, ohne dass das Kind sich der ihr zugrunde liegenden Logik bewusst wird; sie ist qualitativ bei allen Menschen gleich und von allgemeineren Fähigkeiten wie dem Verarbeiten von Informationen oder intelligentem Verhalten zu trennen. Aus diesen Gründen beschreiben einige Kognitionswissenschaftler Sprache als psychologisch eng umgrenzte Fähigkeit, als mentales Organ, neuronales System oder als Berechnungsmodul. Ich persönlich jedoch ziehe den zugegebenermaßen merkwürdigen Begriff „Instinkt“ vor. In ihm drückt sich die Vorstellung aus, dass das Sprachvermögen des Menschen mehr oder weniger mit der Webkunst der Spinne vergleichbar ist. Die Herstellung eines Spinnennetzes wurde nicht etwa von irgendeinem in Vergessenheit geratenen Spinnengenie erfunden und ist unabhängig von einer soliden Ausbildung oder der Begabung zum Architekten oder Bauingenieur. Vielmehr spinnt eine Spinne ihr Netz, weil sie ein Spinnengehirn besitzt, das in ihr den Drang zu spinnen weckt und sie befähigt, diesem Drang mit Erfolg nachzugeben. Auch wenn zwischen Spinnweben und Wörtern gewisse Unterschiede bestehen, so möchte ich Sie doch dazu anhalten, das Sprachvermögen in diesem Lichte zu betrachten, weil die hier untersuchten Phänomene dann leichter zu verstehen sind.

Sprache als einen Instinkt zu betrachten heißt, die öffentliche Meinung – insbesondere die von den Geistes- und Sozialwissenschaften tradierte – umzukehren. Sprache ist genauso wenig eine kulturelle Erfindung wie der aufrechte Gang. In ihr manifestiert sich auch nicht eine allgemeine Fähigkeit, mit Symbolen umzugehen – wie wir sehen werden, ist ein dreijähriges Kind ein grammatisches Genie, aber völlig unbeschlagen auf dem Gebiet der bildenden Kunst, der religiösen Ikonografie[2], der Verkehrszeichen und den anderen Bereichen des semiotischen[3] Spektrums. Obwohl die Sprache eine großartige Fähigkeit ist, die von allen lebenden Arten nur der Homo sapiens be-

---

1 **Artefakt** = vom Menschen erzeugter Gegenstand

2 **religiöse Ikonografie** = wissenschaftliche Methode der Kunstgeschichte, die sich mit der Deutung von bestimmten Motiven in der Kunst befasst

3 **Semiotik** = Wissenschaft, die sich mit Zeichensystemen aller Art befasst

herrscht, sollte der Mensch auch in Zukunft ein Forschungsobjekt der Biologen bleiben, denn dass über eine großartige Fähigkeit nur eine einzige lebende Spezies verfügt, ist im Tierreich durchaus nicht einmalig. Einige Fledermausarten machen fliegende Insekten über Doppler-Sonar[1] aus, und einige Zugvögel-Arten finden ihren Weg über Tausende von Meilen hinweg, indem sie die Konstellationen der Gestirne gegen die Tages- und Jahreszeit verrechnen. In der großen Talentshow von Mutter Natur haben wir nur einen Auftritt unter vielen – wir sind nichts weiter als eine Primatenart mit der Fähigkeit, uns gegenseitig darüber zu informieren, wer wem was getan hat, indem wir die Geräusche modulieren, die beim Ausatmen entstehen. […]
Die Komplexität der Sprache ist vom Standpunkt des Wissenschaftlers aus betrachtet Teil unseres biologischen Geburtsrechts. Sie ist nicht, was Eltern ihren Kindern beibringen oder was in der Schule verfeinert werden müsste; wie schon Oscar Wilde sagte: „Bildung ist etwas Wunderbares. Doch man sollte sich von Zeit zu Zeit daran erinnern, dass wirklich Wissenswertes nicht gelehrt werden kann." Die unbewussten grammatischen Kenntnisse eines Vorschulkindes sind weitaus komplexer als das dickste Handbuch des guten Sprachstils oder das modernste Computersprachsystem; Gleiches gilt für alle gesunden Menschen, sogar für den berüchtigten in halben Sätzen redenden Profisportler und den – äh, weißte – voll sprachunbegabten jugendlichen Skateboard-Fahrer. Und da die Sprache als Produkt eines hoch entwickelten biologischen Instinkts betrachtet werden darf, werden wir zu guter Letzt feststellen, dass sie nicht das Tollhaus ist, zu dem die Klatschkolumnisten sie so gerne machen wollen.

1 **Doppler-Sonar** = Ultraschall-Sonarsystem von Fledermäusen zur Orientierung

Pinker, Steven: Der Sprachinstinkt. Wie der Geist die Sprache bildet. München: Kindler 1996, S. 22, Übersetzung: Martina Wiese

- *Erklären Sie, warum Pinker die Sprache als ein „Wunder der Natur" bezeichnet. Inwiefern zeigt diese Titulierung bereits, in welcher „Denkschule" (Relativisten, Universalisten) Pinker zu verorten ist?*
- *Zeigen Sie am Aufbau des Textes dessen Gedankenführung. Gliedern Sie dazu den Text in Sinnabschnitte und befragen Sie die einzelnen Abschnitte auf deren Funktion hin.*
- *Untersuchen Sie die rhetorische Gestaltung des Textes, zeigen Sie diesbezügliche Auffälligkeiten und stellen Sie Überlegungen zur Wirkungsabsicht an.*
- *Vergleichen Sie Pinkers Vorstellungen von Sprache mit denen von Lera Boroditsky. Worin bestehen die Unterschiede, die beide Konzepte letztlich als nicht miteinander vereinbar ausweisen?*

Best.-Nr. 022727

Paul Ibbotson und Michael Tomasello: Ein neues Bild der Sprache

In der zweiten Hälfte des 20. Jahrhunderts revolutionierte der amerikanische Linguist Noam Chomsky unsere Vorstellung davon, wie Kleinkinder ihre Muttersprache lernen. Doch jetzt erweisen sich seine Ideen als überholt.

Verbirgt sich im menschlichen Gehirn tatsächlich eine vorprogrammierte mentale Schablone zum Erlernen von Grammatik? Mit dieser Idee prägte der amerikanische Linguist Noam Chomsky [...] fast ein halbes Jahrhundert die gesamte Sprachwissenschaft. Nun aber verwerfen viele Kognitionswissenschaftler und Linguisten Chomskys Theorie der Universalgrammatik, denn neue Untersuchungen der verschiedenen Sprachen sowie der Art und Weise, wie Kleinkinder in Gemeinschaft kommunizieren, schüren starke Zweifel an Chomskys Behauptungen.
Vielmehr setzt sich eine radikal neue Sichtweise durch, der zufolge das Erlernen der Muttersprache kein angeborenes Grammatikmodul voraussetzt. Offenbar nutzen Kleinkinder mehrere verschiedene Denkweisen, die gar nicht sprachspezifisch sein müssen – wie etwa die Fähigkeit, die Welt in Kategorien (wie Mensch oder Sache) einzuteilen oder Beziehungen zwischen Dingen zu begreifen. Hinzu kommt die einzigartige Gabe, intuitiv zu erfassen, was uns andere mitteilen möchten; erst so kann Sprache entstehen. Somit reicht Chomskys Theorie längst nicht aus, um den menschlichen Spracherwerb zu erklären.
Diese Schlussfolgerung wirkt sich nicht bloß auf die Linguistik aus, sondern auf ganz unterschiedliche Bereiche, in denen Sprache eine zentrale Rolle spielt, von der Poesie bis zur künstlichen Intelligenz. Da außerdem Menschen Sprache auf eine Weise gebrauchen, wie es kein Tier vermag, dürften wir auch die menschliche Natur ein wenig besser begreifen, wenn wir das Wesen der Sprache verstehen. [...]
In den 1960er-Jahren beruhten die ersten Formulierungen der Universalgrammatik auf der Struktur des „Standard-Durchschnittseuropäisch", das heißt auf den von den meisten Linguisten gesprochenen Sprachen. Deshalb operierte das Programm der Universalgrammatik mit Satzpartikeln wie Nominalphrase („Der niedliche Hund") oder Verbalphrase („mag Katzen"). Recht bald tauchten aber linguistische Befunde auf, die nichts ins hübsche Schema passten. In einigen australischen Sprachen, zum Beispiel Warlpiri, sind die grammatischen Elemente über den gesamten Satz verstreut; Nominal- und Verbalphrase liegen nicht sauber getrennt vor, und in manchen Sätzen gibt es Letztere überhaupt nicht. [...]
Obwohl Verfechter der Universalgrammatik weiter glauben, es gebe viele universale Prinzipien und Parameter[1], beschrieb Chomsky zusammen mit Co-Autoren in einem berühmten, 2002 [...] veröffentlichten Artikel schließlich eine Form der Universalgrammatik, die nur noch ein einziges Merkmal aufweist: die sogenannte rechnerische Rekursion.[2] Diese soll erklären, wie das Kombinieren einer begrenzten Anzahl von Wörtern und Regeln eine unbegrenzte Menge von Sätzen erzeugen kann. Die schier endlose Anzahl möglicher Sätze beruht demnach auf dem Einbetten einer Phrase in eine andere Phrase desselben Typs – der Rekursion. Man kann dabei Phrasen aneinanderhängen („John hofft, dass Mary weiß, dass Peter lügt") oder verschachteln („Der Hund, der die Katze, die der Junge sah, jagte, bellte."). Theoretisch lässt sich das unendlich oft fortsetzen, doch in der Praxis scheitert das Satzverständnis, wenn allzu viele Phrasen aufeinandergestellt werden. Nach Chomskys Meinung liegt das aber nicht an der Sprache an sich, sondern am begrenzten menschlichen Gedächtnis. Insbesondere behauptete er, die Gabe der Rekursion unterscheide die Sprache von allen anderen Typen des Denkens wie in dem Bilden von Kategorien oder dem Wahrnehmen von Beziehungen zwischen Dingen. [...]
Wiederum fanden Feldforscher Gegenbeispiele. Einige Sprachen, beispielsweise die Pirahã in Amazonien, kommen anscheinend ohne die Rekursion aus. [...]

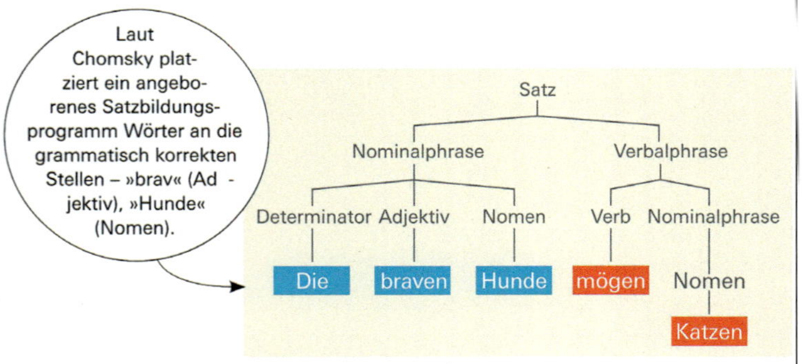

Die Universalgrammatik

Gemäß Chomsky umfasst die Universalgrammatik Regeln für Phrasen („die braven Hunde") sowie Regeln für die Transformation der Phrasen, zum Beispiel Passivierung („Katzen werden von braven Hunden gemocht"). In den vergangenen Jahre hat sich die Theorie weiterentwickelt, beharrt aber auf der Grundidee, dass Kinder mit der Fähigkeit geboren werden, Worte nach einem grammatischen Schema anzuordnen.

1 **Parameter** = hier im Sinne von Einflussgröße gebraucht
2 **Rekursion** = aus der Mathematik übernommener Begriff, der in der Linguistik die formalen Eigenschaften der Grammatik bezeichnet, mit einem endlichen Inventar von Elementen und einer endlichen Menge von Regeln eine unendliche Menge von Sätzen zu erzeugen

Gebrauchsbasierte Linguistik

Ein neuer linguistischer Ansatz verwirft die Idee der Universalgrammatik und betont die kindliche Fähigkeit, intuitiv zu erkennen, was andere denken. Durch Zuhören erlernt das Kind Gebrauchsmuster, die auf unterschiedliche Sätze zutreffen. Zum Beispiel kann nach der Phrase „Der Hund möchte" das Wort „Ball" durch „Futter" ersetzt werden. Diese Theorie beschreibt recht gut, wie zwei- bis dreijährige Kinder tatsächlich sprechen lernen, indem sie Wissen über Wortbedeutung und Grammatik sammeln.

Ein entscheidender Schwachpunkt von Chomskys Theorien betrifft den Spracherwerb: Angeblich kommen Kinder bereits mit der Fähigkeit auf die Welt, Sätze nach abstrakten grammatischen Regeln zu formulieren, wobei deren präzise Form übrigens je nach Theorieversion schwankt. Viele neue Untersuchungen zeigen aber, dass der Spracherwerb so nicht funktioniert. Kinder erlernen vielmehr zunächst einfachste grammatische Muster; später erraten sie Stück für Stück die dahinterliegenden Regeln. Anfangs bilden Kleinkinder nur konkrete und simple grammatische Konstruktionen, die auf bestimmten Wortmustern basieren: „Wo ist das xxx?"; „Ich will xxx"; „Mehr xxx", „Das ist ein xxx"... [...]. Viele Verfechter der Universalgrammatik akzeptieren durchaus diese Charakterisierung der frühkindlichen Grammatikentwicklung. Sie behaupten aber: Die komplexeren Konstruktionen setzen eine kognitive Fähigkeit voraus, welche die abstrakten Kategorien und Prinzipen der Universalgrammatik nutzt. [...]

Natürlich geben Wissenschaftler ihre Lieblingstheorie nicht gern auf, solange keine vernünftige Alternative auftaucht. Eine solche Alternative gibt es jetzt aber: die gebrauchsbasierte Linguistik. Die verschiedenen Fassungen dieser Theorie gehen davon aus, grammatische Strukturen seien nicht angeboren. Grammatik ist vielmehr das Ergebnis von Geschichte und Psychologie: Einerseits werden Sprachen von einer Generation zur nächsten tradiert, andererseits besitzt jede Generation soziale und kognitive Fähigkeiten, die ihr den Spracherwerb ermöglichen. Vor allem betont die neue Theorie, dass die Sprache Gehirnsysteme nutzt, die im Lauf der Evolution nicht unbedingt speziell zu diesem Zweck entstanden sind. Damit unterscheidet sie sich grundlegend von Chomskys Theorie, es gebe ein für die Rekursion verantwortliches Gen. Gemäß dem gebrauchsbasierten Ansatz werden Kinder nicht mit einem Spezialwerkzeug zum universellen Grammatiklernen geboren, sondern mit einer Reihe von mentalen Mehrzweckmodulen[1] für Kategorienbildung, Deutung kommunikativer Absichten und Erfassen von Analogien. Damit bilden die Kinder aus der Sprache, die sie um sich herum hören, grammatische Kategorien und Regeln. Zum Beispiel verstehen deutsch sprechende Kinder den Satz „Die Katze fraß den Hasen" und durch die Analogie dann auch „Die Ziege kitzelte die Elfe". Durch Verallgemeinerungen gelangen sie von einem gehörten Beispiel dann zum nächsten. Nach ausreichend vielen Beispielen können sie sogar erraten, wer wem was in dem Satz „Der Goser mibbelte die Tamo" antat, obwohl in dem Fall die meisten Wörter keinen Sinn ergeben. Die Grammatik muss etwas sein, was Kinder jenseits der Wörter erkennen, weil die Sätze auf der Wortebene wenig gemeinsam haben. Die sprachliche Bedeutung entsteht durch eine Wechselwirkung zwischen der möglichen Bedeutung der Wörter selbst und der Bedeutung der grammatischen Konstruktion. [...] Die Idee der Universalgrammatik widerspricht der Erfahrung, dass Kinder Sprache durch soziale Interaktion erwerben und dabei Satzkonstruktionen üben, die von Sprachgemeinschaften im Lauf der Zeit geschaffen wurden. In manchen Fällen lässt sich zeigen, wie dieses Lernen genau funktioniert. Zum Beispiel sind in den meisten Sprachen Relativklauseln[2] üblich; oft entstehen sie durch Verkettung separater Sätze. Wir könnten sagen: „Mein Bruder ... Er lebt in Arkansas ... Er spielt gern Klavier." Aufgrund verschiedener kognitiver Prozesse – Schematisierung, Habituation, Dekontextualisierung und Automatisierung[3] – entwickeln sich diese Phrasen über lange Zeiträume hinweg zu einer komplexen Konstruktion: „Mein Bruder, der in Arkansas lebt, spielt gern Klavier."

Anscheinend verfügen Menschen über die spezielle Fähigkeit, Kommunikationsabsichten anderer zu entschlüsseln, das heißt zu erkennen, was ein Sprecher

---

1 **Mehrzweckmodule** = Gemeint sind hier mentale Eigenschaften (etwa die zur Klassifikation von Gegenständen in der natürlichen Welt), die zu mehreren Zwecken eingesetzt werden können.

2 **Relativklauseln** = Gemeint sind hier Relativsätze.

3 **Schematisierung** = Schemata für die Darstellung bestimmter Sachverhalte erfinden, **Habituation** = Gewöhnung, **Dekontextualisierung** = Herauslösen aus einem bestimmten Kontext; **Automatisierung** = selbsttätiges Handeln (hier: sprechen)

Best.-Nr. 022727

will. Ich kann zum Beispiel wahlweise sagen: „Sie gab/vererbte/sandte/lieh/verkaufte der Bibliothek einige Bücher“, aber nicht: „Sie verschenkte der Bibliothek einige Bücher.“ Wie neuere Forschungen zeigen, gibt es verschiedene Mechanismen, mit denen Kinder solch unpassende Analogien eingrenzen. Zum Beispiel meiden sie solche, die überhaupt keinen Sinn ergeben. So würden Kinder niemals versucht sein zu sagen: „Sie aß in der Bibliothek einige Bücher.“ Hören sie außerdem sehr oft „Sie verschenkte einige Bücher an die Bibliothek“, dann hemmt dies den Impuls zu sagen: „Sie verschenkte der Bibliothek einige Bücher.“ Solche Eingrenzungsmechanismen reduzieren die möglichen Analogien, die ein Kind bilden könnte, während es die Kommunikationsabsichten des Gesprächspartners zu verstehen versucht. Wir alle verwenden diese Fähigkeit, Absichten zu erraten, wenn wir „Können Sie mir bitte die Tür öffnen?“ als Bitte verstehen und nicht als Frage nach unserer Fähigkeit, Türen zu öffnen.

Gebrauchsbasierte Theorien sind weit davon entfernt, ein komplettes Modell für das Funktionieren von Sprache anzubieten. Dass Kinder aus dem Hören gesprochener Phrasen sinnvolle Verallgemeinerungen herleiten, erklärt noch nicht vollständig, wie sie Sätze konstruieren. Es gibt unzählige mögliche Übertragungen, die zugleich verständlich und nicht grammatisch korrekt sind – zum Beispiel „Er verschwand den Hasen“, doch Kinder bilden nur erstaunlich wenige davon. Anscheinend sind Heranwachsende für die Tatsache empfänglich, dass die Sprachgemeinschaft, zu der sie gehören, eine Norm befolgt und eine Idee nur so und nicht anders mitteilt. Dabei hält die Kindersprache ein delikates[1] Gleichgewicht zwischen eigenwilliger Kreativität („Ich gehte einkaufen“) und grammatischer Norm („Ich ging einkaufen“). Für die Vertreter der gebrauchsbasierten Linguistik bleibt noch viel zu tun, bis sie erklären können, wie diese Kräfte im Verlauf der kindlichen Sprachentwicklung zusammenwirken. […]

Der aktuelle Paradigmenwechsel ist noch nicht abgeschlossen, aber es weht ein frischer Wind durch die Linguistik. Die Universalgrammatik scheint endgültig in der Sackgasse zu stecken. An ihrer Stelle verspricht die gebrauchsbasierte Linguistik einen aussichtsreichen Zugang zu den 6000 Sprachen, die auf der Welt genutzt werden.

Spektrum der Wissenschaft Kompakt 11/2017: Sprache – Von fremden Worten und vertrauten Klängen, S. 4ff.; Abb. (2): Scientific American/Paul Ibbotson and Michael Tomasello: Language in a new key. Reproduced with permission. /Spektrum der Wissenschaft Verlagsgesellschaft mbH

[1] **delikat** = hier: behutsam, sensibel

- *Erläutern Sie mithilfe des Schaubildes Kernthesen aus Chomskys Theorie von einer angeborenen „Universalgrammatik“.*
- *Stellen Sie dar, welche Einwände die Autoren gegen die These vom Vorhandensein einer „Universalgrammatik“ vorbringen.*
- *Arbeiten Sie heraus, wie den Autoren zufolge der Spracherwerb ohne ein Vorhandensein von angeborenen Grammatikkenntnissen vonstattengeht. Erklären Sie in diesem Zusammenhang auch das zweite Schaubild.*
- *Beurteilen Sie, welche der Theorien Sie selbst für plausibler halten. Begründen Sie Ihre Meinung.*

Das kleine Küchenmesser – Bezeichnungen in verschiedenen Regionen Deutschlands

DEUTSCHLANDKARTE Wie das kleine Küchenmesser genannt wird

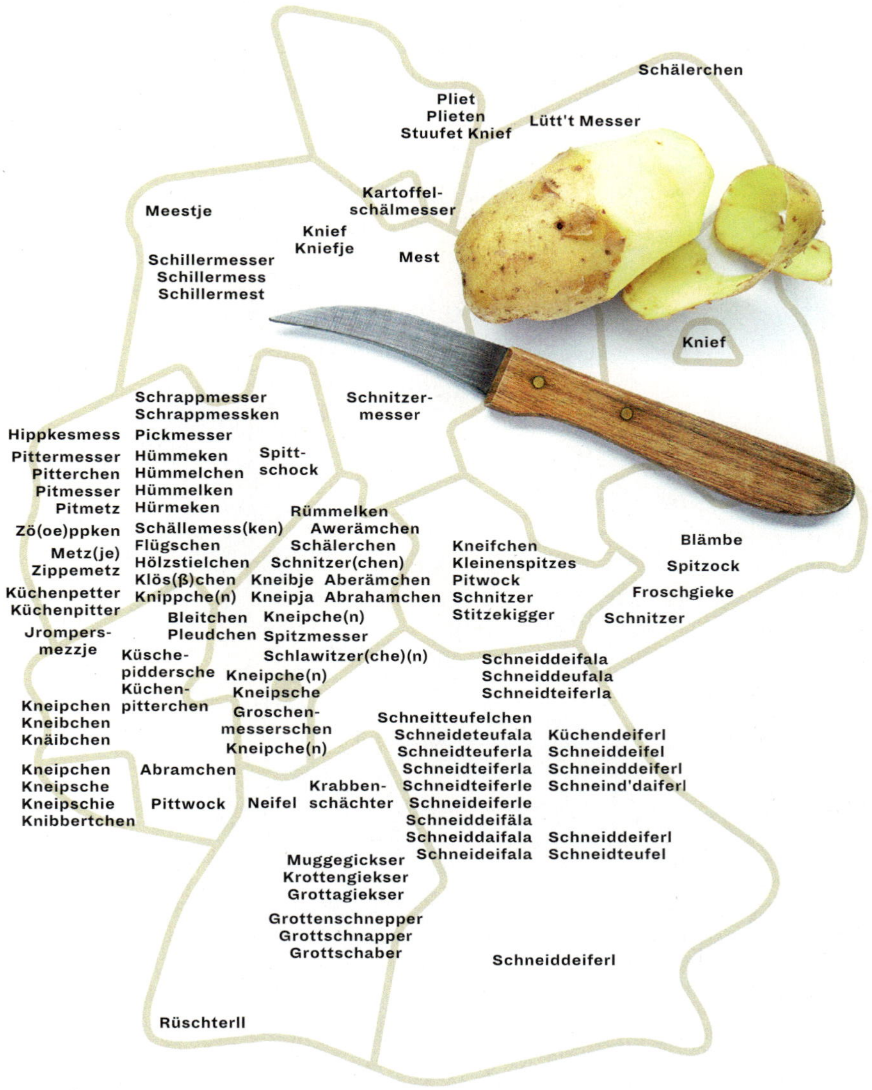

- *Schauen Sie sich die Karte an und untersuchen Sie, welche Begriffe Ähnlichkeiten aufweisen und wo gravierende Unterschiede liegen.*
- *Welche der Begriffe können Sie unmittelbar verstehen und erklären? Welche dagegen muten Ihnen wie ein Wort aus einer anderen Sprache an?*
- *Was können Sie daraus über Dialekte ableiten?*

Wie sagt man zu „sprechen"?

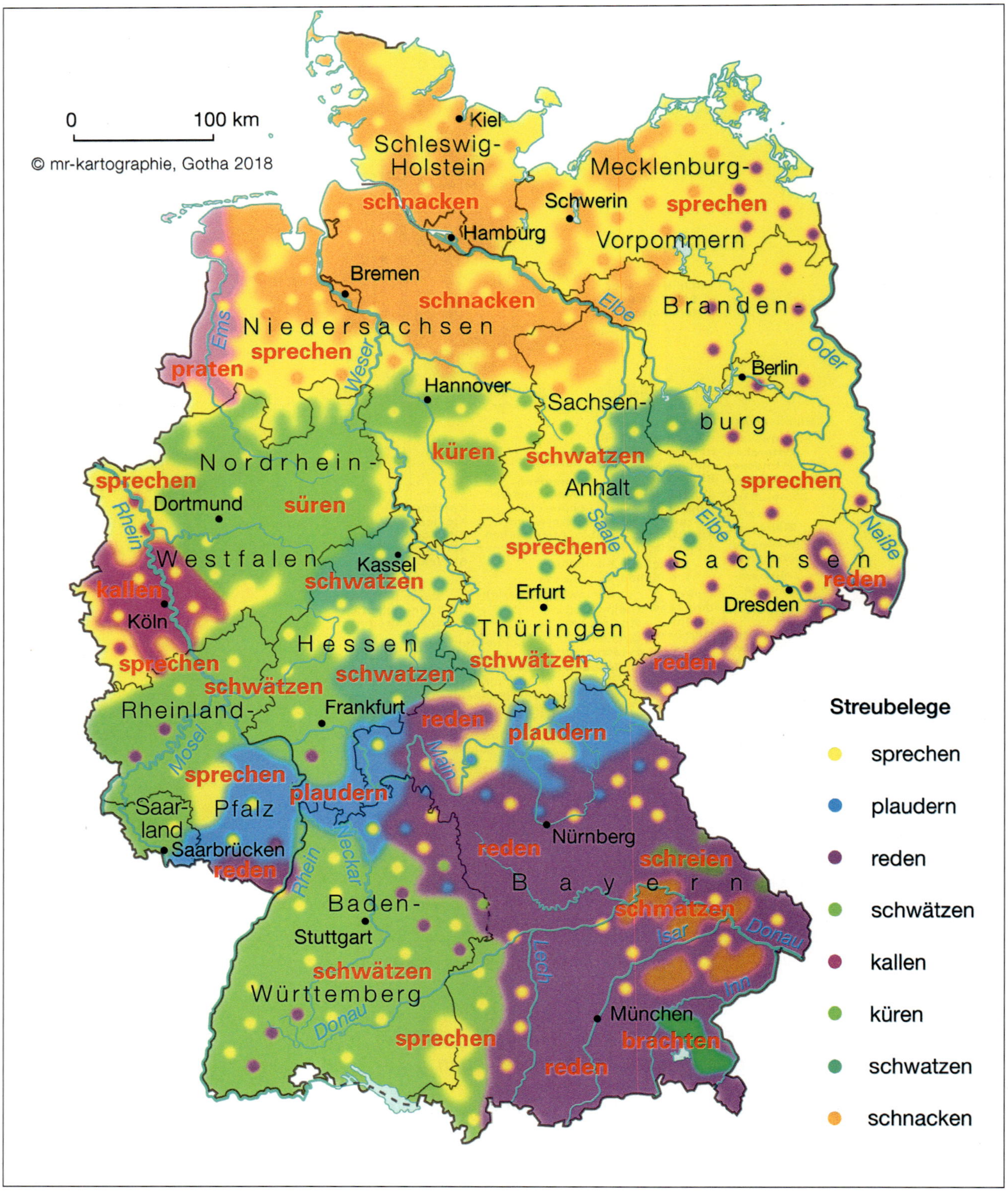

mr-kartographie/Karte: Bezeichnung von „sprechen" in den deutschen Mundarten aus Reader's Digest Atlas Deutschland S. 29, Verlag Dar Beste GmbH – Stuttgart, Zürich, Wien, 1999
© mr-kartographie, Gotha

■ *Schauen Sie sich die Karte an und untersuchen Sie, welche Begriffe Ähnlichkeiten aufweisen und wo gravierende Unterschiede liegen.*

Lesen Sie die folgenden exemplarischen Erklärungen zu der Herkunft und Entwicklung der Worte.

„Sich neutral über Alltägliches unterhalten“

Die meisten Gebiete haben regionaltypische Bezeichnungen für das Unterhalten über Alltägliches. [Weitverbreitet ist der Ausdruck] quatschen, [das wie auch *schwätzen* bzw. *schwatzen* als Lautmalerei verstanden werden kann]. [...]

Mancherorts sagt man auch *plaudern*. Die Verbreitung dieses Worts schreibt man Martin Luther zu, der es allein durch den Druck populär gewordener „Tischreden“ mehrfach verwendet. Wenn es sich eher über die Schriftsprache ausgebreitet hat, würde das auch erklären, warum es nur vereinzelt neben den regional angestammten Bezeichnungen auftaucht. [...]

In den nördlichsten deutschen Bundesländern konkurrieren die Wörter *klönen* und *schnacken*, die beide aus dem Niederdeutschen stammen und letztlich auch lautmalerischen Ursprung haben. Im Substantiv *Klönschnack*, das auch einmal der Name einer in Plattdeutsch ausgestrahlten Radiosendung war, sind beide Verben vereint. In der hochdeutschen Umgangssprache scheint schnacken aber geläufiger zu sein als *klönen*. [...] Schnacken ist eigentlich eine an das Hochdeutsche angepasste Lautform, in den niederdeutschen Dialekten heißt es *snacken*. Wenn dies an das englische Lehnwort *Snack* für eine kleine Mahlzeit erinnert, ist das kein Zufall: *Snack* geht im Englischen auch wieder auf eine Entlehnung zurück, auf das niederländische Wort *snakken*, das zunächst wohl zugleich „schwatzen“ und „(zu)schnappen, beißen“ bedeutete und heute vor allem im Kontext „nach Luft schnappen“ verwendet wird – auch metaphorisch im Sinn von „schmachten, sich nach etwas sehnen“. Ausgangspunkt für all dies ist die Nachahmung des Geräuschs beim gierigen Öffnen des Munds, das halt zu verschiedenen Zwecken dienen kann [...]

Adrian Leemann/Stephan Elspaß/Robert Möller/Timo Gorssenbacher: Grüezi, Moin, Servus: Wie wir wo sprechen. Reinbek bei Hamburg: Rowohlt 2018, S. 136 ff.

In der Diskussion: Ist der Dialekt ein Karrierekiller?

Ist der Dialekt ein Karrierekiller?
Ein Sprachwissenschaftler und eine Hoteldirektorin diskutieren Vor- und Nachteile von regionalen Sprechweisen

„Dialektsprechen ist kein Problem, Nurdialektsprechen ist ein Problem."
Peter Rosenberg, Europa-Universität Viadrina

Ist Hochdeutschsprechen ein Launekiller? Wenn Dialekt nur Nachteile hätte: Warum sprechen ihn dann so viele? Masochisten? Ungebildete? Oder einfach sprachlich etwas Flexiblere? Seit rund 200 Jahren wird der Tod des Dialekts vorausgesagt, weil angeblich nur alte Leute ihn noch sprächen und weil er ungebildet klänge. Und wenn das nächste Forscherteam anrückt, um die Leiche zu sezieren, springt sie auf und dreht den Unkenrufern eine Nase – oder besser 'ne Neese. Offenbar gibt es gute Gründe, es zu tun, selbst dort, wo Dialektsprechen als unfein gilt. Natürlich wissen wir alle, dass Dialekt nicht gleich Dialekt ist. Wir brauchen nur an das Nord-Süd-Gefälle zu denken: Wer südlich des sprachlichen Weißwurstäquators „hochdeutsch" zu sprechen meint, braucht seine Geburtsurkunde nicht mehr zu zeigen: Seine Regionalsprache ist ihm auf die Zunge gepierct. Über diese „Dialekte" redet niemand? Sind die Dialekte und Stadtsprachen im Nord- und Mitteldeutschen so anders, dass sie als ungebildet aufgefasst werden können?
Gerade in den Städten sind sprachliche Gegensätze soziale Gegensätze: Berlinern oder Hochdeutsch, Türkendeutsch oder Standarddeutsch? Die Stadt ist Kontaktraum und Kontrastraum: Reviere werden – auch sprachlich – „markiert". Nicht alles, was als Dialekt gilt, wird gleich beurteilt. Zwei (authentische) Beispiele: Durchaus nicht „bildungsfern" klingt ein Gespräch wie: Ick hab jestern bei dia jeklingelt! Und – war ick su Hause? Ganz anders: Die Polisei (vorm Olympiastadion) wünscht Sie ein jutes Suhausekommen! Vom Hochdeutschen abweichende Grammatik unterliegt strengeren Maßstäben als die Aussprache. Nicht standardgemäße Grammatik weckt den Karriere-Killerinstinkt und kann zum Risikofaktor werden. Dialekt ist regionale Sprechweise, steht für Kiez und Alltagsleben, für Herkunft und Kindheitserinnerung, für Klartext und Augenhöhe. Hochdeutsch ist überregional, steht für Bildungssprache, Berufsleben, Öffentlichkeit und Förmlichkeit. Wer braucht nur eines von beiden? Dialektsprechen ist kein Problem, Nurdialektsprechen ist ein Problem. Als ungebildet gilt nur der, der nicht anders kann. Jemand, der – wenn's passt – berlinern kann, ist dem, der nur einen (hochdeutschen) Stil beherrscht, überlegen. Er kann die sprachliche „Neutralzone" des Hochdeutschen verlassen – in die eine oder andere Richtung, in die der Abgrenzung oder die der Gemeinschaft: Alt-Bundespräsident Richard von Weizsäcker fuhr einen Talkshowgast, der nicht mehr zu reden aufhörte, mit den Worten an: Nu hör doch ma uff! Und wer wollte behaupten, dass der trockene Spruch, der mit dem Berlin-Brandenburgischen verbunden ist, sich genauso gut auf Hochdeutsch formulieren ließe: Läuft eine alte Dame im „Eiltempo" auf einen abfahrbereiten Bus zu. Genau genommen ist sie keinen Deut schneller, sondern macht nur „hurtige" Armbewegungen. Der Busfahrer wartet mit den Worten: „Loofen, nich rudern!" Nur Auswärtige missverstehen so etwas und sind ob des vermeintlich „aggressiven" Tons irritiert. Ins Dialektsprechen ist das Augenzwinkern eingebaut, ins Hochdeutsche die Sachlichkeit. Den Unterschied muss man beherrschen! So was kann stark karrierefördernd sein.
Peter Rosenberg ist Sprachwissenschaftler an der Europa-Universität Viadrina Frankfurt (Oder).

Sprachliche Wurzeln im Sächsischen

Der Dialekt der Brandenburger und Berliner hat dieselben Wurzeln. Sie liegen im Norddeutschen und im Sächsischen.
Um das Jahr 1500 herum orientierte man sich hierzulande am sogenannten Hochdeutsch. Und das war damals das Sächsische. Sachsen galt zu jener Zeit als Hochburg der schönen Künste. Die Bediensteten pflegten demzufolge ihr sächsisches Hochdeutsch.
In der Zeit des Absolutismus sprach man bei Hofe Französisch, wie der Sprachwissenschaftler Peter Rosenberg von der Europa-Universität Viadrina erklärt. Friedrich der Große zum Beispiel soll durchaus Schwächen im Deutschen gehabt haben. Rosenberg hat dessen Briefe analysiert und ist zu dem Schluss gekommen: „Das strotzt vor Berlin-Brandenburgischen Elementen, vor allem hat er die Fälle verwechselt." Bei ihm seien Dativ und Akkusativ miteinander verschmolzen. Beispiele gefällig? Der Preußenkönig ließ sich zu Sätzen hinreißen wie: „Ich bin in die Schule" oder „Ich bin mit meine Schwester".

„Dialekte entfalten beim jeweiligen Gesprächspartner oftmals unterschiedliche Wirkungsweisen und sind nicht selten mit Vorurteilen behaftet."

Angela Führer, Direktorin des Kongresshotels Potsdam

Auf unserer Suche nach geeigneten Bewerbern werden wir im Kongresshotel Potsdam tagtäglich mit diversen Dialekten konfrontiert. Die Ausprägung des jeweiligen Dialektes spielt bei der Bewerberauswahl eine nicht zu unterschätzende Rolle.

Regionale Redegewohnheiten können bei Gästen sowohl negative als auch positive Emotionen auslösen. Wird eine gemeinsame sprachliche Basis geschaffen, fühlt sich der Gast gut aufgehoben. Eigentümliche Sprachfärbungen vermitteln schnell einen Mangel an Professionalität und errichten Barrieren. In einer global agierenden Branche ist es wichtig zu wissen, wann ein Dialekt dienlich ist und wann nicht.

Prinzipiell können besondere Sprachgewohnheiten die Persönlichkeit eines Bewerbers unterstützen und ihn einzigartig machen. Individuell betrachtet können diese den Bewerbern und ihrem Werdegang ebenso im Wege stehen.

Aus meiner Sicht als Hoteldirektorin und Mitglied der Prüfungskommission der IHK ist die jeweilige Ausprägung des Dialektes ein wesentlicher Faktor für die persönliche Weiterentwicklung im Beruf. Legt ein Bewerber sehr markante Sprachcharakteristiken an den Tag, wird er es schwer haben, wenn es um eine berufliche Festigung außerhalb der eigenen Region geht. Sorgt ein süddeutscher Akzent in Bayern noch für eine Bereicherung des jeweiligen Kundenerlebnisses, so wirkt die dort als charakteristisches Markenzeichen geltende Sprachfärbung in anderen Regionen Deutschlands eher befremdlich.

Dialekte entfalten beim jeweiligen Gesprächspartner oftmals unterschiedliche Wirkungsweisen und sind nicht selten mit Vorurteilen behaftet. So gilt die „Berliner Schnauze" in vielen Kreisen als vorlaut, unhöflich oder derb. Ein gemäßigter sächsischer Akzent wird oftmals als bodenständig wahrgenommen – bei sehr starker Ausprägung jedoch eher negativ bewertet. Für einen Bewerber bedeutet dies meiner Meinung nach, dass er bessere Chancen in seiner überregionalen Karriereentwicklung hat, wenn er einen gemäßigten oder, besser noch, keinen Dialekt spricht. Ein Bewerber mit einem hohen Maß an rhetorischen Fähigkeiten und einer natürlichen Ausdrucksweise setzt sich leichter gegenüber anderen Mitbewerbern durch. Erfolgreich ist derjenige, der individuell und überzeugend auf sein Gegenüber eingehen kann und dabei authentisch bleibt.

Unsere Mitarbeiter kommen aus verschiedenen Regionen und Ländern. So gibt es einen jungen Mann aus Griechenland, der sowohl akzentfreies Deutsch als auch den Dialekt unserer Region beherrscht. Ein anderes Beispiel ist unser Trainee aus Bayern, der seit ein paar Monaten im Kongresshotel Potsdam beschäftigt ist und den wir als Führungskraft aufbauen wollen. Er spricht mit einem gemäßigten Akzent und unsere Gäste empfinden ihn als sehr guten Gastgeber. Somit kann man bei uns durchaus auch mit Dialekt Karriere machen.

Angela Führer ist die Direktorin des Kongresshotels Potsdam am Templiner See. Sie ist auch Mitglied der Prüfungskommission der Industrie- und Handelskammer (IHK) Potsdam.

Märkische Allgemeine, 11.11.2015, www.kuwi.europa-uni.de/de/lehrstuhl/sw/sw1/archiv_pressespiegel/_dateien/Rosenberg_Dialekt_Karriere.pdf (30.07.2018)

- *Arbeiten Sie aus den beiden Stellungnahmen die Vor- und Nachteile eines Sprachgebrauchs mit regionaler Färbung heraus.*
- *Nehmen Sie auf der Grundlage der Ergebnisse Stellung zur Frage: Ist der Dialekt ein Karrierekiller?*
- *Diskutieren Sie: Worin stimmen Sie Peter Rosenberg und Angelika Führer zu? Worin möchten Sie ihnen dagegen gern widersprechen? Was zeigen die beiden Aussagen über die gesellschaftliche Bedeutung von Dialekten?*

Best.-Nr. 022727

Klausurvorschlag 1: Materialgestütztes Verfassen von Texten mit fachspezifischem Bezug

Name:	Schule:	Fachlehrer:
Kurs:	**Arbeitszeit:**	

Thema der Unterrichtsreihe:
Sprachvarietäten und ihre gesellschaftliche Bedeutung – Dialekte und Soziolekte

Aufgabenart:
Materialgestütztes Verfassen von Texten mit fachspezifischem Bezug

Bei der Beschäftigung mit dem Thema „Dialekte und Sprachvarietäten" ist in Ihrem Deutschkurs die Frage nach dem Image von Dialekten und, damit verbunden, mit dem Ansehen der Sprecherinnen und Sprecher in der Öffentlichkeit aufgetaucht. Eine Schülerin stellte die These auf, dass man Dialektsprechende nicht in derselben Weise ernst nehme wie Menschen, die sich gemäß standardsprachlichen Normen ausdrücken, und dass man als Dialektsprecher bzw. Dialektsprecherin dadurch viele Nachteile in Kauf nehmen müsse.
Es entbrannte eine Diskussion über die Frage nach einer sprachlichen Diskriminierung von Dialektsprecherinnen und Dialektsprechern. Um diese fachlich fundiert beantworten zu können, erhalten Sie die Aufgabe, einen informierenden Aufsatz darüber zu verfassen.

- *Verfassen Sie anhand der Materialien M 1 bis M 8 einen informierenden Aufsatz zum Thema, in welchem Sie ...*
  - *zur Fragestellung einleitend hinführen,*
  - *herausarbeiten, welche Antworten auf diese Frage aus der Berichterstattung und aus wissenschaftlichen Analysen deutlich werden,*
  - *mögliche Auswirkungen, die aus dem dargestellten Umgang mit Dialekten resultieren, beschreiben,*
  - *erläutern, wie die Befunde aus linguistischer und politischer Sicht zu bewerten sind,*
  - *und zuletzt zusammenfassend mögliche Folgerungen aus den Erkenntnissen ableiten.*

Hinweise:

- Nehmen Sie sich ausreichend Zeit für die Vorbereitung (Textbearbeitung, Stichworte, Gliederung des Textes etc.) und die Nachbereitung der Verschriftlichung (sorgfältiges Überprüfen von sprachlicher Richtigkeit und Gedankenführung).
- Bedenken Sie, dass die sprachliche Darstellungsleistung (Struktur, Ausdruck, Satzbau, Zitierweise sowie formale Richtigkeit) einen hohen Anteil der Bewertung ausmacht.

Erlaubte Hilfsmittel:

- Deutsches Wörterbuch

Viel Erfolg!

M1
Interview über Nachteile von Dialektsprechern im Beruf

„Bei Ihrem Dialekt hat der Konkurrent bessere Chancen“ (2015) – Ein Interview mit Matthias Kirbs und Eva-Maria Hommel

Der Chef ist fachlich top, aber wenn er den Mund aufmacht, nimmt ihn niemand mehr ernst: Führungskräfte mit Dialekt haben es schwer. Sprechtrainer Matthias Kirbs erklärt, wie sie den Makel loswerden.

KarriereSPIEGEL: Sie bieten Kurse zur Dialektreduktion an. Was ist so schlimm an einem Dialekt?
Kirbs: In vielen Situationen wirkt ein Gesprächspartner mit Dialekt weniger kompetent. Er ruft schon beim ersten Kennenlernen Schmunzeln hervor. Das Gegenüber kann sich gar nicht auf den Inhalt konzentrieren, sondern überlegt nur: Wo kommt der denn her? Besonders kritisch wird es, wenn man gar nicht verstanden wird. Insgesamt wird Hochdeutsch immer wichtiger – auch weil die Dialekte langsam verschwinden.
KarriereSPIEGEL: Wer sind Ihre Kunden?
Kirbs: Da gab es zum Beispiel eine Rechtsanwaltskanzlei aus Sachsen, die hat immer wieder Fälle verloren, obwohl sie die besseren Argumente hatte. Oder einen Unternehmensberater aus Mecklenburg-Vorpommern, der klang oft unfreundlich. Es melden sich auch Headhunter bei mir, die sagen, ich habe hier jemanden aus Süddeutschland, der soll in Hamburg Vorstand werden. Manchmal werden Leute auch von Vorgesetzten geschickt, obwohl sie das gar nicht wollen.
KarriereSPIEGEL: Werden manche Dialekte eher akzeptiert als andere?
Kirbs: Vor allem in den alten Bundesländern sagen viele: Sächsisch geht gar nicht. Aber auch andere Dialekte kommen nicht gut an. Franken und Bayern mögen sich nicht, Kölner und Frankfurter beschimpfen sich fast. Manche rasten bei einem Berliner Dialekt aus.
KarriereSPIEGEL: Hat es auch Vorteile, wenn man „alles außer Hochdeutsch“ kann?
Kirbs: Wenn ich regional arbeite, ist es natürlich gut, die regionale Sprache zu sprechen. Aber wenn ich deutschlandweit arbeite oder in einer Außenstelle in Paris, sind die Kunden völlig irritiert, wenn ich Dialekt spreche. Da hat der Konkurrent dann oft bessere Chancen. Es kommt auch darauf an, wie man selbst damit umgeht. Wenn ich sehr selbstbewusst bin, kann ich sogar damit punkten. Ich kenne einen Top-Verkäufer, der nur Sächsisch spricht. Bei anderen Menschen entsteht aber regelrecht ein Leidensdruck. [...]

Interview von Eva-Maria Hommel, SPIEGEL ONLINE 15.05.2015, http://www.spiegel.de/karriere/dialekte-wie-man-fuer-den-beruf-hochdeutsch-lernt-a-1033679.html (30.07.2018)

M2
Gesetzestext

„Niemand darf wegen seines Geschlechtes, seiner Abstammung, seiner Rasse, seiner Sprache, seiner Heimat und Herkunft [...] benachteiligt oder bevorzugt werden.“ (Art. 3,3, GG der BRD)

M3
Auswirkungen des Dialektsprechens laut den Ergebnissen der PISA-Studie

„Dass die Mundart sich nicht – wie früher manchmal behauptet – als Nachteil für ihre Sprecher auswirkt, legen die aktuellen Ergebnisse des zweiten nationalen PISA-Tests nahe. Länder wie Bayern, Baden-Württemberg und Sachsen, die stark von einer lebendigen mundartlichen Kommunikation geprägt sind, belegten dort die vorderen Plätze – und nicht nur in Mathematik und den Naturwissenschaften, sondern auch im Lesen und beim Textverständnis.“

Geleitwort des Bayerischen Staatsministeriums für Unterricht und Kultus“, in: Dialekte in Bayern 2006, S. 5

M4
Bericht über die Analyse von Schulbüchern

Sarah Ritschel: Wie Schulbücher die Kinder auf Hochdeutsch einschwören und was die Unesco damit zu tun hat

Fragt ein Wanderer einen Einheimischen: „Wie heißt denn bitte der Berg dort drüben?“ Sagt der Einheimische: „Wosnfüäanä?“ Der Wanderer: „Vielen Dank.“ Diesen Scherz findet man in dutzenden Sammlungen für Mundart-Witze. Und in einem Realschulbuch für Deutsch in der siebten Klasse. Was der Dialog vermitteln soll, liegt auf der Hand: Hätte der Einheimische Hochdeutsch gesprochen, wäre das nicht passiert.
Der Augsburger Germanistik-Professor und Sprachforscher Péter Maitz ärgert sich über solche Inhalte. Er hat bayerische Schulbücher analysiert und herausgefunden, dass in jedem von ihnen der Dialekt überwiegend als „Sprachbarriere und Kommunikationshindernis“ dargestellt wird. Mehr noch: Kinder würden in den Büchern gar an die Sprache des deutschen Nordens herangeführt. Begrüßen uns bayerische Schüler also bald mit einem fröhlichen „Hummel, hummel“ und verdrücken in der Pause ein Rundstück statt der bewährten Salamisemmel?

Unesco sorgt sich um sprachliche Vielfalt

Ganz so weit geht es natürlich nicht. Dennoch stammt die Sprache, die die meisten von uns als einzig wahres Hochdeutsch empfinden, aus Norddeutschland. Eigentlich erfüllen die Schulbücher also durchaus ihren pädagogischen Auftrag, wenn sie diese Art zu reden auch den Schülern vermitteln.
Andererseits aber sorgt sich sogar die Unesco um die

sprachliche Vielfalt auf der Welt. Allein in Deutschland sind der UN-Organisation zufolge 13 Sprachformen vom Aussterben bedroht, darunter auch Bairisch. […]

www.augsburger-allgemeine.de/politik/An-bayerischen-Schulen-heisst-es-Servus-Dialekt-id39563282.html (30.07.2018)

M5
Péter Maitz und Stephan Elspass: „Dialektfreies Sprechen leicht gemacht!" – Sprachliche Diskriminierung von deutschen Muttersprachlern in Deutschland

Welche Sprachgebrauchsweisen innerhalb einer Sprachgemeinschaft für legitim oder illegitim, schön oder unschön, richtig oder falsch gehalten werden, hängt vor allem von den kollektiven sprachlichen Wert- und Normvorstellungen – kurz: von sprachlichen Ideologien – ab, die in dieser Sprachgemeinschaft verbreitet sind. Diese sprachlichen Ideologien sind in hohem Maße kultur- und gesellschaftsspezifisch und oft auch in direkter Weise von politischen Ideologien beeinflusst. Sie stellen tradierte Bewusstseinsinhalte dar, werden zum größten Teil bereits im Rahmen der sprachlichen Sozialisation internalisiert und prägen nicht nur unser eigenes Sprachverhalten, sondern genauso auch unser Verhalten gegenüber anderen wahrgenommenen Sprachverhaltensweisen. Die wohl folgenreichste und schädlichste dieser Ideologien ist die sogenannte Standardsprachenideologie. Sie besagt, dass die Standardsprache hochwertiger/wertvoller/korrekter/besser etc. sei als alle anderen Varietäten der Sprache. […]

[Nur im] Rahmen der Standardsprachenideologie ist der Titelzusatz der Duden Grammatik (2009) interpretierbar: „Unentbehrlich für richtiges Deutsch". Diese Aussagen werfen bereits verschiedene grundsätzliche Fragen auf: Wäre eine Verbindlichkeit der Standardsprache tatsächlich linguistisch und sozial zu rechtfertigen? Ist man tatsächlich auf die Angaben der Duden Grammatik angewiesen, wenn man richtiges Deutsch sprechen und schreiben will? Ihrem eigenen Anspruch nach „beschreibt" sie zunächst einmal nur „die geschriebene und gesprochene Standardsprache der Gegenwart" (Vorwort). Aber wäre nicht standardsprachliches Deutsch tatsächlich kein „richtiges Deutsch"? Hinter den zitierten und ähnlichen Formulierungen steckt die Idee der Höherwertigkeit der Standardsprache, die zwangsläufig mit der Abwertung von allen anderen Sprachgebrauchsformen einhergeht und schließlich, wie die Beispiele oben zeigen, in die Diskriminierung all derer münden kann, die eine vom „beschriebenen", faktisch jedoch kodifizierten Standard abweichende Sprachform benutzen.

Zweitens ist die Homogenitätsideologie zu erwähnen, die das Sprachdenken auch in Deutschland bis heute weitgehend beeinflusst. Sie besagt, dass eine Einzelsprache (wie etwa „Deutsch") oder eine Varietät (wie etwa die Standardsprache in Deutschland) einheitlich sein solle. Es liegt jedoch im Wesen aller lebenden Sprachen – auch der Standardsprachen –, dass sie variabel sind. Im Licht der Homogenitätsideologie wird fehlende Einheitlichkeit jedoch als unerwünschter Zustand gesehen, der zu Kommunikationsbarrieren führe und nicht nur ein Symptom des Sprachverfalls, sondern gar des Kulturverfalls sei. […]

Solange unsere sprachlichen Norm- und Wertvorstellungen von diesen beiden Ideologien geprägt sind, ist ein linguistisch wie sozial gerechtfertigter, toleranter Umgang mit sprachlicher Variation kaum möglich. Diese inzwischen fest etablierten Vorstellungen sind ja letztlich auch dafür verantwortlich, dass man die diskriminierenden und ausgrenzenden Momente an den oben beschriebenen Fällen im Alltag oft nicht erkennt; dass man sogar bereit ist, die eigene Muttersprache für defizitär oder minderwertig zu halten und diskriminierende Praktiken wie die eingangs beschriebenen für legitim zu halten und zu dulden.

Sprachliche Heterogenität, besonders auch Dialekte und Regiolekte, wurden und werden schnell zu Kommunikationsbarrieren stilisiert, und vielfach wird die Ansicht vertreten, dass eine einzige einheitliche standardsprachliche Norm allein schon aus Verständigungsgründen notwendig sei.

Es gibt weder eine soziale noch eine linguistische Rechtfertigung dafür, die hegemoniale Stellung[1] der Standardsprache in öffentlichen, darunter auch schulischen Kommunikationssituationen aufrechtzuerhalten. Es muss in letzter Konsequenz gewährleistet werden, dass jeder Sprecher seine Muttersprachvarietät verwendet, ohne dass seine Sprachverwendung an den kodifizierten Standardnormen gemessen, ständig korrigiert, kritisiert oder gar verspottet wird. Erst recht in der Unterrichtskommunikation muss jedem Schüler erlaubt sein, in der Mündlichkeit seine eigene, von zu Hause mitgebrachte Erstvarietät zu verwenden – zumindest sofern es sich um eine Varietät des Deutschen handelt.

www.philhist.uni-augsburg.de/lehrstuehle/germanistik/sprachwissenschaft/Literatur_maitz/cikk40m-_DU-Beitrag_.pdf (30.07.2018); Abb. Bibliographisches Insitut GmbH/© 2009 Bibliographisches Institut GmbH (Duden)

[1] **hegemoniale Stellung** = Vormachtstellung

M 6
Abbildungen in Schulbüchern

Krischker, Gerhard C.

toonpool.com, Berlin/Prüstel, Andreas

Best.-Nr. 022727

M7
Zitate

„Eine Sprache stirbt, wenn sie (Stück für Stück) durch eine prestigebesetztere Sprache ersetzt wird."

Annette Schmidt: Young People's Dyirbal. An example of language death from Australia. Cambridge et al.: Cambridge University Press, 1985, S. 3

„Sprachen und Dialekte verschwinden nur in den seltensten Fällen deshalb, weil ihre Sprecher sich frei entscheiden, sie nicht mehr zu sprechen. Bevölkerungsgruppen, die eine Minderheitensprache sprechen, sind oft Repressionen ausgesetzt [...] und werden an der Ausübung ihrer Kultur und der Verwendung ihrer Sprache gehindert. Wenn zur Teilhabe an der Gesellschaft die eigene Muttersprache nicht mehr eingesetzt werden kann, so wird Menschen der Zugang zu dieser Gesellschaft verwehrt – eine sprachliche Form von Apartheid!"

Aus einer Verlautbarung der deutschen Gesellschaft für Sprachwissenschaft, https://dgfs.de/de/thema/sprachsterben-und-sprachpolitik.html (30.07.2018)

M8
Timo Stukenberg: Freindlich samma! Aber deppert?

Wer Dialekt spricht, gilt als sympathisch, aber ungebildet. Die Mundart in Deutschland hat ein Image-Problem – völlig zu Unrecht.

[...] Dialektsprecher gelten gegenüber Hochdeutschsprechern häufig als weniger intelligent und als ungebildeter. Immerhin wirke die Mundart laut Befragungen sympathischer.
Aber sind Hochdeutschsprecher tatsächlich kompetenter als Dialektsprecher? Keinesfalls, sagt Albrecht Plewnia vom Institut für Deutsche Sprache. „Diese Zuschreibungen sind ausschließlich sozial erworben." Es gebe keinen Zusammenhang zwischen dem Klang oder der Grammatik einer Sprache und dem Bildungsgrad der Sprecher. Unsere Wahrnehmung verschiedener Sprecher wird schon in der Schule geprägt. Dort wird Hochdeutsch als Schriftsprache erworben. Je besser jemand darin Rechtschreib- und Grammatikfehler vermeidet, desto kompetenter wirke er, erklärt Plewnia.

Wie klingt Kompetenz?

Wie austauschbar die Zuschreibungen von Dialekt und Hochsprache sind, zeigt ein Projekt von Plewnias Kollegen an der Universität Mannheim. Sie spielten Schülern in Tansania ohne Deutschkenntnisse Sprachproben von Plattdeutsch-, Saarländisch- und Hochdeutschsprechern vor. Die Teilnehmer der Untersuchung bewerteten die Hochdeutschsprecher durchweg als kompetenter – wenn der Dialekt als solcher bezeichnet wurde. Als die Forscher die Kennzeichnung wegließen, nahmen die Schüler keinen Unterschied in der Kompetenz der Sprecher wahr.

[...]

Bairisch ist beliebt – Sächsisch nicht

Dialekte sind nicht die Volkstümelei, als die sie in Deutschland oft angesehen und abgetan werden. Für Andrea Ender sind ihre Sprecher schlicht mehrsprachig. Das hilft beim Lernen weiterer Sprachen – und beim Verstehen. Je stärker wir an Abweichungen von der Standardsprache gewöhnt sind, erklärt sie, desto toleranter ist unser Sprachzentrum gegenüber anderen Dialekten.
Ihre Kollegin Kaiser hat das bei ihrem Umzug nach Bern selbst erlebt. „Als Dialektsprecherin ist es mir auf Anhieb relativ leichtgefallen, die dortigen Dialekte zu verstehen – obwohl ich einen ganz anderen Dialekt als die Schweizer spreche", sagt sie.
In Deutschland haben Sächsisch und Bairisch die meisten Sprecher. Doch ihre Wahrnehmung geht weit auseinander. Während Bairisch die Liste der beliebten Dialekte anführt, ist Sächsisch stets das Schlusslicht. Sprachforscher Plewnia sieht den Grund dafür in den gesellschaftlichen Entwicklungen des Sprachraums. War das Sächsische im 18. Jahrhundert noch ein Vorzeigedialekt, ist er spätestens mit der DDR in die Unbeliebtheit abgerutscht.

Dialekt ist Heimat

„Das Sächsische kann als Sprache nichts dafür", sagt Plewnia. Sein Image sei stark geprägt, etwa durch Filme, in denen DDR-Grenzpolizisten fast ausnahmslos Sächsisch sprächen, und durch die Sprachfärbung Walter Ulbrichts. Eine wissenschaftliche Erklärung, warum der „Oachkatzlschwoaf" (Bairisch für Eichhörnchenschwanz) sympathischer sein soll als das „Mutzekriepschen" (Sächsisch für Marienkäfer), gibt es nicht.
Als das Meinungsforschungsinstitut TNS Emnid 2013 Menschen nach dem Ort ihrer Heimat fragte, gab immerhin rund die Hälfte an: „Wo mein Dialekt gesprochen wird." Wie müssen sich die Sachsen fühlen, denen regelmäßig erklärt wird, ihr Dialekt – und damit für viele auch ihre Heimat – sei unsympathisch? „Das ist nicht gut für das sprachliche Selbstbewusstsein", sagt Plewnia. Dialektsprecher reagierten darauf in der Regel auf zwei Arten: Trotz oder Abtrainieren.
Das Bairische kennt solche Probleme nicht. Der Förderverein Bairische Sprache und Dialekte verkündete kürzlich, dass sich wieder mehr Menschen für den bairischen Dialekt interessieren. Wenn es um Politik geht, stecken die Bayern mit ihrem Dialekt jedoch in einem Dilemma. Als Kanzlerkandidat habe man mit Bairisch in vielen Teilen Deutschlands schlechte Karten, erklärt Albrecht Plewnia. Da wäre es hilfreich den Dialekt mindestens verbergen zu können. Aber ein bayerischer Ministerpräsident ohne Dialekt – unmöglich.

Timo Stukenberg, Spiegel Online, 27.04.2015, http://www.spiegel.de/wissenschaft/mensch/image-von-dialekten-mia-san-nett-aber-deppert-a-1030038.html (30.07.2018)

Best.-Nr. 022727

Bewertungsbogen für ____________________

1. Verstehensleistung

Aufgabe Die Schülerin/der Schüler	max. Punktzahl	erreichte Punkte
leitet zur **Fragestellung** einführend hin, etwa: • Sprachkurse für das Abtrainieren eines Dialekts bzw. zur Dialektreduktion sowie der Umgang mit dem Thema „Dialekte“ in Schulbüchern evoziert die These von einer Ungleichbewertung von Standardsprache und Dialekten • unterschiedliches „Image“ einzelner Dialekte wirft die Frage nach den zugrunde liegenden Bewertungsmaßstäben auf	8	
arbeitet heraus, welche **Antworten auf diese Frage** aus der Berichterstattung und wissenschaftlichen Analysen deutlich werden, etwa: • Umgang mit Dialekten in Schulbüchern: Darstellung von Dialekten vorwiegend als „Sprachbarriere und Kommunikationshindernis“ (Mainz, Elspass) und somit Betonung negativer Auswirkungen des Dialektsprechens (M 4, 5) • implizierte Wertung des Dialekts als Sprachform, die auf private Kommunikationssituationen beschränkt sein sollte und in Beruf und Öffentlichkeit unangemessen ist (M 6 ,8) • Vorurteile gegen Dialektsprechen: Zeichen für sprachliche Inkompetenz und Ungebildetheit (M 8) • Dialekt als Ausschlusskriterium in manchen beruflichen Zusammenhängen und als Ursache von Leidensdruck (M 1, 8) • willkürliche Bewertung unterschiedlicher deutscher Dialekte (z. B. negatives Image des Sächsischen) ohne plausible Begründung (M 1, 8)	18	
beschreibt mögliche **Auswirkungen**, die aus dem dargestellten Umgang mit Dialekten resultieren, etwa: • Sorge der UNESCO hinsichtlich eines möglichen Schwindens von Dialekten (M 4) • Auswirkungen auf das Selbstbewusstsein der Sprecherinnen und Sprecher, die entweder mit Abtrainieren oder mit Trotz reagieren (M 1,7, 8) • unreflektierte Übernahme von sprachideologischen Bewertungsmaßstäben (M 5, 8) • kein gleichwertiger Zugang der Sprecherinnen und Sprecher zur gesellschaftlichen Teilhabe (M 7)	8	
erläutert, wie die **Befunde aus politischer und linguistischer Sicht zu bewerten** sind, etwa: • Widerspruch zum grundgesetzlichen Verbot sprachlicher Diskriminierung (M 2) • implizite Prämissen: Sprachideologien (kollektive sprachliche Wert- und Normvorstellungen); Homogenitätsideologie (Zwang bzw. Trend zur Vereinheitlichung) als Widersprüche zu geltenden Grundrechten und zum variablen Wesen aller lebenden Sprachen (M 5) • Verinnerlichung von Sprach- und Homogenitätsideologien als Ursachen für fehlende kritische Reflexion (M 5) • Korrektur falscher Stereotypen (etwa: Dialekt als Zeichen für Inkompetenz und willkürliche Bewertung einzelner Dialekte) notwendig (M 3, 8)	12	
leitet zusammenfassend mögliche **Folgerungen** aus den Erkenntnissen ab, etwa: • Forderung nach der Realisierung des Rechts auf die Verwendung der Erstvarietät auch im schulischen Kontext (M 5) • Infragestellung unbewusster (und z. T. falscher) Annahmen hinsichtlich der Dialekte und ihrer Sprecherinnen und Sprecher • Aufwertung von Dialekten im Hinblick auf positive Auswirkungen für das Individuum und die Vielfalt und Lebendigkeit von Sprache	10	

Best.-Nr. 022727

entfaltet das Thema unter **Einbezug fachlichen Kontextwissens**, etwa zu folgenden Aspekten: • Prestige von Dialekten als Hintergrund für deren Vitalität bzw. Verdrängung • Wesen von Sprache als „Bündel von Varietäten" i. S. einer „inneren Mehrsprachigkeit" • Bedeutung von Dialekten für die Identität und die sprachliche Variabilität eines Sprechers bzw. einer Sprecherin, aber auch für dessen/ihre kognitive und sprachliche Entwicklung	4	
nutzt die **Materialien** funktional zur Erfüllung des Schreibauftrags durch • angemessene Ausschöpfung des gesamten Informationsangebots, • funktionale Integration von Referenzen auf die Materialien in den eigenen Text, • Konzentration auf Wesentliches und Vermeidung unnötiger Redundanzen, • sachliche und auftragsbezogene Verarbeitung der aus unterschiedlichen Perspektiven gestalteten Beiträge, • eigenständiges Verknüpfen von relevanten Informationen mit eigenen Kenntnissen	8	
gestaltet seinen Text unter **Berücksichtigung der Anforderungen** des aufgabenbezogenen Zieltextformats im Hinblick auf • den Adressaten, • die für die Textsorte charakteristischen Merkmale, • die Intention des Textes und das Erreichen des Kommunikationsziels	4	
Summe Verstehensleistung	**72**	

2. Darstellungsleistung

Anforderungen **Die Schülerin/der Schüler**	**max. Punktzahl**	**erreichte Punkte**
strukturiert ihren/seinen Text kohärent, schlüssig, stringent und gedanklich klar: • angemessene Gewichtung der Teilaufgaben in der Durchführung • gegliederte und angemessen gewichtete Anlage der Arbeit • schlüssige Verbindung der einzelnen Arbeitsschritte • schlüssige gedankliche Verknüpfung von Sätzen	6	
formuliert unter Beachtung der fachsprachlichen und fachmethodischen Anforderungen: • Trennung von Handlungs- und Metaebene • begründeter Bezug von beschreibenden, deutenden und wertenden Aussagen • Verwendung von Fachtermini in sinnvollem Zusammenhang • Beachtung der Tempora • korrekte Redewiedergabe (Modalität)	6	
belegt Aussagen durch Bezugnahme auf den Text: • sinnvolle Zusammenstellung der Textinformationen • angemessene Einbettung von Paraphrasiertem in den eigenen Text	3	
drückt sich allgemeinsprachlich präzise, stilistisch sicher und begrifflich differenziert aus: • sachlich-distanzierte Schreibweise • Schriftsprachlichkeit • begrifflich abstrakte Ausdrucksfähigkeit	5	
formuliert lexikalisch und syntaktisch sicher, variabel und komplex (und zugleich klar)	5	
schreibt sprachlich richtig	3	
Summe Darstellungsleistung	**28**	

Best.-Nr. 022727

Bewertung:	**max. Punktzahl**	**erreichte Punkte**
Summe insgesamt (Verstehens- und Darstellungsleistung):	**100**	

Kommentar:

___

___

___

___

___

___

___

___

___

___

___

Die Arbeit wird mit der Note ______________________________ beurteilt.

Datum: ____________ Unterschrift: ______________________________

Bepunktung

Note	Punkte	erreichte Punktzahl
sehr gut plus	15	100 – 95
sehr gut	14	94 – 90
sehr gut minus	13	89 – 85
gut plus	12	84 – 80
gut	11	79 – 75
gut minus	10	74 – 70
befriedigend plus	9	69 – 65
befriedigend	8	64 – 60
befriedigend minus	7	59 – 55
ausreichend plus	6	54 – 50
ausreichend	5	49 – 45
ausreichend minus	4	44 – 39
mangelhaft plus	3	38 – 33
mangelhaft	2	32 – 27
mangelhaft minus	1	26 – 20
ungenügend	0	19 – 0

Best.-Nr. 022727

Klausurvorschlag 2: Analyse eines Sachtextes mit weiterführendem Schreibauftrag

Name:	Schule:	Fachlehrer:
Kurs:	**Arbeitszeit:**	

Thema der Unterrichtsreihe:
Sprachvarietäten und ihre gesellschaftliche Bedeutung – Dialekte und Soziolekte

Aufgabenart:
Analyse eines Sachtextes mit weiterführendem Schreibauftrag

1. *Analysieren Sie den vorliegenden Text unter besonderer Berücksichtigung der sich wandelnden Auffassungen Wittgensteins über das Wesen der Sprache sowie deren Bewertungen durch den Autor. Beziehen Sie außerdem Untersuchungsergebnisse zur sprachlich-formalen Textgestaltung mit ein.*
2. *Ordnen Sie Wittgensteins spätere Position begründet in die Ihnen bekannten „Denkschulen“ ein und diskutieren Sie diese auf der Grundlage neuerer wissenschaftlicher Erkenntnisse.*

Hinweise:

- Nehmen Sie sich ausreichend Zeit für die Vorbereitung (Textbearbeitung, Stichworte, Gliederung des Textes etc.) und die Nachbereitung der Verschriftlichung (sorgfältiges Überprüfen von sprachlicher Richtigkeit und Gedankenführung).
- Bedenken Sie, dass die sprachliche Darstellungsleistung (Struktur, Ausdruck, Satzbau, Zitierweise sowie formale Richtigkeit) einen hohen Anteil der Bewertung ausmacht.

Erlaubte Hilfsmittel:

- Deutsches Wörterbuch

Viel Erfolg!

Richard David Precht (geb. 1964)
Über Ludwig Wittgenstein

Im Herbst 1914 sitzt ein junger Flugzeugingenieur auf einem Wachtboot auf der Weichsel. [...] Er hat einen Artikel in einer Zeitschrift entdeckt, der ihn viel mehr fesselt als alles andere um ihn herum. Es geht um die Klärung eines Verkehrsunfalls vor einem Pariser Gericht. Der Unfall liegt bereits ein Jahr zurück, und komplizierte Verkehrsunfälle mit Automobilen sind in Europas Großstädten noch etwas Besonderes. Um den genauen Verlauf des Geschehens zu rekonstruieren, stellt das Gericht den Unfall in Form eines Miniaturmodells nach. Spielzeughäuser, ein Spielzeuglastwagen, Spielzeugmenschen und ein Miniaturkinderwagen werden postiert und verschoben. Der Ingenieur ist fasziniert. Wie kann es sein, dass ein Modell stellvertretend die Realität abbildet? Nun, erstens dadurch, dass die Figuren den realen Objekten möglichst genau entsprechen. Und zweitens, indem die Beziehung der Figuren zueinander mit der tatsächlichen Beziehung der realen Objekte exakt übereinstimmt. Doch wenn man die Realität durch Figuren abbilden kann, lässt sie sich dann nicht auf die gleiche Weise mit den Figuren des Denkens, den Wörtern, abbilden? „Im Satz“, notiert er in sein Tagebuch, „wird eine Welt probeweise zusammengestellt.“

Wie Descartes zu Beginn des 30-jährigen Krieges der Philosophie einen kräftigen Stoß in eine neue Richtung versetzt hatte, so veränderte auch der Flugzeugingenieur zu Beginn des Ersten Weltkriegs die Richtung der Philosophie. Radikaler als jeder andere vor ihm stellte er die Logik der Sprache in den Mittelpunkt des Denkens. Und diese Wende machte ihn zu einem der einflussreichsten Philosophen des 20. Jahrhunderts. Sein Name ist Ludwig Wittgenstein. [...]

Was machte [ihn] zu einem Kometen am Firmament der Philosophie? Und worin lag seine allseits gefeierte „Genialität“? Wie sich an der Geschichte mit dem Modell des Pariser Verkehrsunfalls sehen lässt, bestand Wittgensteins bahnbrechender Gedanke darin, die Sprache in den Mittelpunkt der Philosophie zu rücken. So erstaunlich es klingt, bis dahin war die Sprache ein Stiefkind der Philosophie gewesen. Natürlich war allen Philosophen klar, dass sie ihre Gedanken in Worten und Sätzen ausdrückten, aber die Abhängigkeit ihrer Gedanken und ihrer Schlussfolgerungen von den Mitteln der Sprache wurde ihnen nur sehr selten zum Thema. [...]

So weit, so berechtigt. Doch wie sollte die Korrektur oder der Gegenentwurf aussehen? Wittgenstein dachte an den Verkehrsunfall, bei dem die Figuren und ihre Beziehung zueinander die Realität abbildeten. Das Gleiche geschieht in einem Satz: Seine Wörter und dessen Satzbau bilden die Realität ab. Die Substantive („Namen“) entsprechen den „Dingen“ der Welt. Und ihre Bedeutung erhalten sie durch ihr Zusammenstehen im Satz. Stimmen Namen und Satzbau mit den Dingen und der Anordnung der Dinge in der Realität überein, ist ein Satz wahr. So jedenfalls das Prinzip. Denn damit ein solcher Spiegel die Wirklichkeit auch tatsächlich spiegelt, müssen alle Konstruktionsfehler behoben werden. Im Falle der Sprache bedeutet dies, dass sie gegenüber ihrem tagtäglichen Gebrauch optimiert werden muss. Abgeschafft werden müssen alle sinnlosen Sätze und alle unsinnigen Sätze. [...] Wittgenstein war dabei so konsequent, dass er selbst alle moralischen Aussagen aus der Sprache verbannen wollte, weil „Gut“ und „Schlecht“ ja gar keine Dinge abbilden, die es in der Realität gibt. Moral könne deshalb allein in einer Zeichensprache, einer Geste oder einem Blick zum Ausdruck kommen. Denn: „Was sich überhaupt sagen lässt, lässt sich klar sagen, und wovon man nicht sprechen kann, darüber muss man schweigen.“

Wittgensteins Traum war eine Präzisionssprache, die es ermöglicht, die Realität in allen Lebensbereichen objektiv zu erfassen und zu beschreiben. [...] [W]as hätte dabei herauskommen sollen? Was für eine autoritäre Sprache wäre dies gewesen, und wie totalitär wäre eine Gesellschaft, die ihren Bürgern eine Präzisionssprache vorschriebe? Wie viel ginge verloren, wenn Lehrer in der Schule ihren Schülern einbläuten, keine zweideutigen Sätze mehr zu schreiben, keine Ironie zu verwenden, keine Metaphern zu gebrauchen? Und selbst wenn Wittgensteins Reform nur die Philosophie erneuert hätte: Wie langweilig wäre sie geworden! [...]

[E]ine Präzisionssprache ist im Wortsinne unmenschlich: ein tief greifendes Missverständnis der menschlichen Evolution und der grundsätzlichen Funktion der Sprache. Denn der Motor in der Entwicklung der Sprache war ganz offensichtlich nicht die Sehnsucht nach Wahrheit und Selbsterkenntnis. Vielmehr dürfte der Antrieb aus den sozialen Bedürfnissen der Verständigung entstanden sein. Wittgenstein dagegen betrachtete die Sprache wie ein alleiniges Erkenntnis-Instrument. Er sah sie wie ein Techniker und Ingenieur und bewertete ihre Tauglichkeit ausschließlich nach der Logik. Aber alles nach den Gesetzen der Logik zu bewerten, führt in der praktischen Lebenswelt ins Absurde. [...]

Dass seine Theorie von der Sprache als Abbild der Realität nicht stimmte, dämmerte irgendwann auch Wittgenstein. [...] [Sein Alterswerk, ein] Buch, das erst 1953, zwei Jahre nach Wittgensteins Tod erschien, gibt nicht nur die Abbildtheorie auf, sondern auch den Gedanken, dass man Sprache allein mit den Mitteln der Logik begreifen könne. Der malerischste Satz darin, der später die Dichterin Ingeborg Bachmann begeisterte, lautet: „Unsere Sprache kann man ansehen als eine alte Stadt: Ein Gewinkel von Gäss-

chen und Plätzen, alten und neuen Häusern mit Zubauten aus verschiedenen Zeiten: und dies umgeben von einer Menge Vororte mit geraden und regelmäßigen Straßen und mit einförmigen Häusern." Wittgenstein erkannte, dass „die Bedeutung eines Wortes" sein „Gebrauch in der Sprache" ist. Statt Bedeutungen und Satzbau logisch festzunageln, müssten sich die Philosophen darum bemühen, die Regeln des Sprachgebrauchs verständlich zu machen, die verschiedenen „Sprachspiele". In diesem Zusammenhang entdeckte er schließlich die Bedeutung der Psychologie, die er zuvor leichtfertig abgetan hatte. Da Sprachspiele nicht im luftleeren Raum existieren, sondern in menschlichen Gemeinschaften, müssten sie nicht logisch, sondern besser psychologisch erklärt werden. Nicht Seelenexperimente zu machen, sondern Sprachspiele in ihrem sozialen Kontext zu erklären, sei das eigentliche Metier, für das die Welt Psychologen braucht. Denn die „Hauptquelle unseres Unverständnisses" ist es, „dass wir den Gebrauch unserer Wörter nicht übersehen". [...]
Die Sprachwissenschaft griff Wittgensteins Theorie der „Sprachspiele" auf und wendete sich der Bedeutung des Sprechens im jeweiligen Kontext zu. [...] Und die entscheidende Frage beim Verständnis von Sätzen ist nicht, ob etwas wahr ist oder falsch, sondern ob die Verständigung im beabsichtigten Sinne gelingt oder nicht gelingt. Aus einer Wahrheitstheorie der Sprache wurde eine Theorie der sozialen Kommunikation.
Die menschliche Sprache ist ein ausgezeichnetes Kommunikationsmittel. Mit Wittgenstein aber hatte die Philosophie erkennen müssen, dass Sprache kein exklusiver Zugang zur Wahrheit ist. Erst wenn man reflektiert, dass die Ordnungsmittel des Geistes, das Denken und die Sprache, nicht die Wirklichkeit „an sich" aufräumen, sondern Modelle sind, um die Welt nach Maßgabe der eigenen Spielregeln zu erklären, kommt man dem Menschen näher. Wer unterschiedliche Dinge wahrnimmt, der erlebt auch anders. Und wer anders erlebt, der denkt auch anders. Und wer anders denkt, der benutzt auch eine andere Sprache. Was unter verschiedenen Individuen zu unterschiedlichen Denk- und Sprechweisen führt, unterscheidet den Menschen erst recht von den anderen Tieren. Die Grenzen des sinnlichen Wahrnehmungsapparates und die Grenzen der Sprache sind die Grenzen unserer Welt. Denn die Auswahl der Wortkleider unseres Denkens stammt aus dem übersichtlichen Kleiderschrank der menschlichen Spezies. So ist es gleichsam der ungeschriebene Verfassungsauftrag der Sprache, dass sie uns über den Realitätscharakter ihrer Aussagen „täuscht". Sie wurde dazu „gemacht", Wirklichkeit und Welt nach dem Bedürfnis der Spezies Mensch zu „konstruieren".

Richard David Precht: Wer bin ich und wenn ja, wie viele? Eine philosophische Reise. München: Goldmann 2007, S. 208 ff.

Bewertungsbogen für ____________________

1. Verstehensleistung

Teilaufgabe 1 **Die Schülerin/der Schüler**	**max. Punktzahl**	**erreichte Punkte**
formuliert eine **funktionalisierte Einleitung**: • Autor, Titel, Entstehungszeit, zentrales Thema: Die Sprachphilosophie Ludwig Wittgensteins	4	
zeigt die **Struktur des Textes im Zusammenhang mit dessen Inhalt** auf, etwa: • 1. Abschnitt (Z. 1 – 46): Wittgensteins Motivation für die philosophische Auseinandersetzung mit dem Wesen von Sprache • 2. Abschnitt (Z. 47 – 72): Der Traum von einer „Präzisionssprache" nach den Gesetzen der Logik • 3. Abschnitt (Z. 73 – 99): Kommentar des Autors über die Unmenschlichkeit einer solchen Sprache • 4. Abschnitt (Z. 100 – 164): Revision und Neuentwurf über das Wesen der Sprache nicht als logisches, sondern als soziales Instrument	7	
erläutert **die frühe Auffassung Wittgensteins über die Sprache** als Instrument der Logik, etwa: • Frage nach dem Zusammenhang von Wirklichkeit und Sprache durch das Lesen eines Artikels über das Nachbauen eines Modells der Wirklichkeit im Zusammenhang mit einem Strafprozess • Analogiebildung: Fragestellung danach, auf welche Weise die Sprache die Wirklichkeit abbildet als zentraler neuer Gedanke in der Philosophie • Frage nach der „Wahrheit" philosophischer Gedanken angesichts möglicher sprachlicher „Konstruktionsfehler" (Z. 60) • Wunsch nach einer „Präzisionssprache", in der alles Gesagte auch eine gegenständliche Entsprechung in der Realität haben müsse und nur ausgesagt werden dürfe, was klar (i. S. von eindeutig) ist und objektiv ausgedrückt werden könne • Bewertung der Sprache als ein Instrument der Logik	8	
zeigt die **Wertung des Autors** über diesen Entwurf von Sprache auf, etwa: • Kritik an dem Traum Wittgensteins von einer „Präzisionssprache": Entmenschlichung der Sprache und Entwertung derselben, möglicherweise sogar Missbrauch als Herrschaftsinstrument eines totalitären Regimes • Fehlen von wesentlichen Merkmalen der Sprache wie Mehrdeutigkeit, Ironie, Metaphern führe „in der praktischen Lebenswelt ins Absurde" (Z. 98 f.) • Vorwurf an Wittgenstein, das Wesen der Sprache zu verkennen, wenn diese lediglich ein Abbild der Wirklichkeit sei und unter der Maßgabe der Logik bewertet werde	5	
erläutert die **späte Auffassung Wittgensteins über die Sprache als soziales Instrument** zur Kommunikation innerhalb von Gemeinschaften: • Sprache nicht als exklusiver Zugang zur Wahrheit, sondern als „Sprachspiel[]" (Z. 119), deren Produkte sich nur im Kontext des sozialen Akts verstehen ließen • Folgerung: Untersuchung von Sprechakten nicht unter logischem, sondern unter psychologischem Zugriff • Interpretation der zentralen Metapher der Sprache als eine „alte Stadt": Aufzeigen der Bedeutung der historischen Genese sowie des menschlichen Eingriffs für das Wesen einer Einzelsprache	8	
zeigt die **Wertung des Autors über Wittgensteins späte Auffassung** der Sprache auf, etwa: • Zustimmung und Betonung der Bedeutung Wittgensteins für die Philosophiegeschichte: Erkenntnis, dass Sprache „kein exklusiver Zugang zur Wahrheit" (Z. 142 f.) sei, sondern dass es sich bei Einzelsprachen um „Wortkleider unseres Denkens" (Z. 157 f.) handele • im Kern: Übereinstimmung der Auffassung Wittgensteins mit der „Sapir-Whorf-Hypothese"	5	

Best.-Nr. 022727

bezieht in die Analyse Ergebnisse der **sprachlich-formalen Untersuchung** mit ein, etwa: • chronologischer Aufbau des Textes entlang der philosophischen Entwicklung Wittgensteins • keine sachlich-objektive Darstellung, sondern Einbeziehen eigener Gedanken und Wertungen • Aufbau von Lesemotivation durch anekdotenhaften Stil (z. B. in der Hinführung) • Erleichterung des Verständnisses und Erhöhen der Anschaulichkeit durch rhetorische Gestaltung: rhetorische Fragen („Was hätte dabei herauskommen sollen?“, Z. 75 f.), Ausrufe („Wie langweilig wäre sie geworden!“, Z. 84 f.); Metaphern („Wortkleider unseres Denkens“, Z. 157 f.)	8	
erfüllt ein weiteres aufgabenbezogenes Kriterium	(5)	
Summe Teilaufgabe 1	**45**	

Teilaufgabe 2 **Die Schülerin/der Schüler**	**max. Punktzahl**	**erreichte Punkte**
formuliert eine **auftragsbezogene Überleitung**, etwa: • Verweis auf die verschiedenen am Diskurs beteiligten Domänen: Sprachphilosophie, Linguistik, Psychologie	2	
ordnet Wittgensteins spätere Auffassung ein: • Verortung der späten Auffassung Wittgensteins im Sinne der Relativisten • Benennen der zentralen These: Abhängigkeit des Denkens von der Sprache in dem Sinne, dass grammatikalische und lexikalische Besonderheiten bei dem Vorgang der Konstruktion und Deutung von Wirklichkeit eine entscheidende Rolle spielen • Anführen von Textbelegen für die Einordnung, z. B. „Die Grenzen meiner Sprache sind die Grenzen unserer Welt.“ (Z. 156 f.); „Sprache wurde dazu ‚gemacht‘, Wirklichkeit und Welt nach dem Bedürfnis der Spezies Mensch zu ‚konstruieren‘“ (Z. 162 f.)	7	
zeigt verschiedene für den Zusammenhang relevante **wissenschaftliche Untersuchungsergebnisse** auf und diskutiert diese, etwa: • Forschungen der Linguistin Lera Boroditsky über den Zusammenhang zwischen dem Raum-/Zeit-Empfinden und den entsprechenden kognitiven Fähigkeiten und der jeweiligen Sprache sowie zur Macht der Metaphern im Hinblick auf die Deutung von Wirklichkeit • wissenschaftliche Studien über unterschiedlich schnelle Lernvorgänge oder Lernblockaden bei Kindern und Erwachsenen (etwa bezüglich des Geschlechts und des Nichtvorhandenseins von Zahlwörtern) je nach Besonderheiten ihrer Sprache	13	
fasst die Ergebnisse im Schlussteil prägnant zusammen und **wertet sie**, etwa: • empirische wissenschaftliche Belege als Hinweis auf Korrelationen zwischen Sprache und Denken in verschiedenen Bereichen der Wirklichkeitskonstruktion, jedoch keine Identität Sprache-Denken oder vollständige Determination der Sprecher im Denken durch die jeweilige Sprache	5	
erfüllt ein weiteres aufgabenbezogenes Kriterium	(5)	
Summe Teilaufgabe 2	**27**	
Summe Verstehensleistung	**72**	

Best.-Nr. 022727

2. Darstellungsleistung

Anforderungen Die Schülerin/der Schüler	max. Punktzahl	erreichte Punkte
strukturiert ihren/seinen Text kohärent, schlüssig, stringent und gedanklich klar: • angemessene Gewichtung der Teilaufgaben in der Durchführung • gegliederte und angemessen gewichtete Anlage der Arbeit • schlüssige Verbindung der einzelnen Arbeitsschritte • schlüssige gedankliche Verknüpfung von Sätzen	6	
formuliert unter Beachtung der fachsprachlichen und fachmethodischen Anforderungen: • Trennung von Handlungs- und Metaebene • begründeter Bezug von beschreibenden, deutenden und wertenden Aussagen • Verwendung von Fachtermini in sinnvollem Zusammenhang • Beachtung der Tempora • korrekte Redewiedergabe (Modalität)	6	
belegt Aussagen durch angemessenes und korrektes Zitieren: • sinnvoller Gebrauch von vollständigen oder gekürzten Zitaten in begründender Funktion	3	
drückt sich allgemeinsprachlich präzise, stilistisch sicher und begrifflich differenziert aus: • sachlich-distanzierte Schreibweise • Schriftsprachlichkeit • begrifflich abstrakte Ausdrucksfähigkeit	5	
formuliert lexikalisch und syntaktisch sicher, variabel und komplex (und zugleich klar)	5	
schreibt sprachlich richtig	3	
Summe Darstellungsleistung	**28**	

Bewertung:	**max. Punktzahl**	**erreichte Punkte**
Summe insgesamt (Verstehens- und Darstellungsleistung):	**100**	

Kommentar:

Best.-Nr. 022727

Die Arbeit wird mit der Note ______________________________ beurteilt.

Datum: ____________________ Unterschrift: ______________________________

Bepunktung

Note	Punkte	erreichte Punktzahl
sehr gut plus	15	100 – 95
sehr gut	14	94 – 90
sehr gut minus	13	89 – 85
gut plus	12	84 – 80
gut	11	79 – 75
gut minus	10	74 – 70
befriedigend plus	9	69 – 65
befriedigend	8	64 – 60
befriedigend minus	7	59 – 55
ausreichend plus	6	54 – 50
ausreichend	5	49 – 45
ausreichend minus	4	44 – 39
mangelhaft plus	3	38 – 33
mangelhaft	2	32 – 27
mangelhaft minus	1	26 – 20
ungenügend	0	19 – 0

Best.-Nr. 022727